ALBERTO COSÍN - ANDRÉS ONRUBIA

Prólogo: AXEL TORRES

Fútbol francés / Alberto Cosín; Andrés Onrubia. - 1a ed. - LIBROFUTBOL.com, 2019.
   236 páginas; 15,2 x 22,9 cm.

   ISBN 978-987-3979-61-3

   1. Fútbol. I. Alberto Cosín; Onrubia, Andrés II. Título
   CDD 796.334

FÚTBOL FRANCÉS
de Alberto Cosín y Andrés Onrubia

Diseño de cubierta: Luciano Medvetkin
Diagramación interior: Luciano Medvetkin

LIBROFUTBOL.com
Olga Cossettini 1112 - oficina 8F - Ciudad de Buenos Aires - Argentina

ediciones@librofutbol.com

+54 9 11 2215 1982

@librofutbol

1a edición: abril 2019

ISBN 978-987-3979-61-3

Contenido

CAPÍTULO 8.
FRANCIA Y EL MUNDIAL DE RUSIA 2018

PRÓLOGO

Andrés estaba de pie al final de la sala. Yo, obviamente, no sabía que se llamaba Andrés, ni tampoco me creí que tuviera catorce años cuando pidió el turno de palabra, se presentó y me preguntó por el famoso tren que une las dos ciudades principales de Córcega: Bastia y Ajaccio. Abandoné el acto de presentación de mi primer libro entendiendo que aquel chico tenía algo especial: inquietudes parecidas a las mías, o, al menos, la inteligencia suficiente para buscar una pregunta que me llamara la atención.

Desde entonces, le he seguido de lejos. Ambas partes de la oración son ciertas: le he seguido -no he olvidado su nombre y he leído cosas que ha escrito, además de estar enterado de algunos de sus proyectos- y lo he hecho desde la lejanía -no hemos intimado en ningún momento ni tampoco he estado extraordinariamente pendiente; pero me llegaba su evolución y todo cuadraba con aquella aparición formidable que una tarde primaveral amenazó con arrebatarle el protagonismo en una librería madrileña de Callao al mismísimo Vicente Del Bosque-.

Sirva esta anécdota para dejar claro que la devoción de Andrés por lo francés viene de lejos, y que no es el típico autor que se sumerge en un intensivo wikipedil de unas cuantas noches sin dormir para convertirse en escritor. La elección de su especialización es también muy acertada, porque el fútbol galo logra conjugar dos características que normalmente andan peleadas entre sí: está poco explotado en el mercado español y es suficientemente atractivo para que no parezca una rareza apta sólo para minorías muy reducidas.

Y no hay mejor momento para el fútbol francés que éste (lo hubo, es verdad, en 1998, pero si en 2013 Andrés nos dijo que tenía trece años, resulta evidente que entonces no podía escribir un libro). Aunque yo lloré en la noche de San Petersburgo su victoria en la casi-final-anticipada contra Bélgica, ese triunfo del que fui testigo vuelve a colocar en el foco a un balompié que ha sabido convertir su diversidad cultural en el mejor aliado para construir equipos capaces de destacar en prácticamente todas las facetas del juego.

Pero Andrés lo habría escrito igual sin triunfo mundial en Rusia, estoy convencido. Porque sabe, como yo, que lo realmente bonito del fútbol que se juega en Francia ocurre todos los años, independientemente de que la selección gane o no. Es su Copa, la que une en un mismo torneo

a los clubes amateurs con las potencias millonarias. La que descubrí en un viaje a Mende y desde entonces reivindico como el modelo a imitar. Una competición tan auténtica y tan de otro tiempo como aquel tren entre Bastia y Ajaccio. Y, sin embargo, ambos sobreviven en el siglo XXI.

Axel Torres
Periodista especializado
en fútbol internacional

Capítulo 1.

Históricos en apuros

Bastia, la ciudad del desamor

Fundada por los genoveses allá por 1378, la ciudad de Bastia y en especial, su isla, es una de las más apacibles a la hora de hacer turismo. En la misma isla de Córcega nació Napoleón Bonaparte y por sus calles, repletas de símbolos nacionalistas debido a su animadversión a la unidad francesa, se pueden leer frases que derramó en su día uno de los últimos emperadores del mundo occidental.

En cuanto a fútbol se refiere, Córcega siempre ha sido una isla apetecible no solo para los turistas, sino también para muchos empresarios y jugadores. Por aquí hace poco pisó tierra corsa un tal Adrian Mutu que, con la excusa de disfrutar del fútbol francés (en realidad buscaba un blanqueo de dinero total), se embaucó junto a Ravanelli en el AC Ajaccio, pasando con más pena que gloria, pero con un sinfín de preguntas sin respuestas en base a sus gananciales en concepto de salario.

Pese a que, en los últimos años, el fútbol corso ha tenido la mayor equidad de su historia (además del histórico Bastia, el mencionado AC Ajaccio, el Gazélec Ajaccio y el CA Bastia han pisado como mínimo la segunda división francesa, aunando Córcega en 2013 hasta tres equipos en la primera división), es evidente que el SC Bastia es el equipo que más historia tiene de los mismos. Además de ser el club más laureado, el Bastia es el equipo en el que siempre hubo vínculos políticos y no solo eso, sino que los comandantes del grupo ultra llegaron a tener relación con el Frente de Liberación Corso, el grupo terrorista que perpetró durante varios años la isla de Córcega cometiendo atrocidades en forma de atentados.

Bastia es el club de fútbol que quizás más repercusión política en Francia ha tenido. Con un sentimiento nacionalista similar al del Barcelona, el club situado al norte de Córcega ha protagonizado, más allá de sus éxitos deportivos, trifulcas y escándalos que les ha situado en situaciones límite, como la que vive en la actualidad. El SC Bastia descendió en mayo de 2017 -en parte por un incidente en su campo

ante el Lyon cuando aficionados bajaron a agredir a Memphis Depay que le quitó tres puntos vitales para no bajar- a Ligue 2 tras militar desde el 2013 en la máxima categoría del fútbol francés. El ridículo en su campo ante el Lyon fue el preludio de que en el club las cosas no se hacían bien. Pocos meses después, la DNCG descendía al equipo del Mediterráneo a National en parte a un déficit que incomprensiblemente había ahondado al club en una deuda irreparable.

De 2013 a 2017 resulta curioso ver un dato. El Bastia, tal como indicó el periodista Alain Valnegri durante un Bastia-Niza en 2017 (en el que precisamente fue multado el club por gritos racistas a Mario Balotelli), es un equipo "que no ficha, tiene a casi todos sus jugadores cedidos y su cantera prácticamente no existe". Contextualizando, el SC Bastia apenas ha sacado canteranos en los últimos años. Su equipo sí es cierto que está dentro del organigrama de las máximas divisiones inferiores de Francia, pero en materia de primer equipo, se consolidó como uno que vendía por bastante dinero y que conseguía cesiones a precio barato. Todo ello, secundado por su ya ex presidente, el mafioso Jean-Pierre Geronimi.

En los últimos años, el Bastia ha vendido a jugadores de bastante calidad. Desde el internacional francés Florian Thauvin, pasando por Wahbi Khazri o Ryad Boudebouz, resulta curioso investigar sobre las inversiones del club a posteriori de las ventas. Fichajes que no superan el millón y ninguno que genere expectación. Hace poco trajo en un mismo mercado a Krasic y Romaric, pero apenas duraron una temporada y el rendimiento de ambos fue bastante paupérrimo.

El escudo del S.C. Bastia (© Panini).

En materia de resultados, el SC Bastia protagonizó hace dos temporadas una de las mayores gestas del fútbol francés, y eso que ya tenía varias, como la final de la Copa de la UEFA que perdió ante el PSV Eindhoven en 1978 de la que luego hablaremos o ganar la Coupe de France en 1981 con un glorioso Roger Milla. En 2015, el SC Bastia volvió a pisar París para disputar la final de la Coupe de la Ligue ante el PSG, el equipo con el que en agosto había tenido un partido muy tenso.

Tras vencer 2-0 al Bastia, el PSG conseguía su primera victoria de la temporada en el Furiani. Los aficionados del Bastia odian principalmente a cuatro equipos del fútbol francés. Odian ya de por sí a todos, pero el odio al PSG por ser el equipo de la capital del país del que no quieren ser partícipe, unido al del OM y Niza por el dominio del Mediterráneo o al del AC Ajaccio por su cercanía en Córcega, acentúan esta animadversión del comando Bastia 1905 dentro del paradigma del fútbol galo. Tras la victoria, el brasileño Brandao, que volvía de una sanción de nueve meses, golpeaba con la cabeza en la nariz de Motta y le ocasionaba una fuerte herida en los vestuarios nada más finalizar el partido. La agresión agravó mucho más la relación entre Bastia y PSG. Nasser Al-Khelaïfi, presidente del PSG, pidió la retirada de por vida de Brandao y, además, el club parisino pidió indemnizaciones.

Bastia y PSG volverían a enfrentarse en abril en París. Previo a la final, el Bastia había realizado una demostración de furia, garra y desparpajo en el Louis II de Mónaco ante un equipo que había pisado ese año los cuartos de final de la Champions League. Con dos veteranos de guerra como Modesto (que llegó a la final de la Champions precisamente con el Mónaco en aquel glorioso año de 2004) y otro ex monegasco como Squillaci, el equipo había obrado un milagro que demuestra que en la isla premió siempre más la garra que el sistema futbolístico.

Como ocurriera en las semifinales ante el Mónaco, los aficionados del Bastia cogieron su *ferry*, sus bengalas y su pirotecnia, y viajaron a París. Una demostración de que hacía muchísimo tiempo que en la isla no se respiraba tanto fútbol. Los once guerreros que salieron a jugarle de tú a tú al PSG —en el que la diferencia de presupuesto era prácticamente de 400 millones- fueron: Aréola, Marange, Squillaci, Modesto, Cioni, Boudebouz, Ayité, Cahuzac, Gillet, Sio y Danic.

Los primeros 20 minutos sorprendieron a Laurent Blanc. El técnico se empapó de una presión acérrima del cuadro de Printant. Marcas individuales, sin dejar darse la vuelta a los delanteros y con una fortaleza que empezó a hacer creer a los hinchas del Bastia desplazados a París que la final estaba más cerca que nunca. Como muestra de su fuerte poder político, por primera vez en mucho tiempo se escucharon pitos al Himno francés en la grada del Stade France. El Himno reconocido en Córcega, la Dio Salvi Regina (en un idioma mucho más parecido al italiano que al francés), retumbó en París mientras se cantaba La Marsellesa. Un gesto que si se hubiera tratado de un aficionado francés podría haberle costado una multa bastante severa (en Francia están

multadas las faltas de respeto al Himno, prueba de ello son el unísono de los partidos de la selección francesa).

Tras 20 minutos fantásticos, la mala suerte se cebó con el SC Bastia. Un penalti muy dudoso de Squillaci obligó al árbitro, Benoit Bastien, a expulsar al veterano jugador del Bastia. La final, que parecía acabada ahí, volvió a ser del dominio del Bastia hasta que Ibrahimovic, que había transformado el penalti en el 1-0, marcó el 2-0. Cavani por dos veces cerraría un resultado excesivamente cruel para el club del norte de Córcega. Fue el principio del derrumbamiento. Tras esta temporada y tras acariciar la gloria, el Bastia comenzó a sufrir las consecuencias de no traer fichajes. En febrero de 2017, en una entrevista, comenzaron los primeros enfrentamientos entre aficionados y el principal causante del descenso del club, el ex presidente, Jean-Pierre Geronimi. El entrevistado, Gilles Sechi, fundador de Minenfootu, una cadena para televisar los partidos del Bastia en casa, levantó un movimiento en contra de la directiva tras finalizar el mercado de fichajes en enero.

Suponiendo que Geronimi era un presidente que solía pararse con los aficionados del Bastia a escuchar sus propuestas, esta vez, el presidente, envuelto en un escándalo fiscal que vería la luz al finalizar la temporada, hizo acto de omisión y no respondió a las exigencias de la afición de traer un delantero centro que hubiera sido posiblemente motivo de salvación.

El movimiento, denominado Populu Turchini, congregó en apenas semanas a 4.000 espectadores, prácticamente los mismos que iban al estadio el año del descenso, unos 8.000 menos que la temporada anterior debido a la ausencia de ambición. "Sabíamos que tenían el dinero para fichar a un jugador o incluso dos. Pusieron excusas como la ausencia de fax y demás, pero nosotros ya buscamos un comprador del club para que Geronimi dejara nuestro equipo", comenta Sechi.

Sechi comenta que el movimiento iba exclusivamente contra la directiva, no contra los jugadores, y eso que el Bastia en aquel entonces estaba en la penúltima posición y a la deriva del proyecto. Sechi lamenta la falta de dinero del club con dos ejemplos que pueden evidenciar lo mal que se llevaba la contabilidad en una isla como Córcega, que también tiene leyes propias para impugnar a sus políticos.

"Cuando llegamos en 2015 a la Copa de la Liga, el club recibió una cantidad sumamente alta de dinero. Nos dijeron que no había dinero. Al año siguiente, el club decide vender a Peybernes al Lorient, nuestro rival directo por no bajar. Es una agonía". Sobre si Geronimi ocultaba dinero (la entrevista se la hacen en febrero y Geronimi es imputado en mayo), responde Sechi: "Todo el mundo sabe de Bastia, todos nos conocemos. Estos dos últimos años no han escuchado nada, nos han cerrado la puerta. Somos el hazmerreír del fútbol".

Desde 2010, han sido muchos los deslices de Geronimi con la justicia. La utilización de fondos de su negocio de alquiler de coches para solventar deudas de juego ha sido la gota que colmó el vaso para el Bastia. Con un déficit de más de 20 millones, el club no pudo hacer frente a las deudas que en parte llevó su presidente y descendió no solo a National, sino que actualmente milita en la quinta división del fútbol francés y gracias a los socios, quienes tras el descenso del equipo promovieron una cuenta bancaria para que todos los aficionados del club aportaran un granito de arena pecuniario. Nuestro amigo Guillermo Bullón, hincha del Bastia y residente en Madrid, aportó 50 euros. Jugadores como Cissé, el héroe de la Coupe de la Ligue del club en 2015, Thauvin o Khazri, también aportaron algún euro para intentar erradicar la situación. Por suerte, el Bastia no desapareció.

Djibril Cissé anotó tres dianas con el Bastia en la Copa de la Ligue de 2015 (© Panini).

Además de salvar su deuda en 2009 gracias a un fontanero y un electricista, el Bastia ha tenido momentos muy buenos y momentos horrendos en su historia. Similar al actual, en 1992, un presidente suyo volvió a verse involucrado en una gestión horrenda que llevó vidas de por medio. En 1992, Bastia y Olympique de Marsella se enfrentaban en el Armand Cesari por un puesto en la final de Copa. Ante la demanda tan espectacular de entradas, el club anunció la apertura de una grada supletoria que se construyó en tan solo diez días. Su presidente, Jean François Fillipi, era un Geronimi del siglo pasado. El Bastia jugaba en Ligue 2 y el OM venía de ser subcampeón de Europa -perdió ante el Estrella Roja de Belgrado-. La oportunidad de sacar dinero era rotunda y Fillipi no dudó en hacer la grada de forma chapuza. Para más inri, los jugadores del Bastia no entenderían cómo una tribuna tan mítica como

la Claude Papi se derrumbara simplemente para un partido, por mucha entidad que este tuviera.

Los malos presagios no tardaron en llegar. Primero, la huelga del puerto de Marsella provocó que el material requerido para la construcción se retrasase. El Bastia, viendo lo que podía ocurrir, pidió a la Federación el retraso del encuentro para poder construir en las mejores condiciones la nueva grada, pero la Federación se lo rechazó. Nadie se explica como el Bastia no cerró la grada atendiendo a los riesgos que ello conllevaba. El 5 de mayo de 1992, Bastia y OM se batían en un partido que prometía ser histórico. El club corso, a pesar de estar en Ligue 2, había hecho todo lo posible para convertir el partido en una fiesta del fútbol. Sin embargo, los empeños de Fillipi en llevarse el dinero y las bonificaciones de la supuesta construcción provocaron un caos que comenzó a las 20 de la noche de aquella fatídica noche cuando 2.000 aficionados cayeron al campo debido a las criticables infraestructuras del césped del estadio.

El caos se apoderó en apenas instantes en Bastia. Hospitales saturados, cientos de heridos y ocho muertos a la madrugada de aquel día preludiaban una noche eterna para los servicios médicos. La cifra final data de 18 muertos y de 2.357 heridos, sin apenas responsables y con un futuro que demostró la impunidad y la ley del libre albedrío que se llevan en las calles de Bastia. El ingeniero encargado de la construcción, Jea-Marie Balmond, fue solo condenado a dos años y apenas cumplió tres meses de prisión. Por su parte, dos días después de un juicio que apenas dio indemnizaciones a las familias ni justicia, Fillipi era asesinado. Su autoría en principio corresponde a una escisión del Frente de Liberación Corso, que era el mismo que había defendido al ex presidente del SC Bastia tras el drama de Furiani.

Pese a que es un equipo histórico del fútbol francés, el drama de Furiani ha sido de las pocas veces que toda Francia ha estado unida con el Bastia. En general, el club ha sido siempre odiado por todo el país galo y son muchos los motivos para pensar en ello. Primero porque, además de ser un club que reivindica el nacionalismo, en el inicio de este siglo se vieron varios casos de racismo con jugadores como Chimbonda, Matingou y Kebé y, además, tal como indica Didier Rey, autor del libro *Córcega y su fútbol*, las reformas del siglo pasado de la Federación francesa no permitieron disputar a un equipo corso un partido en competición nacional hasta 1958.

La integración precisamente del Bastia en 1959 al fútbol francés se considera como el inicio de la "paz" entre Bastia y Francia. Pero nada más allá de la realidad. Tal como dice Anthony Agostini, fundador del extinguido grupo ultra Testa Mora, en los inicios de los 60, los clubes de la Ligue 1 se negaban a ir a Córcega a jugar contra el Bastia porque los viajes les salían muy caros. Para Jean Paul Cappuri, ex director de

Corse Matin, este matiz era equidistante tanto para Bastia, que pagaba un dineral para jugar en Ligue 1 como para el resto de equipos, pero lo mal que veían en la prensa al Bastia fue decisivo para generar ese odio que a día de hoy sigue produciendo.

En Córcega, hay testimonios de ultras que consideran que se les juzga de manera distinta a otros clubes según palabras de la propia gendarmería francesa. Para Michel Castellani, activista de la política nacionalista corsa durante 60 años y ultra del Bastia, el fútbol es lo más importante en la isla y no la violencia: "Cuando sale al campo la camiseta azul, todo es amor", comenta.

Esa relación de odio con Francia se pudo ejemplificar en Jean-Louis Leca, portero veterano del club, que en 2014, en un OGC Nice-Bastia (duelo de alto vuelo debido a la hegemonía mediterránea), sacó una bandera corsa en señal de provocación a los ultras del OGC Nice (de extrema derecha). Según Didier Rey, a pesar de que este hecho provocó una profunda crítica a la politización del Bastia en el fútbol, el odio ya venía de finales del siglo pasado y comienzos de este.

A finales de siglo, el Bastia volvería a vivir un caso de corrupción. En este caso, por las irregularidades en ciertos traspasos, François Nicolai, presidente del club, fue condenado por malversación de fondos con fines terroristas. Utilizaba comisiones en ventas o traspasos (véase después el caso de Essien al Lyon, en el que pagó 103.000 euros por comisiones) para dárselos a agentes pertenecientes o cercanos al Frente de Liberación Corso, el grupo terrorista con más atentados en suelo galo antes de la irrupción del autodenominado Estado Islámico (ISIS).

Uno de los momentos clave para ver la dureza con la que el gobierno tuvo que implantar medidas para fortalecer los símbolos nacionales se pudo ver en 2002. El Bastia, tras años de ostracismo, realizó una Coupe de France majestuosa y se coló contra todo pronóstico en la gran final. Su rival, el Lorient, es otro equipo que proviene de una zona en conflicto: la Bretaña francesa. En Bretaña, pese a que hay división de opiniones, la bandera bretona se ondea por encima de la francesa en prácticamente toda la comarca.

El caso es que el Bastia sí sería recordado pero no por su final, sino por actos extradeportivos. Poco importó el gran torneo de Essien, Jeaunechamp o Ali Boumnijel en la portería o que el mito Rémi Gaillard se colara en la misma celebración del Lorient en el césped del Stade France, siendo incluso entrevistado por la televisión como un jugador del Lorient. Lo que se recordará fue el momento previo a la final, en la que como cada año, suena La Marsellesa, símbolo de unidad nacional y el Himno nacional de Francia.

Con el Himno en curso, los ultras del Bastia encendieron sus bengalas y realizaron una sonora pitada, contrastada con los aplausos de los aficionados del FC Lorient, quienes demostraron que Bretaña está unida a Francia más de lo que a priori se pensaba. El acto, repudiado por todo el estadio, dejó una imagen inédita en la Coupe de France. Jacqués Chiriac, reciente ganador de las elecciones a la presidencia francesa, abandonaba el palco en señal de protesta.

Chirac paró el partido para hablar ante todos los medios y prometió no tolerar faltas de respeto al Himno nacional. Tras haber vencido a la ultraderecha en las elecciones, encontrarse con un acto así era inadmisible para él. Precisamente, meses antes, en un amistoso entre Francia y Argelia, argelinos pitaron el Himno en el Stade France y saltaron al campo a falta de pocos minutos para el final. El partido acabó suspendido y fue el preludio de lo que sería el fortalecimiento de actos en contra de la nación francesa.

Actos como el de Bastia provocaron que la ministra de Deportes francesa en 2008, Roselyne Bachelot, declarara que todo acto multitudinario en el que se pitara el Himno nacional sería inmediatamente parado. De hecho, la reforma del código penal castigaría con 7.500 euros, como bien explica su artículo 433-5-1, a cualquier persona que pite el Himno en un acto público. Todo este revuelo por los pitos de los hinchas del Bastia al Himno en la final de Coupe de France de 2002.

Pero más allá de polémicas, el fútbol corso de la mano del Bastia se dio a conocer a raíz de la década 70-80. En aquel entonces era un equipo que ya era respetado en el fútbol francés debido a la dificultad de ir a su estadio a jugar y porque reunía una buena camada de jóvenes por pulir.

Hace más de 40 años, concretamente en 1977, el Furiani viviría una noche histórica para el fútbol corso. Previamente, y más allá de los problemas con la justicia francesa por inscribirse en el campeonato galo, ningún equipo de la isla había disputado tan siquiera un partido oficial en Europa, salvo el Bastia en la Recopa de 1972, en la que perdió por 2-0 ante el Atlético de Madrid. Fue el SC Bastia, en su época más gloriosa en cuanto a resultados se refiere, cuando en 1977 debutaría en la antigua Copa de la UEFA ante el Sporting de Lisboa en una competición en la que todo el mundo terminaría hablando de la garra y el pundonor del equipo pequeño.

En cuanto a situación deportiva, como bien recuerdan varios dirigentes del Bastia, colarse en la Copa de la UEFA fue un auténtico milagro. Fue una década en la que los equipos franceses y la selección no tenían predominio de jerarquías, y en la que años atrás pudimos ver a un inédito Saint-Étienne pelear de tú a tú en la final de la antigua Copa de Europa ante el Bayern de Múnich. Francia daba paso a los equipos pequeños, ya que en dicha época, equipos como el Nantes o los bretones equilibraban sus pocas fuerzas para hacer frente a los grandes del país galo.

Džajić en su etapa como jugador del Bastia (© Panini).

El Bastia jugaba por segunda vez en Europa (la primera fue en la Recopa de 1972 ante el Atlético de Madrid) sin varios de sus mejores jugadores. En primer lugar, el *boom* que supuso en la isla la llegada del mito yugoslavo, Dragan Džajić, se colapsó tras fichar por el Red Star en la misma temporada en la que el Bastia se clasificó para la Copa de la UEFA. Dragan Džajić en dos temporadas marcó 31 goles en tan solo 56 partidos en la isla y en el Bastia todavía le recuerdan como uno de los mejores jugadores de la historia que ha pasado por el club, por detrás de Roger Milla. También, Jacques Zimako, un extremo de los de la vieja usanza que jugaba pegado a la línea de cal y que en el Bastia dio un rendimiento altísimo, se marchaba traspasado al Saint-Étienne. Dos bajas muy sensibles que sin embargo se supieron contrarrestar.

A Bastia llegaría en ese verano una leyenda como Johnny Rep, subcampeón del mundo con Holanda y finalista de la Copa de Europa con el Ajax, que venía de jugar en el Valencia. También llegaría Yves Mariot para cubrir el puesto de Džajić como goleador, y el rendimiento fue fantástico. No era un delantero técnicamente soberbio, pero su garra y su sacrificio durante los 90 minutos eran más que suficientes como para que entrara en los planes de un equipo aguerrido y modesto.

El debut del Bastia en la Copa de la UEFA no pudo ser mejor. Victoria por 3-2 ante el histórico Sporting de Lisboa con un *hat-trick* de François Felix Lacuesta, el hombre que hacía regates imposibles en cada partido del Bastia en la Copa de la UEFA y que tenía familia vasca. La vuelta en tierras portuguesas acabaría poniendo al Bastia en el mapa de equipo a tener en cuenta en Europa, tras doblegar por 2-1 a un Sporting que tenía la vitola de ser uno de los equipos con más opciones de llegar lejos en toda la competición.

Si hay un hombre del que hay que hablar en la Copa de la UEFA del Bastia ese es Jean-Claude Papi. El mediocentro, uno de los más técnicos del fútbol francés de la época, realizó un torneo memorable. El equipo corso, tras dejar atrás a Sporting y Newcastle, se las vería con el Torino. Un Torino que llevaba más de dos años invicto en su feudo y que se preludiaba como uno de los rivales más duros de todo el torneo.

El centro del campo del Bastia en la UEFA de 1978 fue un centro del campo que rompió con la filosofía del club. Como ya hemos contado, había fichado a Johnny Rep para reforzar su centro del campo, y eso suponía un cambio de estilo considerable. De venir jugando al juego directo clásico de Córcega, los azules intentaron desplegar un fútbol de toque, vistoso, que hiciera correr a equipos muy físicos para lo que era la antigua Copa de la UEFA. No solo se hablaba ya del Bastia por sus hazañas, sino que también en las tertulias de los domingos se comentaba lo bien que jugaba al fútbol y el magnífico centro del campo que poseía.

Con Johnny Rep y Félix Lacuesta secundando, el jugador con más calidad del centro del campo era Jean-Claude Papi. Nacido en Porto Vecchio, una de las zonas más tranquilas de Córcega, en el sur, en la que el carácter no es el fuerte de sus habitantes, Papi se mudó con apenas 19 años a Bastia para dedicarse a lo que más le gustaba, el fútbol. No salió en sus 14 años como profesional del equipo corso y tal como reconoce en una biografía escrita por él mismo, tuvo ofertas de la Premier League y de equipos muy importantes de Europa tras su gran torneo en 1978. Pese a que siempre declaró sentirse francés en un lugar donde se exacerbaba el sentimiento independentista, el contexto le privó de jugar muchos partidos con los Bleus, pero viajaría en 1978, tras su inconmensurable Copa de la UEFA, a Argentina para jugar su último partido con Francia en dicho año -tenía 30 años y ya la edad pesaba-. Fue parte de la derrota frente a Hungría.

Papi realizó su primera exhibición de la UEFA en Torino. El equipo de Piamonte llegaba con la moral por las nubes pese a haber caído en tierras corsas por 2-1 (en una exhibición goleadora en el 1-0 del Bastia por una jugada brutal de Lacuesta), en un partido en el que los italianos habían merecido más. Más de 70.000 personas llenaron en la vuelta el Stade Comunale de Turín en lo que se evidenciaba que podía ser una noche histórica para los hombres de Luigi Radice. Por parte del Bastia, la noche era el partido más importante de la historia del club y más de 15.000 simpatizantes del club, de cualquier lugar de Francia, viajaron a Turín. Enfrente, un equipo con jugadores de la calidad de Eraldo Pecci, Renato Zaccarelli, Paolo Pucci, Francesco Graziani (campeón del mundo en 1982) o Claudio Patricio Sala. Casi nada.

El Bastia venía sobreviviendo de Johnny Rep. Había marcado goles decisivos en primera ronda ante el Sporting y en segunda ante el Newcastle. Se notaba muchísimo su experiencia europea y ante el Torino había sido un jugador dominante en el que los italianos no sabían si marcarle individualmente o por acumulación. Él ponía el orden y la clase mientras que Papi atraía rivales con su prodigiosa zurda.

Turín fue una olla a presión para el Bastia. Graziani adelantaba a los piamonteses en el minuto 20', pero poco después, Larios empataba. El partido volvía a ponerse de cara del Torino gracias a Graziani, que consumaba su doblete ante un Bastia un tanto fatigado. Un marroquí iba a erigirse minutos después como el auténtico héroe de Bastia. Su nombre era Abdelkrim Merry Krimau, canterano del club y llevaba ya tres temporadas en Bastia.

Como bien relata él: "No podíamos fallar a los aficionados. Estábamos en el hotel y oíamos todo el rato a los aficionados cantando. Cuando salimos hacia el estadio, no podíamos creernos todo el apoyo recibido. Sentí que no podíamos fallarles".

Jean-Claude Papi murió en el 2-2 del Bastia. Tras un saque rápido para sorprender de Larios, el mediocentro desbordó a dos rivales y cuando parecía que el portero del Torino llegaría a la pelota con ventaja, Papi se tiró al suelo con todo para asistir a Krimau, que no se creía lo que había conseguido tras marcar el gol -en su celebración parece asustado y empieza a correr incrédulo ante lo que había conseguido-. Minutos después, el omnipresente Larios, que marcó el primer gol del Bastia y había iniciado el segundo con una falta que sorprendió a todos, asistió con un pase al primer toque y raso desde 40 metros a Krimau, que definió con una tranquilidad impresionante. El Bastia ganaba en Turín por primera vez en dos años y realizaba una vuelta de honor al Comunale tras ganar. Fue un partido redondo con un centro del campo que parecía capaz de dominar el fútbol europeo: Larios, Lacuesta, Papi y Rep.

La historia seguía de la mano del Bastia. El Carl Zeiss Jena alemán se llevó un correctivo en la ida tras perder por 7-2, en otro recital de Papi en el centro del campo. Se podía hablar de Papi mucho porque era el jugador que ponía la pausa y el aguante en un equipo muy ofensivo, pero Larios y Lacuesta, además de Rep, eran auténticos devoradores de rivales. No le dejaban nunca descansar y los repliegues, menos trabajados que ahora, poco servían ante vendavales ofensivos. Pese al 4-2 de la vuelta en Alemania, el Bastia jugaría una semifinal de infarto ante el Grasshopper suizo.

La oportunidad de jugar unas semifinales de la UEFA era quizás la única opción de los jugadores del Bastia de darse a conocer. Salvo Papi o Rep, que ya habían tenido oportunidad de disputar partidos europeos, los demás eran imberbes que no tenían ni la experiencia ni la madurez suficiente como para afrontar partidos de tal calibre. Sin embargo, eso ya no era un problema para el Bastia, que había superado las anteriores

copas de la UEFA cargándose a un dominador del fútbol italiano de la época como el Torino o al Sporting de Lisboa.

Rep, una estrella europea para el conjunto corso (© Panini).

Papi se erigió como el héroe de la eliminatoria. En el partido de ida, el Grasshopper había ganado por 3-2 en un partido fantástico del Bastia aunque sin suerte. En la vuelta, Furiani se vestía de azul con más de 15.000 almas para ser el tercer equipo francés en pisar una final europea tras el Reims en 1959 ante el Real Madrid y el Saint Étienne en 1976 ante el Bayern. Papi, que se dedicó todo el torneo a realizar partidos magistrales, recuerda con emoción su partido de vuelta de las semifinales: "De todos los partidos, el que más emoción me trae es el de la vuelta ante el Grasshopper. El gol que marqué a tan solo 12 minutos del final supera todas las emociones y todos los esfuerzos".

Y así fue. Tras un asedio incansable del Bastia en el que no podía perforar el muro suizo, Papi se inventó una de las suyas para desatar la euforia en el Furiani. Un centro desde la banda derecha que rechazó la defensa del Grasshopper fue voleado a bote pronto por Claude Papi. Con su melena y su poco pelo en la parte frontal de la cabeza, Papi tuvo un minuto de no respirar. Aficionados del Bastia, ante el momento que estaban viviendo, se lanzaron al campo a abrazar a su nuevo dios. Ello y el abrazo interminable de sus compañeros casi le provocan una muerte por ahogamiento. Bromas aparte, el Bastia acabó ganando 1-0 y jugaría a doble partido su primera y única final europea de su historia. Enfrente estaría el PSV Eindhoven, que venía de apear al Barcelona en semifinales.

Cierto que el PSV no había tenido un camino muy duro antes de la final de la UEFA, pero en las semifinales se había cargado al FC Barcelona en una exhibición en la ida de los Brandts, Steven, Poortvliet, o el mítico Paul Postuma, en la que los holandeses ganaron por 3-0 y, pese a que en la vuelta el Barcelona rozó la remontada, el partido terminó 3-1 y sirvió para que Nick Deacy llevara a una final inesperada a su equipo. Pese al favoritismo, en el seno del PSV nadie se confiaba ante un equipo que había ya vengado a la lógica del orden y quería saborear la gloria tras un torneo fabuloso.

El fútbol holandés rozaba el lema "no hay dos sin tres". Años atrás, Ajax de Ámsterdam y Feyenoord habían ya conseguido inaugurar las vitrinas europeas del fútbol holandés. Un año antes, el PSV se quedó a las puertas del triplete, ya que en liga y copa estuvo intratable y un año antes, un equipo francés, el Saint-Étienne, le había dejado sin su primera Copa de Europa (que perdería el Saint-Étienne ante el Bayern de Múnich). No era una perita en dulce para ser honestos.

Hiard; Burkhard, Guesdon, Orlanducci, Cazes; Papi, Lacuesta, Larios, Rep; Krimau, Mariot y Cahuzac fueron los 11 valientes que el 26 de abril de 1978 salieron al Furiani a jugar ante el PSV. El partido no fue un vendaval de fútbol sino todo lo contrario. Los dos equipos, ante su primera final europea, se vieron en un escenario en el que importaba más no encajar gol que marcar. Pocas ocasiones, poco fútbol y, sobre todo, un Bastia que no podía desplegar su fútbol ofensivo y vertiginoso que tanto le caracterizaba al jugar ante equipos de más entidad que el suyo. Por tanto, el partido se decidiría en el Phillips Stadium de Eindhoven.

Hiard; Marchioni, Cazes, Orlanducci, Guedson; Lacuesta, Rep, Larios, Papi; Merry y Mariot fueron esta vez los 11 jugadores que buscarían la gloria para el Bastia. El equipo tuvo que hacer rotaciones obligadas debido a un calendario ultra exigente que no permitió la disputa del partido en las condiciones idóneas. El hecho de jugar tres partidos en seis días suponía para los corsos un quebradero de cabeza añadido a la disputa de la final de la Copa de la UEFA. El PSV llegaba mucho más fresco y sin ser excusa, el equipo holandés mostró su buen hacer físico durante los 90 minutos.

En el minuto 24, Willy van der Kerkhof adelantaba al PSV poniendo la lógica en el Philips Stadium. Erigido como un centrocampista total, la jugada del primer gol ante el Bastia le define como futbolista. Aprovechando su envergadura y sus piernas estiradas, destrozó a Larios con un recorte, inició una pared con tacón incluido y batió a Hiard. El 1-0 fue solo el principio de uno de los pocos partidos en los que el Bastia se vio superado en el centro del campo por su rival. Ni Larios, ni el vasco-francés Lacuesta ni el subcampeón de Europa Johnny Rep pudieron con él (de hecho, hay una jugada en el partido que se pone a dar toques tras una superioridad pasmosa con 2-0 que evidenciaba el potencial del futbolista, quien ganó más de 15 títulos

en su etapa en el PSV). En esta época, cabe matizar que los marcajes individuales estaban por llegar al fútbol moderno.

El sueño del Bastia se difuminó en la segunda mitad. La jugada supuso un jarro de agua fría para Marchioni, porque tras su buen encuentro, forzó un córner en una jugada que no aparentaba peligro a priori. Desde ahí, Gerrie Deijkers marcaría. El balón parado había sido un hándicap para el Bastia a lo largo de todo el torneo (Torino en Italia casi le elimina por esta faceta) y el PSV transformó en peligro la mayoría de las jugadas a balón parado.

El espíritu del Bastia era el de no rendirse. Había sacado adelante las situaciones críticas durante toda la temporada, pero en esta ocasión el pundonor guerrero que siempre le había echado una mano no apareció en Eindhoven. Es más, justo tras el gol de Deijkers, Van der Kuijlen se chafó de la defensa del Bastia, que seguía intentando asimilar el segundo gol del PSV, y puso el 3-0 definitivo en el marcador. Un resultado poco justo tras el magnífico torneo que había cosechado el equipo entrenado por Pierre Cahuzac -abuelo del mítico Cahuzac, que fue capitán del actual SC Bastia y uno de los medios con más rojas de la historia de la Ligue 1-. El equipo terminó la Ligue 1 en quinta posición y quizás esa igualdad en las posiciones de arriba, el apretado calendario de final de temporada y el cansancio fueron detonantes de que los de Cahuzac no llegaran en el óptimo estado físico al desenlace del curso.

En 1972, el SC Bastia se había convertido en el primer equipo corso que disputaba la Coupe de France. Tras varias guerras contra la Federación para que habilitaran poder competir al máximo nivel en el fútbol francés, los de Pierre Cahuzac (el técnico con más historia del fútbol corso) perdieron ante el Olympique de Marsella un partido en el que Skoblar se erigió como uno de los jugadores más en forma del fútbol europeo. Fue el inicio de la década de los 80 que culminaría con la citada final de la Copa de la UEFA y que, pese a preludiar un inicio de década nefasto para los corsos, fue todo lo contrario.

En 1980, el Bastia anunciaba el fichaje de Roger Milla. La noticia sorprendió a más de uno, pues el jugador camerunés tenía ofertas de media Europa tras darle la gloria al Mónaco una temporada antes en una Coupe de France en la que marcó prácticamente en todos los encuentros. Coronado como uno de los jugadores con más gloria de una etapa dura para el fútbol africano, Roger Milla quería tranquilidad a sus 30 años. El varapalo de perder contra el Lokomotiv de Moscú en la UEFA con el Mónaco fue uno de los detonantes para que atravesara el mar para fichar por el Bastia. Su fichaje, como bien explica él[1], fue una inspiración, pues estaba en el mejor momento de su carrera. Había llegado al fútbol francés de la mano del Valenciennes, un equipo

---

1 Roger Milla, L'inmortel. (Bassong)

atípico para triunfar, pero que le dio la oportunidad de brillar en un fútbol donde el talento africano sobresale por encima de todas las cosas. Recordando en una entrevista a *France Football* su primera etapa como jugador en Francia,[2] Milla consideraba el fútbol galo como la mayor analogía posible de África. En Francia, el talento africano siempre destaca por su físico, pero no solo por ello, ya que el jugador camerunés acostumbra a tener una técnica más predominante que el resto de países de África. Esto se debe a que en la colonización, muchos africanos se marchaban a Camerún por guerras en sus respectivas zonas o para entrar en una academia de fútbol de allí, siempre la más exportadora y pionera de la misma para el fútbol europeo. Pero vayamos a lo que nos interesa. Milla llegó a Bastia y en pocos meses cubrió la baja del venerado Johnny Rep, traspasado al Saint-Étienne, con el que jugaría precisamente en su primer año la final de la Coupe de France.

El Bastia era un equipo al que el Saint-Étienne le había robado muchos jugadores. De hecho, en el equipo de 1981 que jugó la final ante el Bastia, contaba en su plantilla con dos ex futbolistas que fueron clave para que el Bastia disputara su primera final de la Copa de la UEFA. Uno era Johnny Rep, finalista de la Champions con el Ajax y finalista de la UEFA con el Bastia. El otro era Jean-François Larios, el lanzador de transiciones del Bastia de Cahuzac y el jugador con más calidad de aquel centro del campo mítico con Papi, Rep o Lacuesta. Papi era sobreviviente de ese Bastia y tenía una cosa en común con Larios pese a estar en distintos equipos antes de esa final: los dos odiaban a Jean-Michel Platini. Nos situamos en mayo de 1980. Larios ya llevaba varias temporadas en el Saint-Étienne y Michel Platini disputaba su segunda temporada en el equipo vert. El equipo de Ródano era entrenado por una leyenda como Robert Herbin, quien había disputado más de 500 partidos con el Saint-Étienne, había sido el líder en la época más gloriosa de la historia del club y en 1972, el pelirrojo fue nombrado entrenador del Saint-Étienne justo nada más retirarse. Como entrenador, fue el mismo que llevó a Les Verts a la final de la Champions League ante el Bayern de Múnich.

El caso es que Herbin, como entrenador, viviría en su vestuario un episodio negro para Larios, quien se sinceró en una entrevista cuando confesó haberse dopado y vivir obsesionado del alcohol y del sexo. En 1980, como decíamos, Larios se enamoró de Christelle Platini, la mujer de Michel, y aunque lo llevó en silencio, le llevaría graves consecuencias al canterano del equipo vert. Durante más de dos años mantuvo relaciones sexuales con la mujer de Michel Platini y cuando este se enteró, no se hablaban nada. De hecho, el propio Larios se confiesa en una entrevista explicando que en la final previa ante el Bastia, fingió

---

2 En una edición de 1990 de la famosa revista francesa.

una lesión para no jugar con Platini -y quizás su baja fue tremenda, ya que el Bastia superó al Saint-Étienne sobre todo en el centro del campo-. La misma excusa la puso Larios para no jugar el Mundial de 1982. Platini iba convocado y Larios fue a hablar con Michel Hidalgo, técnico francés, y le comentó la posibilidad de fingir la lesión para no ir al Mundial de España. Hidalgo le respondió tajantemente que Platini era el jugador que tomaba las decisiones de convocatoria en el equipo. Algo que se entiende, pues Larios apenas volvería con Francia y tras frustrarse su fichaje por el Atlético de Madrid, se marchó a Canadá y desapareció. Por su parte, Jean-Claude Papi era un futbolista que luchaba por el dominio de ser el mejor jugador francés con Platini en aquella época. Le Roi, como apodan a Michel, era un jugador que tenía especial trascendencia en las convocatorias y como había rumores de que Larios era mejor que él, se encargó personalmente de que el nativo de Córcega, en un barrio humilde donde también se había criado François Modesto, fuera lo menos posible con los Bleus y prueba de ello son las pocas convocatorias que Papi pudo disfrutar con la selección francesa. Por ello, él y Larios perfectamente podrían haber matado a Platini con sus propias manos. Contraponiendo el odio, Antoine Redin tenía una relación muy especial con Platini. El técnico del Bastia por aquella época había llevado a cabo una transición que, preludiándose muy complicada, la había madurado de una forma espectacular. Redin había ya obrado un milagro años atrás, en 1978, y concretamente con el AS Nancy en la misma competición, la Coupe de France. Con el equipo de la Lorena, Redin llevó al Nancy a ganar la Coupe de France y fue el propio entrenador el que hizo debutar a Platini en la élite, en un equipo en el que estaban también dos leyendas como Olivier Royer o Jean-Michel Moutier. Por tanto, él, a diferencia de Larios o Papi, sí amaba a Platini. De hecho, en el funeral de Redin, en 2012, fue Platini la persona a la que se vio más afectada. Le Roi, de hecho, se alegró tras la final de la Coupe de France de 1981 de que su ex técnico hiciera tan buen trabajo en el Bastia, aunque fuera a su costa.

Poniendo en contexto el año del Bastia, la transición que preludiaba ser dolorosa para el equipo de Redin no fue de tal calibre por su fabulosa Coupe de France. En aquel entonces, el torneo se disputaba a doble partido y los viajes eran mucho más cansadores. El Bastia sufrió de lo lindo a lo largo de cada ronda, pero paulatinamente iba avanzando sin hacer mucho ruido. El punto clave llegó en los octavos de rival ante el AS Mónaco. El equipo monegasco había sido campeón un año antes de la Coupe de France de la mano del mencionado Roger Milla, coronado como el mejor jugador del torneo. Milla se vengó de sus ex compañeros en dos partidos en los que nadie pudo con él. Fue el primer partido en el que dilapidó las críticas que la prensa hacía sobre él. Le decían que estaba ya viejo y que había solo ido a Bastia a disfrutar de la isla.

Sin duda, que jugara con 42 años un Mundial quizás vienen por las palabras que la prensa francesa le dedicaba al bueno de Milla. Tras eliminar en el camino a Mónaco, Martigues (una de las remontadas más bestiales de la historia de la Coupe de France, ganando 5-0 la vuelta tras perder 3-0 la ida y con un Milla saliendo a hombros del estadio de Furiani tras marcar dos goles) y finalmente al RC Lens en semifinales, el Bastia jugaría su segunda final de Copa ante un Saint-Étienne que era el vigente campeón de la Ligue 1 (su última liga hasta la fecha en la que escribimos este libro), que había fichado a Battiston, uno de los mejores defensas de la época y Santini, un delantero letal que había sobrevivido al éxodo tras perder la final de la Copa de Europa ante el Bayern de Múnich. Su duelo con Milla era uno de los mayores alicientes antes del partido y no decepcionaría en París.

Roger Milla fue el héroe del Bastia en la Copa 1981 (© Panini).

El viaje a París fue dramático para el Bastia. El vuelo que desplazaba a los jugadores hacia la ciudad del amor pudo convertirse en una tragedia, ya que el avión perdió gasolina y los jugadores del Bastia, esperando al aterrizaje forzoso, estuvieron cuatro horas retenidos en su avión y tuvieron que salir en tobogán del mismo. Nervios aparte, la final fue una oda al fútbol francés. Dos equipos muy ofensivos que dejaban espacios a sus espaldas constantes y que, por calidad técnica, aseguraban el espectáculo. El Bastia tenía una ventaja tremenda en el uno contra uno constante de delanteros a defensas. Santini no era un delantero extremadamente rápido, pero en el otro polo había un tal Roger Milla que atesoraba una velocidad salvaje al espacio. De hecho, fue el Bastia que menos transitaba en el medio pese a que seguía contando con Lacuesta y Papi. Quizás la baja de Papi influyó en esa versión tan ofensiva del equipo. Achicar espacios y minimizar los riegos en el medio fueron una constante en la final. Marcialis adelantó a los corsos en el minuto 50, pero, sin duda, el gol que más representa la historia del SC Bastia fue el segundo. Orlanducci, erigiéndose en el partido de su vida, anticipó un servicio lateral y como si el equipo fuera perdiendo, le mandó un balón largo a Roger Milla, quien, tras un control muy perjudicial, sorprendió al mundo entero con un *sprint* que lo firmaría el propio Usain Bolt. Roger Milla regateó a Jean-Luc Castaneda y marcó uno de los goles más simbólicos e inverosímiles de toda la historia de la competición copera. El gol representó a toda una isla entera. No solo los aficionados del Bastia lo gritaron, sino que aficionados de Ajaccio o Borgo entre otros también se levantaron. Dentro de ese espíritu nacionalista, ganar una Coupe de France con el rey y autoridades francesas en el palco significaba un desafío reinante para la isla, una especie de venganza por todo el maltrato que años anteriores la Federación había intentado ejecutar sobre el fútbol corso, sin separación de política y fútbol. Milla ganó al Saint-Étienne con una exhibición descomunal, superior a la gesta que consiguió un año antes con el Mónaco en el mismo torneo. Pese al gol de Santini, el Bastia ya había impuesto su fortaleza en la final. La primera Coupe de France de su historia, imponiéndose al mejor equipo de la última década que contaba con el mismísimo Platini en sus filas.

A día de hoy, el Bastia seguirá dando guerra. Busca resucitar en el fútbol en la quinta división francesa y, como ya hiciera en toda su historia, reponiéndose al drama de Furiani, reponiéndose a las trabas para competir en la élite del fútbol francés y reponiéndose a todas las acciones turbulentas geopolíticas acontecidas en la ciudad más importante de Córcega, seguramente se reponga a este revés que casi le cuesta la desaparición en el fútbol. Porque un equipo con la singularidad del SC Bastia no puede morir. Y no puede morir porque la historia de Francia y del fútbol francés en el último siglo no se podría explicar sin este equipo.

FC NANTES.
Las dos guerras que cambiaron la historia de un equipo del oeste de Francia

La Guerra Civil española fue uno de los episodios más negros, por no decir el más, de la historia de España. Un conflicto bélico del que pocas cosas positivas se pueden sacar, pues, tras la finalización de esta, Francisco Franco cogió las riendas del poder bajo el amparo de una dictadura que dejaría muchísimas cuestiones sin responder.

Se preguntarán qué hace un libro de fútbol francés hablando de la Guerra Civil española, pero lo cierto es que la Guerra Civil dejaría en el oeste de Francia la creación de un estilo de fútbol y de una entidad que hoy en día sigue siendo una de las más populares de todo el fútbol galo. Hablamos de Nantes, una ciudad por la que pasa el río Loira y en la que vivió durante muchos años Julio Verne, creador de la famosa novela adaptada al cine, *La vuelta al mundo en ochenta días*. Muchos fueron los que se fijaron en Julio Verne para atravesar en casi 80 días el mar e intentar llegar a La Rochelle y a Burdeos en busca de una vida mejor que la Guerra Civil no les estaba proporcionando. Uno de los que intentaron emular a Julio Verne y no lo consiguió fue José Arribas, un vasco que tuvo que huir de Bilbao por las penurias de la guerra y que se refugió en el oeste debido al fracaso de su primera expedición. Arribas era un hombre valiente, aguerrido y con un comportamiento ejemplar, según relatan los libros del Nantes que definen así sus primeros pasos en el fútbol francés. El hecho de haber vivido de primera mano la catastrófica guerra le obligó a buscar medios para intentar olvidar el conflicto. Uno de ellos era el fútbol, que en principio no le apasionaba porque la pelota le recordaba a una bomba, aunque también le proporcionaba libertad, pues controlar una bomba en sus manos era como parar el tiempo. Por ello, empezó a jugar en las categorías inferiores de varios equipos semiprofesionales.

Dos años antes de la finalización de la Guerra Civil española, 12 personas se reunieron en el Café Des Allies, un mítico bar, de los más antiguos de la renovada Nantes industrial -actualmente es una ciudad obrera cuando fue símbolo del industrialismo del oeste de Francia- para la creación del FC Nantes. Los miembros representaban a varios equipos de la ciudad que no podían hacer frente a las altas tasas de impuestos que desde tiempos atemporales estaban presentes en el fútbol francés. Dichos miembros eran: Saint-Pierre de Nantes, la Mellinet, l'AC Batignolles, la SNUC (Stade Nantais Université Club), el ASON (Association Sportive Ouvrière de Nantes) y la ACBL (Amicale des Chantiers de Basse-Loire). El FC Nantes tendría como presidente a Jean Le-Guillou, un hombre que había trabajado en varios puestos nazis durante el régimen colaboracionista de Vichy y que tenía, según dicen las leyendas, muchos negocios de construcción con el régimen alemán. Virtuoso de las carreras, Le-Guillou tenía un caballo y su jinete, "Ali-Pacha", corría con el color amarillo. De ahí surgió la idea de que el FC Nantes vistiera los colores amarillo chillón en su camiseta desde su creación.

La Guerra Civil cambió la historia del Nantes, pero también lo hizo la Segunda Guerra Mundial. En medio de la reunión en el Café Des Allies, una buena parte de Francia seguía estando ocupada por los nazis. La reunión en el café en principio era clandestina y como bien

nos indica Fred, hincha del FC Nantes que conoce mejor la ciudad que su propia mano, sigue existiendo un búnker en medio de la ciudad en el cual, durante los ataques aliados, se refugió alguno de los creadores del equipo de fútbol. Las reuniones que precedieron a la creación del Nantes se realizaban justo antes de los toques de queda, en los famosos *bistrot* franceses en los que en las partes traseras había reuniones reservadas a gente privilegiada, evitando así que cualquier alemán pudiera obtener información. Lo curioso es que tanto Le Guillou, como ya hemos dicho, y Marcel Saupin (nombre del antiguo estadio del primer equipo del Nantes) formaban parte del partido Collaboration -afiliado a los nazis- en un partido en el que también se encontraba el creador de las famosas galletas LU -Lefêvre Utille-, reconocidas por toda Europa.

El FC Nantes comenzaría su andadura y, mientras Francia era liberada, Le-Gaillou y varios miembros que tuvieron que ver con la creación del equipo emigrarían a Suiza en busca de no encontrar represalias del propio gobierno francés, que castigó a toda la población colaboracionista con Alemania, incluso a héroes de la Primera Guerra Mundial como el general Petain. El mítico Marcel Saupin, a diferencia de Le Gaillou, volvería a Francia gracias a una serie de leyes de amnistía y ejercería la presidencia durante varios años, hasta que en 1963 conocería desgraciadamente la muerte.

Otra persona vinculada a la Segunda Guerra Mundial y cuyos actos dieron la vuelta al mundo fue el de Antoine Raab, alemán que convivió con la Alemania nazi y que tuvo que involucrarse en el fútbol para evadirse de la situación en la que se encontraba su país. En un partido en Alemania y, ante 45.000 espectadores, Raab le negó el saludo a Hitler, por lo que pasó 11 meses en la cárcel y, posteriormente, pudo escapar a Francia como lo hiciera José Arribas desde España. En Francia, pasó por el Cercle Athlétique de Paris para después acabar fichando por el FC Nantes. En Nantes, alternó ser futbolista con el puesto de entrenador y fue partícipe de los éxitos en sus inicios, llegando a ascender al equipo canario hacia la Ligue 2. Raab abrió una tienda de fútbol en Nantes, "Raab Sports", hasta 1955, cuando el club le pidió volver como entrenador. Resulta curioso que Raab fuera el entrenador opuesto a José Arribas. Mientras el arquitecto alemán optaba por un juego defensivo, Arribas era lo opuesto, pues él fue el instigador del juego de posición que tanto da que hablar hoy en día. Sus discrepancias le llevaron a Arribas a coger el testigo de Raab. Dos exiliados de la guerra iban a ser el punto de partida del Nantes en la élite. El resto es historia.

¿Hay alguien que siga dudando de que la Segunda Guerra Mundial y la Guerra Civil no estuvieron relacionadas? Vaya si lo estuvieron, pero principalmente en el oeste de Francia. En 1963, Marcel Saupin, el instigador de que la aventura del Nantes fuera posible, fallecía. Tres años antes, José Arribas, que había llegado a Nantes también tras un exilio, cogía las riendas de entrenador del equipo canario previo paso por el fútbol francés como jugador. Jean Clerfeuille, con ayuda precisamente de Saupin, llevó a José Arribas al club y sería Arribas en el estadio Marcel Saupin donde daría vida a uno de los clubes más históricos del fútbol francés. Por desgracia, el mismo año en el que Marcel Saupin fallecería, el FC Nantes disputaría por primera vez en su historia la Ligue 1, algo que Marcel no vería con sus propios ojos pese a haber luchado contra la Alemania nazi para tener un equipo en lo más alto del panorama europeo.

El estadio Marcel Saupin, antigua casa del Nantes
(Fuente: Archivo personal Andrés Onrubia).

Los inicios del "Jeu Nantaise"

José Arribas, Coco Suadeau y Reynald Denoueix son considerados los tres artífices del famoso Jeu Nantaise, un estilo de juego que tiene como principal baza el ataque y que convirtió al Nantes en uno de los mejores equipos del fútbol francés. Todo ello sustentado por una cantera y un centro de formación que hoy en día continúa siendo patrimonio histórico de la ciudad situada en el oeste de Francia. Como ya hemos comentado, el inicio de esta maravillosa historia tiene sus orígenes en el vasco José Arribas, exiliado de la Guerra Civil española y una persona que encontró en el fútbol su refugio para escapar de las atrocidades que dejaron los conflictos bélicos en España.

La llegada de José Arribas a Nantes fue casi de casualidad. Tras haber pasado por distintos equipos del fútbol francés, en Rennes conoció a Henri Guerin, una persona con la que hizo una gran amistad y que, sin haber participado implícitamente en los éxitos del Nantes, cambió la historia del equipo recomendando el fichaje de José Arribas al presidente Jean Clerfeuille, que en principio rechazó la propuesta, pero la insistencia de Guerin le llevó a aceptar la suculenta oferta. Arribas llegaría en 1960 al Nantes, cuando el equipo militaba en Ligue 2.

Clerfeuille recordó en una entrevista antes de morir a *Nantes Ma Ville* -diario de la ciudad-, que el equipo estaba en una crisis cuando Arribas llegó. Eran muchos años estando en Ligue 2 sin aspiraciones y el equipo necesitaba una revolución. Además, Clerfeuille había aceptado el puesto de trabajo únicamente porque nadie quiso presentarse a ser presidente del Nantes, preludiando la horrible situación que atravesaba el equipo[3]. Clerfeuille recuerda en una entrevista cómo fue el proceso de fichar a Arribas, afirmando que tardó 10 minutos en ser convencido por el vasco.

José Arribas no tuvo un comienzo fulgurante en Nantes, sino todo lo contrario. Como bien recuerda Clerfeuille, era un principiante, con buenos métodos de trabajo, pero al que le costaba adaptarlos los fines de semana. Una derrota cambiaría la historia del FC Nantes. El equipo canario viajaba a Boulogne, un equipo que estaba en una crisis también deportiva e institucional como su rival. Tras el final del partido, el 10-2 que le endosó el Boulogne hartó a los aficionados del Nantes sobre José Arribas. Una derrota tan dolorosa era inadmisible, por lo que todo lo que no fuera ver a Arribas fuera del club tras semejante partido sería motivo de cólera de toda la ciudad. El mencionado Antoine Raab, que estaba de director deportivo en aquel momento, fue el primero en pedir su cabeza. Sin embargo, Clerfeuille fue el que más convencido salió de dicha derrota de que José Arribas era el elegido para llevar a cabo el proyecto del Nantes. Aun así, el equipo terminó 11º la clasificación y con bastantes dudas.

Dos años más tarde sería la temporada decisiva para Arribas. Clerfeuille, por primera vez con resultados positivos en materia financiera, fichó a varios jugadores como Pancho Gonzales -un argentino que jugaba de maravilla-, Guillot, Grillet o Rene Dereuddre. Pero el que más ilusionó fue el del delantero Thadée Cisowski, jugador que representaba la lucha obrera al revelarse en Valenciennes ante sus dirigentes por motivos salariales. Thadée Cisowski llegó en noviembre, pero no fue suficiente: el equipo terminaría la temporada en el sexto lugar en la Ligue 2. Arribas volvería a estar contra las cuerdas la siguiente temporada, sobre todo en septiembre, cuando el Nantes

---

3 Mémoires Canaris, blog que analiza la historia del FC Nantes.

perdió tres partidos seguidos, uno de ellas, una dolorosa derrota por 4-0 ante el Saint-Étienne, que volvería a poner en jaque a José Arribas. Sin embargo, a pesar de estar 14º, todos los jugadores se enfrentarían a la directiva para que Arribas siguiera como entrenador.

Marcel Saupin falleció en 1963. Su sueño de ver al Nantes en Ligue 1 no sería realidad por pocos meses, ya que, en ese mismo año, José Arribas ascendió al equipo. El estadio pasó a llamarse Marcel Saupin y quizás ese ímpetu llegado desde arriba del difunto creador del club fue suficiente para que Arribas empezara a erigirse como un entrenador de fútbol total. Enamorado del Liverpool de Bill Shankly, Arribas comenzó a jugar con un 4-2-4, que representaba un fútbol ofensivo que en Francia era imposible de pensar. Constantemente, el colectivo era primordial a todo lo demás. Las ayudas en presión, el robar cerca del área y el ser ofensivo tras robo eran una constante que había visto Anfield con el Liverpool meses atrás. Por ello, el equipo, una vez ascendido, fue una apisonadora en todas sus vertientes. Ganaría la Ligue 1 y comenzaría una rivalidad que sigue a día de hoy con el Girondins Bordeaux, el cual le eliminó de la Coupe de France, pero que aun así, toda Francia se rendía al juego del Nantes.

La llegada de Jackie Simon fue una de las claves del éxito de Arribas en Nantes. El mediocentro fue al despacho de Clerfeuille llorando para que le dejase jugar en el Nantes. El comité directivo del equipo había negado su fichaje, pero él, como bien recuerda en una entrevista al club hace unos años, hizo todo lo posible para poder jugar con Arribas. Desde entonces, seis años en Nantes en los que fue internacional y uno de los mejores mediocentros de Europa de la época. En él, Arribas se escudaba para tener a un mediocentro que reuniera capacidad organizadora y dominar los tiempos durante todo el partido. Fue la pieza angular del técnico vasco en la década de los 60. También llegaría con la friolera edad de 17 años al Nantes, Reynald Denoueix, uno de los entrenadores que más ha representado la historia y la filosofía del club. En enero de 2018 viajé a Francia para charlar con él y Denoueix afirma que lo que más sorprendía de Arribas era que siempre pensaba antes en el colectivo que en lo individual. El propio Denoueix nos confirma que con Arribas se vio la presión que hizo años después el FC Barcelona de Pep Guardiola, considerado uno de los mejores equipos de la historia. Un *pressing* intenso en campo contrario que, si tras siete segundos no había robo, el equipo replegaba en un bloque medio esperando un pase atrás para salir en tromba a robarle la pelota al rival.

Durante esta época, Arribas le comentó a Clerfeuille la idea de establecer un centro de formación, algo novedoso que todavía no existía en Francia. El Nantes tenía capital suficiente como para invertir, pero durante la etapa de Arribas, la idea no se pudo hacer posible debido a ciertas discrepancias con la directiva. Aun así, 10 años después, ya

sin José Arribas en el club, se crearía Jornéliere, la primera escuela de formación de Francia y también se crearía una figura que dio a conocer la actual posición del director deportivo en el fútbol.

Raynald Denoueix recuerda con una sonrisa su llegada al Nantes. El ex técnico de la Real Sociedad, entre otros, recalca que José Arribas fue la persona que inventó el reclutamiento y formación de jóvenes en el fútbol francés. Apenas llegó con 17 años al club cuando Arribas ya le dio confianza. El técnico español realizó un trabajo exhaustivo, intentando reclutar a los jugadores con más futuro del fútbol francés y, mediante un cualificado trabajo de cantera, formar y adaptar a los jugadores al estilo del primer equipo.

Afirma Denoueix que lo más importante en el juego de José Arribas era el de jugar los unos con los otros. Lo individual era secundario, pues el hecho de conocerse prácticamente todo el equipo desde las inferiores del Nantes facilitaba muchísimo el trabajo a la hora de afrontar los partidos. A día de hoy, como bien nos comentó Denoueix, el Nantes era José Arribas, el Nantes era suyo y todo giraba en torno al colectivo que él decidió armar desde su llegada al equipo canario. Acabaron jugando con los ojos cerrados y con una compenetración que hacía que una vez llegada la pelota al poseedor de balón, no tenía ni que mirar a sus compañeros para mandar una pelota al espacio, ya que su compañero tenía asimilado el concepto desde un segundo antes de que su compañero recibiera la pelota. Y quizás, esta fue una de los principales o mejor dicho, la primordial arma del equipo para llegar a lo más alto del fútbol galo.

El legendario técnico José Arribas (© Panini).

José Arribas ganaría la Ligue 1 durante dos temporadas consecutivas (1965 y 1966), algo impensado seis años antes cuando el equipo estaba deambulando por la Ligue 2 y con una deuda que casi lleva al club a la desaparición. El principal "pero" de la etapa del técnico en Francia sería la de no poder competir en Europa, demostrando que pese al brutal trabajo de Arribas en Nantes, el fútbol francés estaba sumergido en un nivel de fútbol muy por debajo de las aspiraciones europeas. Tras un período en el que el 4-2-4 se afianzó en Francia y también, en la Brasil de la época, Arribas terminaría jugando con un 4-3-3 en sus últimos años en París. El Saint-Étienne vivía también una época dorada en el fútbol francés y, prueba de ello, es su final de la antigua Copa de Europa ante el Bayern de Múnich, rival que se cargó casi de la misma forma al equipo francés que como haría en esa misma época con el Atlético de Madrid. El ASSE, liderado por Batteux, fue un equipo que simbolizó una rivalidad pletórica con el Nantes durante la época. En 1973, el Nantes ganaría la Ligue 1 pero todavía habría tiempo para que Arribas dejara todo preparado antes de su marcha.

En 1972, José Arribas nombraba a Jean Claude Suadeau entrenador del filial del Nantes y el responsable de formar a los jóvenes del equipo a la asimilación de conceptos tácticos, técnicos e incluso físicos -Arribas tuvo un convenio con el Hospital Universitario de Nantes para perfeccionar el trabajo físico y evitar lesiones- de cara a la preparación del centro de formación que llegaría después. Arribas dejaba el Nantes siendo uno de los mejores entrenadores de Europa y el formador del Jeu Nantaise, una escuela de fútbol, familiar, llena de gente de la casa y que fue la primera familia del fútbol francés. Sin duda, la maldita Guerra Civil española fue una noticia fascinante para un equipo de fútbol situado al oeste de Francia.

El hijo de José Arribas que no aguantó más

Claude Arribas siempre será recordado como el hijo de José Arribas, algo que para bien y para mal, siempre le molestará. Nacido en 1951 en Le Mans, ciudad donde empezó a jugar al fútbol su padre, Claude siempre fue un buen estudiante. La humildad de Arribas le llevó a con tan solo 12 años empezar a entrenarse de la mano de su padre con el primer equipo. En la actualidad, y ni con todas las revoluciones tecnológicas, es imposible ver a un chico de 12 años entrenarse con el equipo profesional. Lo que resulta más raro es que Claude era el hijo de José Arribas y la meticulosa prensa francesa ya hablaba de enchufismo del hijo con su padre.

Con apenas 16 años, Claude Arribas hacía su debut con el Nantes. Prácticamente, el "hijo de José Arribas" como siempre se le apoda, nunca tuvo el sí de los aficionados. Los enchufismos con su padre lo llevaron a desesperarse, a tal punto de querer incluso dejar el

fútbol simplemente por ser considerado el hijo del instigador del Jeu Nantaise. Para más inri, muchas personas, cuando Claude Arribas iba al mercado, increpaban al niño intentando sonsacar información sobre cuáles eran los métodos que utilizaba su padre para haber llegado tan lejos en el equipo canario. Vincent siempre intentaba poner buena cara, pero como bien recuerda en una entrevista a *So Foot*[4] nunca pudo ser Claude Arribas, sino el hijo de José Arribas.

Claude Arribas dejaría el Nantes para marcharse al PSG y querer evadirse de todo lo que rodeaba la figura de su padre. En todos los equipos que estuvo, como bien reconoció cuando se retiró, muchos de los entrenadores que tuvo intentaron apropiarse de los métodos de José Arribas al tener de primera mano la información de su hijo, con quien vivía en Nantes y con el que estuvo entrenándose prácticamente dieciséis años. El fútbol nunca puso en su sitio a Claude Arribas, defensa que fue un auténtico animal en achicar espacios, que incluso fue muy importante en el equipo de su padre, pero que por el hecho de ser el hijo de José Arribas nunca tendrá el suficiente reconocimiento como jugador, y de ahí que sorprenda que no tuviera ningún partido con la selección francesa a sus espaldas.

Suaudeau coge el testigo

El Nantes siguió siendo un equipo ofensivo y totalitario en Francia tras la marcha de José Arribas, pero lo que no se veía en la televisión estaba siendo la clave para que el equipo siguiera triunfando en los campos elíseos. Jean-Claude Suaudeau (Cholet, 24 de mayo de 1938) se había convertido, bajo mandato de José Arribas, en el entrenador del filial del Nantes justo antes de la marcha del técnico vasco de Ouest-France.

Como jugador, Suaudeau se había convertido en un jugador también importante para el citado Arribas. Mediocentro elegante, siempre con la cabeza levantada y que robando balones era insaciable, tal como le definen en la ciudad de Nantes. Suaudeau fue el primero que probó en primera persona el innovador centro de formación del Nantes. La transición hacia la formación de jugadores capacitados para poder proseguir el Jeu Nantaise era fundamental. Sin embargo, esta transición no fue rápida, pues durante seis temporadas, de 1976 a 1982, sería Jean Vincent, uno de los extremos izquierdos con mayor desborde años atrás del fútbol francés y un auténtico mito del Stade Rennais, quien llevaría el paulatino cambio con total profesionalidad. No solo siguió bajo alguna directriz de José Arribas, sino que Jean

---

4 Referencia que cita en So Foot, revista francesa.

Vincent ganó la Ligue 1 y la Coupe de France en este periplo y rompió el gafe de Europa del Nantes. El Nantes realizó en 1979-80 una Recopa fascinante. Aquel equipo, liderado por el defensa más goleador de la historia en la Ligue 1 (Enzo Trossero, argentino que marcó 12 goles en una temporada en Francia siendo defensa y que le llamaban el infierno), era una delicia para el espectador. No solo por el vendaval ofensivo que formaban el tridente Baronchelli, Pecout y Amissé, sino porque también Bossis era un muro defensivo junto a Trossero y Oscar Muller ponía la calidad en el centro del campo. Lo malo para ese Nantes, que vivía épocas gloriosas de fútbol, es que en la semifinal ante el Valencia se encontró con Kempes y Bonhof, dos jugadores que para el equipo entrenado por Alfredo Di Stéfano, el hombre que rompió el sueño del Stade Reims de ganar una Champions League, eran imparables en esa época. Aun así, aunque el Nantes rozó la final de la Recopa, su torneo siempre será recordado en la historia del club. Vincent había superado con nota la transición Arribas.

Por fin, y tras mucho tiempo de espera, llegaría la era de Jean-Claude Suaudeau en Nantes. Suaudeau no se veía preparado para entrenar al primer equipo hasta que no dejara un trabajo en la cantera propicio para poder subir a un canterano al primer equipo y que este se adaptara en tiempo récord por conceptos asimilados. Una de las claves de Suaudeau fue encontrarse con el bosnio Vahid Halilhodzic, un delantero que había sido fichado una temporada antes y que con Suaudeau fue una bestia parda que no paró de marcar goles, a tal punto de llegar a los 33 en su primera temporada con Suaudeau y ser considerado como uno de los mejores jugadores extranjeros que pasó por el Nantes, por no decir el mejor. Llegó a los 93 goles con la camiseta canaria y el hecho de jugar siempre vertical le potenció una barbaridad. Como nota curiosa, en la plantilla que sería la primera de Coco en la élite, estaba un joven defensa armenio llamado Michel Der Zakarian, quien con 19 años ya militaba en un equipo del que sería después una leyenda, pues en 2014 lo devolvió a la élite de la Ligue 1 tras muchos años en el ostracismo de la segunda división francesa.

Como siempre le ha ocurrido al Nantes, la seña de identidad de aquel equipo de los 80 era el centro del campo. Adonkor formaba de pivote en el 4-3-3 y este mediocentro, que fallecería pocos años después, puso de moda la figura del pivote defensivo tosco, físico -aunque técnicamente no desentonaba para nada-, que es necesario a día de hoy en cualquier equipo para que haya éxito. Sin embargo, Raynald Denoueix recuerda a Adonkor como un mediocentro que era más allá que lo que su físico mostraba. Lo define como inteligente, astuto y con una inteligencia tremenda. El Nantes, en su afán de reclutar jugadores, siempre priorizó fichar jugadores inteligentes y esa famosa frase pronunciada por Pirlo

de que los futbolistas rinden antes con la cabeza que con los pies ya la habían implantado Les Canaris años atrás.

Denoueix recuerda que a Coco Suaudeau le conoció como jugador antes de que este último fuera entrenador del primer equipo. Se encontraba en el equipo reserva y son muchos los que afirman que su trabajo en el filial era un calco de lo que después se veía en el éxito del equipo. Juventud, juego de posición y, sobre todo, formar a los futbolistas como personas y armonizar una convivencia inédita en el fútbol europeo desde dentro de un club, se erigieron como las premisas adelantadas de un equipo que como ya hemos comentado, jugaba con los ojos cerrados. Si el fútbol cambiaba, Suaudeau cambiaba. Si el estilo del Nantes cambiaba, Coco, como se le conoce en Francia, hacía un trabajo de reclutamiento de jugadores acordes el nuevo estilo del equipo. No se le escapaba ninguna al entrenador que cogería las riendas del equipo años después como primer entrenador.

Suaudeau fue un reflejo de lo que fue José Arribas. Sus premisas fueron las paredes en espacios cortos y un juego de anticipación y robo que volvió a ser un asfixio para el equipo rival. Al volver a preguntarle por las diferencias tácticas entre Coco y José Arribas, Denoueix sonríe y afirma que para el Nantes no existía el fútbol táctico. Para ellos, la táctica era saber dónde había que moverse, a quién había que pasarle la pelota y en qué momento, cómo voy a jugar en este tipo de contexto... La táctica para ellos era no estar parado durante los 90 minutos y saber cómo jugar anticipándose al juego rival. Una premisa que ya había aventurado José Arribas en su primer paso como entrenador del club.

Suaudeau, con su estilo anticipador al tiempo, rompería también el gafe europeo del Nantes. En 1986, el equipo disputaría ante el Inter de Milán los cuartos de final de la Copa de la UEFA. Enfrente, un Inter de Milán con jugadores de la talla de Rummenigge, Baresi, Tardelli o Brady. El Nantes había realizado un torneo magistral, venciendo 5-1 en la siempre difícil Belgrado al Estrella Roja o derrotando también al Spartak de Moscú en octavos, equipo al que eliminaría años después en cuartos de Champions League. El principal problema de dicha época sería el intenso frío que cayó en Francia y, ante las dificultades, dicen las leyendas que el Nantes de Suaudeau tuvo que instalar en un autobús una especie de césped para preparar los entrenamientos, además de estar durante semanas entrenándose en un gimnasio ante las imposibilidades de hacerlo en césped francés. El Inter se valió de su continuidad para endosarle a su rival un contundente 3-0 en Italia que parecía sentenciado. Sin embargo, en el Louis Fonteneau, el Nantes se llegó a poner 3-1 al descanso en uno de los mayores baños de un equipo de Suaudeau en Europa que jamás se recuerden. Halilhodzic destrozó a su rival en la primera mitad, sirviéndose del físico de José Touré, nombre poco ortodoxo actualmente para la época en la que vivimos.

La lesión de Touré en el minuto 55, tras estar realizando un partido memorable, mermó a los canarios, que acusaron la falta de actividad y terminaría empatando 3-3 ante un Inter que marcó por medio de Brady y Altobelli, aprovechando la lesión del mejor centrocampista que tenía el FC Nantes.

Dos años después, Jean-Claude Suaudeau dejaba el banquillo del Nantes. Su trabajo de reclutamiento, aun siendo entrenador, seguía extrapolando varios continentes. Desde África e incluso Asia eran muchos los que se atrevían a cruzar miles de kilómetros, como hiciera en su día José Arribas, para acabar formándose en el primer centro de formación de la historia del club. Jugadores como Karembeu o Desailly tenían raíces africanas y fueron algunos de los ejemplos de estas travesías que terminaron siendo un rotundo éxito en el equipo.

Miroslav Blažević sería el elegido para dar el relevo a Suaudeau en Nantes. Un entrenador que no conocía la casa, que no tenía ideas futbolísticas palpables y equidistantes con el estilo del club y que su mayor logro durante las cortas tres temporadas que pasaría por el banquillo canario fue el de dar el salto al profesionalismo a futbolistas como Didier Deschamps, Marcel Desailly, Christian Karembeu, Jean-Michel Ferri, Reynald Pedros, Patrice Loko y Nicolas Ouédec, jugadores que por una mala gestión terminarían saliendo en una fuga de canteranos que dejó muy debilitado a Nantes. El trabajo de Denoueix en la sombra, en estos momentos, también fue una premisa clave para sobrevivir a un momento delicado tras dejar Suaudeau.

La segunda etapa de Coco en Nantes fue un auténtico milagro. El técnico francés volvió a cambiar el rumbo del equipo, pasando a jugar en un sistema bastante más ofensivo que el 4-3-3 que había utilizado en su primera etapa y, como bien recuerda él en una entrevista que pudimos hacerle en pleno Nantes en enero de 2018, todo de la mano de la cantera que estaba siendo trabajada por el susodicho Denoueix. Dos años después de su aclamada vuelta a los banquillos y, sin prácticamente tiempo de maniobrar, Suaudeau se plantó en la final de la Coupe de France contra todo pronóstico, ganando milagrosamente en Montpellier en los penaltis en cuartos de final, en una exhibición en defensa de Zoran Vulic, ese defensa que después jugaría en el Mallorca pero que realizó un torneo tremebundo, incluso avalado por Blažević aunque nunca llegaría a debutar con su compatriota.

La maldición de las finales continuaba acechando al Nantes. En la final de 1993 de la Coupe de France, un PSG pletórico y quizás uno de los mejores equipos de París que se han visto antes de la llegada del jeque Nasser Al-Khelaïfi -equipo que eliminó incluso de Europa al Real Madrid- machacó al Nantes por 3-0 en un resultado engañoso. El centro del campo que había forjado Suaudeau, con Makelele como pivote y Ferri y Pedros por delante, fue un escollo para el equipo

parisino. Pero justo tras reanudarse la segunda mitad, Kombouaré, actualmente técnico del EA Guingamp y el primer técnico del jeque en el PSG, adelantó a los parisinos. Las expulsiones de Karembeau y del mencionado Zoran Vuli, que lapidó su gran torneo en la final, fueron un duro correctivo para un PSG que acabaría ganando con goles de la leyenda David Ginola y Alain Roche.

Una de cal y otra de arena para Suaudeau en apenas año y medio. Si la final de la Coupe de France volvió a poner en duda su manejo de situaciones en los momentos decisivos, la mejoría defensiva y el aumento de la presión del equipo en campo contrario conllevarían a una de las mejores temporadas del club en la Ligue 1. En dicha temporada, el Nantes acabaría campeón de la Ligue 1 y los datos que tuvo en goles a favor y goles en contra fueron demoledores: terminó la temporada como el mejor ataque de la competición, marcando 71 goles a favor, encajando solo 34 y demostrando que le Jeu Nantaise estaba más vivo que nunca.

El Nantes ganaría una liga que dominó de principio a fin y con una superioridad aplastante. La lección al Saint-Étienne (3-0), el partido que dio la Ligue 1 ante el Cannes sufriendo (2-1), pero sobre todo la victoria ante el PSG por 1-0 con gol de Loko, vengando a un equipo que meses atrás le había dado un serio correctivo en la final de la Coupe de France. El festival ofensivo de Les Canaris se personalizó en la figura de Loko y Ouèdec. Resulta curioso que toda la delantera del Nantes en esa temporada (Loko, Ouèdec, Renóu, Garcion y Slasia) fuera formada en el centro de formación del equipo del oeste de Francia y que ninguno de ellos le costara ni un solo euro a la escuadra que entrenaba Jean-Claude Suaudeau. Loko acabó la temporada como máximo goleador de la competición, con 22 goles, y Ouèdec se quedó a cuatro goles de su compañero, siendo tercero. El esquema de presión intensa y anticipación de la pelota se hizo aún más viral este año y ambos delanteros aportaron velocidad, calidad y, sobre todo, autosuficiencia en un equipo que tenía todos los mimbres detallados para ser ganador. Suaudeau había vuelto a lo más grande.

Jugadores internacionales vistiendo la camiseta del Nantes
(Fuente: Archivo personal Andrés Onrubia).

La maldición europea, again

El Nantes ya había probado la mala fortuna de su inexperiencia en Europa tras haber perdido años atrás ante el Valencia en la Recopa europea y también ante el Inter de Milán en cuartos de final de la Copa de la UEFA. El equipo estaba preparado para hacer frente a las rondas finales de las competiciones europeas, que se habían presupuesto como un gran hándicap desde la llegada del equipo a la élite.

Tal y como se presagiaba por sensaciones, el Nantes pasó por encima al Rotor Volvograd, Tekstilchtchik Kamychine y al Sion, en una exhibición en Francia por 4-0 con un partido descomunal de Ferri y Makelele en el centro del campo y que sirvió para postular al Nantes como un candidato a ganar la Copa de la UEFA.

Nantes celebró el sorteo de cuartos como una victoria. Su rival, el Bayer Leverkusen, no estaba en su mejor momento. Ocupando el 8º puesto de la Bundesliga y en un fin de ciclo evidente -Schuster ya tenía 36 años-, sumando al hecho de jugar la vuelta en Francia ponía al Nantes como el principal favorito en la eliminatoria ante los teutones. Suaudeau, que estaba siendo elogiado por su vendaval ofensivo y solidez defensiva, se encontró con un varapalo inédito en la historia del fútbol que a día de hoy sigue siendo imposible de ver en un equipo: los tres porteros del equipo, Casagrande, Loussouarn y Marraud, se lesionaron para el partido de ida. Fue entonces cuando Jean-Louis García, entrenador de porteros del club, se tuvo que poner los guantes. La historia negra del Nantes en Europa se repetía y no solo eso, sino que varios jugadores del Bayer Leverkusen, en declaraciones a *So Foot*, afirman que lo más débil del Nantes era su portería, desconociendo que sería el equipo con menos goles en contra de Francia de esa temporada. García se comió el primer gol del Bayer, obra de Lenhoff desde una posición muy lejana y sabiendo que García no era el portero del equipo. El caos se apoderó del Nantes en el 18, cuando García, que no podía sacar de puerta debido a su poca fuerza, se comió otro gol, esta vez de Kirsten, en un saque de puerta precisamente del equipo canario. Ouédec alimentó las esperanzas del Nantes con un gol de penalti, pero el brasileño Paulo Sérgio Silvestre do Nascimento, quien fue un jugador con muchísimo recorrido, llegando a ser internacional 13 veces con la selección brasileña, marcó un doblete para finiquitar un partido que tendría un 5-1 en el 89' por medio de Kirsten, una pesadilla durante toda la noche para el Nantes. En el partido de vuelta, el Leverkusen plantó un equipo muy defensivo, cedió la pelota al Nantes, algo que impidió a los de Suaudeau ni tan siquiera marcar un solo gol (0-0). Un último apunte, Jean-Louis García terminó retirándose profesionalmente a final de temporada tras su descalabro en Alemania.

La vida te da segundas oportunidades, o eso dicen. Al Nantes, la eliminación de Alemania le afectó, pero el equipo volvió a sacar la garra que tanto le ha caracterizado desde su creación y se instauró por segundo año consecutivo en la élite, pero esta vez rozó la gloria de las glorias. Si bien es cierto que las pérdidas de Patrice Loko con destino PSG y de Karembeu a la Sampdoria mermaron al club, el Nantes fichó a una gran camada de futbolistas que a la postre serían importantes, como Bruno Carotti, Jean-Marc Chanelet, Jocelyn Gourvennec y Roman Kosecki, este último procedente del Atlético de Madrid.

La temporada del Nantes no fue del todo fructífera. El equipo se despeinó de la Ligue 1 a las primeras de cambio y el problema de adaptar el equipo a los nuevos fichajes no salió del todo bien. En la Coupe de France, el AS Mónaco le eliminó con contundencia y fueron muchos los que llegaron a pensar que Jean-Claude Suaudeau tenía que salir del equipo. Él, fiel a sus principios, nunca dejó de lado su innovador estilo de juego y prosiguió hasta el final. Fue así que el equipo realizaría la mejor Copa de Europa de su historia, eso sí, empezando con un punto de seis en un grupo con Panathinaikos, Aalborg y Porto, pero terminando con nueve puntos en segundo lugar, justo por detrás del equipo griego, que le endosó un 3-1 en Grecia en un punto de inflexión en la competición para el equipo francés.

Con tres derrotas de los últimos cuatro partidos y, tras un 4-0 en contra ante el Mónaco, el Nantes se enfrentaba al Spartak de Moscú en los cuartos de final de la Copa de Europa. Los rusos venían de una buena racha y el hecho de jugar la vuelta en Rusia y con el frío ponía patas arriba la eliminatoria. Suaudeau probó con un equipo muy ofensivo en la ida y, tal como resumen las crónicas rusas de aquel partido, el Nantes fue el equipo que mejor fútbol derrochó en la Copa de Europa en base a lo visto en dicha eliminatoria. Ganó 2-0 en la ida y empató 2-2 en Rusia, pero la exhibición de Makelele, Ouédec y, sobre todo, N'Doram -que generaba unas siete ocasiones claras por partido- hicieron erigirse a este equipo como un serio favorito para ganar la competición, aunque en semifinales llegaría la bestia negra, la Juventus.

El fenomenal delantero N'Doram (© Panini).

La Juventus de Turín en aquella época era un equipo tremendamente dominante en Europa. Había pasado por encima en la fase de grupos de uno de los mejores Borussia de Dortmund que se recuerdan y el equipo entrenador por Marcelo Lippi era el rival a batir por todos los equipos. Contaba con Alessandro del Piero y Ravanelli, dos de los mejores jugadores de todo el torneo y con Didier Deschamps, mediocentro dominador y precisamente ex jugador del Nantes formado en su prestigiosa cantera.

Como ya ocurriera en Milán años atrás por el frío y, como ocurriera en Leverkusen con las lesiones, esta vez el condicionante que privó al Nantes fueron los árbitros. Fred, que lleva siguiendo al Nantes desde que tiene 3 años, afirma que en Italia se sacaron informes de sobornos de la Juventus a Gallagher, árbitro inglés conocido por su gusto por el dinero en aquella época. Prueba de ello son las siete tarjetas amarillas que el árbitro mostró a los jugadores del Nantes, mientras que a los italianos no le sacó ni una tarjeta, duplicando el número de faltas. Para más inri, Éric Decroix, jugador del Nantes, se rompió la nariz en un codazo que recibió y ni tan siquiera un jugador de la Juventus sería expulsado.

El colmo llegaría en el minuto 45, precisamente cuando el Nantes estaba dominando a una Juventus que se había adelantado por un gol de Vialli a la salida de un córner. Michele Padovano, más conocido por su picardía que por su juego, fingió un codazo tremebundo de Carotti. Tal como define el propio Carotti, rozó con su codo a Padovano, al que, tras el gesto del jugador francés, se le vio aturdido en el campo. Gallagher no dudó en expulsarlo en lo que sería un jarro de agua fría para el equipo de Suaudeau. La UEFA también calló ante, tal como nos relata Fred, el lanzamiento de monedas afiladas de los ultras de la Juventus a los del Nantes, provocando algún herido. Los hinchas de la Juventus afilaron las monedas para que, al ser lanzadas a los hinchas del Nantes -que estaban justo debajo de los de la Juventus-, recibieran un daño mayor del que ya de por sí genera una moneda. La Juventus ganaría el partido finalmente 2-0, gracias a un gol de Jugovic, pero la resistencia canaria con uno menos y contra un arbitraje casero fue más que encomiable.

Haciendo valer su Jeu Nantaise, Jean-Claude Suaudeau salió en el partido de vuelta a morir para intentar obrar el milagro. Nadie le había marcado tres goles a la Juventus, pero el Nantes, como ya había demostrado en los últimos años, era un equipo al que los retos se le daban de maravilla. Y vaya que sí consiguió este reto. Pese a que los neroazzurri se adelantaron por dos ocasiones (goles de Vialli y Paulo Sousa), N'Doram volvió a demostrar que era uno de los mejores jugadores del fútbol francés y, escoltado de un centro del campo formado únicamente por Ferri y Makelelé, el Nantes terminaría el partido con cinco delanteros y tres defensas. Suaudeau obraba una remontada milagrosa, anticipándose al fútbol y queriendo morir con el fútbol tan ofensivo del que siempre se hizo valer. Renou ponía el 3-2 a falta de ocho minutos para el final y el estadio se volcó de manera estrepitosa con el equipo. La Juventus, tal como relata Le Dizet en una entrevista a *So Foot*, la pasó peor en esos minutos que en toda la competición. Ahí se vio el trabajo de Jean-Claude Suaudeau, quien tras ganar 3-2 a la Juventus se coronó como el entrenador más ofensivo de los equipos modestos de Europa. Fue el fin de una era, pues tras la maravillosa temporada europea, el Nantes vería como a final de la temporada 1995-96, varios de sus cracks emigraban del oeste de Francia: Ouédec (Espanyol), Pedros (Marsella) fueron los preludios de las marchas de N'Doram al Mónaco y de Makelele al Olympique de Marsella y, por último, la retirada de Suaudeau de los banquillos en 1997. Un legado que parecía difícil de repetir, pero que Denoueix lo volvería a bordar.

Denoueix, el descenso y la vuelta a la élite

Antoine Josse conoció a Suaudeau como si de un hermano se tratara. En una ocasión, uno de los más conocedores de Coco pudo charlar con el ex técnico del Nantes, quien en 1997 abandonaba el banquillo del Nantes para darle el relevo a su amigo, Raynald Denoueix. Suaudeau, como bien nos dice Josse, quería que Denoueix fuera su heredero, ya que el bueno de Raynald se había pasado durante 16 temporadas modelando un estilo de cantera que no solo le dio un sello de identidad al Nantes, sino que lo llevó a lo más alto del fútbol francés y casi de Europa. Y prueba de ello es la camada de jóvenes, traída por Denoueix, que Suaudeau había aprovechado para triunfar en Francia.

Denoueix, en la maravillosa entrevista que pudimos hacerle en enero de 2018 en un simple bistrot francés, es una persona humilde, sincera e incluso algo vergonzosa. Definió a José Arribas como una persona poco habladora y trabajadora. Él se había empapado de tales dotes para erigirse como una persona respetuosa con los demás y, sobre todo, con el fútbol. Por ello, su Nantes sería durante poco tiempo -cuatro años- uno de los equipos que mejor fútbol practicó de Europa. Y todo ello tras seguir siendo fiel a un estilo que se había iniciado en la década de los 60. El fin de siglo fue para el Nantes la culminación de Le Jeu Nantaise.

En este período, jugadores formados en la cantera volvieron a ser el pilar en el que se sustentó el Nantes durante los cuatro años de Denoueix en el banquillo. Empezando por la portería, en la que un joven Landreau se convertiría en poco tiempo en uno de los mejores porteros de Europa. Su espectacular salida de balón con los pies pondría de moda el concepto de las superioridades de portero, como bien se puede ver en los partidos del Nantes de aquella época. Pese a que muchos afirman que fue Guardiola el inventor de este matiz táctico, lo cierto es que con Landreau, el Nantes ya usaba a su portero como un quinto defensa para mejorar la salida de balón. A Landreau se unen los Da Rocha, el mito Vahirua o Gillet, todos ellos leyendas en menor o mayor medida en los posteriores años a su paso por el Nantes.

Cuando le preguntamos a Denoueix sobre sus variaciones tácticas, él continúa siendo fiel a lo que nos comentó durante toda la entrevista: la táctica era un simple nombre y que para él estar moviéndose durante los 90 minutos, atacando los espacios y sabiendo qué hacer segundos antes, significaba el mero análisis del partido de forma total y no abstracta como se puede hacer ahora analizando qué formación usa X entrenador o qué matices tácticos ha introducido el susodicho. El cambio al principio no fue fácil, pues en su primera temporada en el banquillo canario acabó séptimo en la Ligue 1, no pasó de los 32avos de la Copa de la UEFA ni de los 16avos de las dos copas. Las bajas de Makelele y Karembeu habían dejado mella en Nantes y, pese a que Suaudeau había estado una temporada casi de interino para que Denoueix asimilara conceptos tácticos, el equipo no supo cómo afrontar las revoluciones del nuevo técnico.

Pero como había ocurrido con Arribas, el fiel espejo de Denoueix a lo largo de su carrera, el técnico se redimió de las críticas una temporada después. El verano del Nantes en cuanto a fichajes se refiere sí tuvo un impacto más evidente que un año antes. Néstor Fabbri, que venía de disputar el Mundial con Argentina, fue un fichaje descomunal. El defensor argentino fue un auténtico mariscal, rey de la línea adelantada en la defensa y que durante cuatro años monopolizó a sus rivales en Francia, haciendo olvidar a otro mito como Ferri, al igual que Devineau con Le Dizet. La llegada de Vahirua de la cantera también sería una noticia muy positiva para un equipo muy joven que encontró en él y Monterrubio una de las mejores parejas, casi a la par de Loko-Ouédec en su día.

En Ligue 1, el equipo mejoró y terminó 7º, pero la gran alegría llegaría en la Coupe de France. Tras seis finales disputadas y únicamente una ganada, en 1979, el Nantes se plantó en la final ante el CS Sedan Ardennes. Una Coupe de France sorprendente, pues únicamente tenía a un equipo de Ligue 1 en los cuartos de final, y ese era el Nantes. Un Nantes que en octavos eliminó al PSG en los penaltis y en el que Landreau le dejó claro en la tanda de penaltis a Bernard Lama que él era el mejor portero de Francia, aun siendo un niño. Un niño como Monterrubio. Elegido mejor jugador joven de la Ligue 1, el chaval le dio al Nantes su segunda Coupe de France en la final ante el modesto Sedan con un gol de dudoso penalti, pero que sirvió para confirmar que era una estrella emergente, aunque después no cumpliera las expectativas.

Denoueix seguía sin dar la tecla en la Ligue 1. Cierto que la mejoría del equipo era evidente, pero, aun así, los resultados seguían sin llegar. Como bien dice Suaudeau en una crónica a *20 minutes*, la eliminatoria de la Copa de la UEFA de 1999-2000 fue un punto de inflexión para el equipo, ya que ahí fue cuando de verdad se creyeron que jugando a raja tabla lo que Raynald decía era suficiente como para ganar a cualquiera. El Arsenal pasó la eliminatoria que enfrentó a ingleses y galos en 16avos de la extinta Copa de la UEFA, pero Denoueix le dio una lección a Wenger en la vuelta pese al 3-0 de la ida y, aunque el partido acabó 3-3 en Francia, el repaso fue tremendo. Sibierski, ese mediapunta que terminaría su carrera en el Wigan y que anotaría en dicha temporada 13 goles jugando con una libertad en todo el terreno de juego, fue una de las claves de aquel equipo. Vahirua comenzó ante el Arsenal su leyenda, pues el gol que le marcó en la vuelta a los de Wenger fue su primer gol como profesional en el club. Y los Carrière, Gillet o Da Rocha dieron un paso adelante a partir de entonces.

Pero pese a la euforia de ganar la segunda Coupe de France consecutiva ante el Calais, de tercera división y entrenado por un técnico español, Ladislas Lozano, el Nantes afrontaba un final de infarto en Ligue 1. Se jugaba la salvación ante el penúltimo, el Le Havre, que, aun estando descendido, siempre es un rival complicado. Tras un inicio muy flojo de los de Denoueix, Vahirua volvía a estar presente en un punto de inflexión del equipo. El haitiano marcaba el solitario gol que daba la salvación al equipo y no solo eso, sino que, a partir de dicho partido, todo sería en ascensión.

Denoueix se despediría de Nantes con una obra de arte que tal como nos dice Helder, experto en fútbol francés, y Matthieu Bideau, coordinador de la cantera, se convirtió en el mejor equipo que han pasado por sus ojos en Francia. Y eso que en cuanto a fichajes perdió a Sibierski, el jugador más técnico de la era Denoueix y a Sthépane Lièvre y Jean-Marche Chanelet. Llegarían por su parte Armand del Clermont -uno de los mejores fichajes por amortización en poco tiempo-, Ziani y Moldovan, al que el Nantes pagó 40 millones de francos al Fenerbahçe y que sigue siendo, a día de hoy, el fichaje más caro de la historia del club.

Cuando le preguntamos a Denoueix sobre el punto de inflexión de dicha temporada, él afirma que el partido en Burdeos fue el detonante. El Bordeaux es el mayor rival del Nantes históricamente, y el equipo de la Gironda le endosó al Nantes un 5-0 estrepitoso que, como el 10-2 del Boulogne con Arribas, serviría para que Denoueix cambiara otra vez su forma de jugar y pasara a un juego de posición que fue imposible de frenar a partir de entonces.

El Nantes terminaría como campeón de la Ligue 1. Un final de temporada espectacular, con una única derrota en los últimos 14 partidos, le auparon a la primera plaza. Un equipo ofensivo total, pues, en las bandas, Armand era casi un delantero en vez de un lateral izquierdo; Mathieu Berson era un muro defensivamente pero su capacidad con balón también le daban un plus al equipo; Carriere, con el número 10, había hecho olvidar a Sibierski, y en ataque, Vahirua

y Monterrubio (un delantero que siempre estaba bien colocado en el área y marcaba goles de puro *killer*), fueron una pareja complementaria que eran un incordio para cada defensa a la que se enfrentaban. Tras ello, comenzaría el declive. Denoueix, último superviviente de Le Jeu Nantaise, se marchaba a la Real, donde casi gana la Liga y descubriría a un tal Xabi Alonso.

Tras muchos años en lo más alto, el Nantes descendió de la Ligue 1 en 2007. Para colmo, se dio un hecho curioso: los aficionados entraron al campo para suspender el partido ante Toulouse y así darle la clasificación a copas europeas. Con esta maniobra le sacaron el pase a Rennes, histórico rival.

Adrien Trebel, Jordan Veretout, Nkoudou, Alhadhur, Maxime Dupé o Koffi Djidji son algunos de los nombres que fueron claves en el ascenso del equipo. Todos ellos, como bien se deduce, fueron formados en la prestigiosa cantera del Nantes. A día de hoy, el Nantes sigue luchando a contracorriente por intentar volver a ser una quinta parte de lo que en su día fue: un equipo ultraofensivo, que enamoró a Europa con un estilo de juego dominante y al que nadie pudo torcer durante casi cuatro décadas. Sin duda, volver a ver algo así será muy difícil.

Denoueix, entrenador del Nantes campeón de Liga en 2001 (© Panini).

Capítulo 2.

Grandes hazañas, gestas e historias

En el fútbol existen numerosas historias increíbles de superación, hazañas o gestas extraordinarias, algunas de ellas con final feliz que demuestran que todo es posible en el deporte rey. Ejemplos de equipos modestos que consiguen levantar títulos contra todo pronóstico ante conjuntos mucho más poderosos en lo económico y lo deportivo. En Francia estos casos se han dado tanto en la Liga como en la Copa. También fuera de sus fronteras los clubes galos demostraron su osadía y su espíritu de lucha ante las adversidades.

El Charleville subcampeón copero

El FCO Charleville (su nombre hoy en día es Olympique Football Club Charleville) es un modesto conjunto que actualmente milita en categoría regional, concretamente en lo que equivaldría a la sexta división del fútbol francés. Perteneciente a una ciudad del departamento de las Ardennes, el club fue fundado en 1904 y en 1936 llevaba el nombre de Football Club Olympique Charleville por su fusión con el Olympique de Charleville cuatro años antes.

En 1935, con un ascenso a la segunda división, accedió al fútbol profesional del balompié galo en el que se mantuvo durante cuatro temporadas, justo hasta el estallido de la Segunda Guerra Mundial. Fueron los mejores años de su historia con una participación legendaria en la Coupe de France del curso 1935-36 cuando alcanzó la final en la capital.

El equipo lo entrenaba Erich Bieber, un técnico austriaco que además también era atacante titular. Dos años antes del famoso *verrou* (cerrojo) de Karl Rappan en el Mundial 1938, que también impuso Benito Díaz en el Girondins, Bieber mostró algunas pinceladas de este estilo. El austriaco basaba su juego en la fortaleza defensiva, en la presión al rival, la fuerza y en conseguir una superioridad numérica en la zaga respecto al ataque contrario. De su sistema se empapó muy bien el capitán del equipo y que ha pasado a la historia como uno de los entrenadores más prestigiosos que ha visto el fútbol: Helenio Herrera. El franco-argentino aprendió de la metodología de Bieber y la implantó en su librillo como técnico durante toda su carrera. Además también destacaban en el plantel el arquero Julien Darui, que llegó a ser 25 veces internacional en el periodo de guerra y después de finalizar el conflicto bélico mundial, el medio austriaco Karl Myrka o el delantero Marcel Dufrasne.

En la campaña 1935-36 se encontraba en la Division Interrégionale (D2), en la que completó un curso muy discreto al terminar en el puesto 12° de la tabla y sin ninguna posibilidad real de ascender. Sin embargo, en la Copa completó un papel espectacular y se convirtió en un sorprendente matagigantes al eliminar a tres equipos de superior categoría.

En su estreno en el torneo se deshizo sin problemas del ES Bully, un conjunto de la Liga Regional Nord. En 16avos jugó en Lille y esta vez se vio las caras con un equipo de su misma división: el RC Lens. Les Artésiens eran uno de los equipos favoritos de la D2 para ascender como demostró su cuarto puesto final, pero en la Copa fueron superados por el Charleville por 4-2.

El camino se complicó a partir de octavos cuando el sorteo les deparó el AS Cannes como rival. Les Dragons contaba en sus filas con Louis Cler, Charles Bardot, Antoine Franceschetti o Marcel Miquel y esa temporada concluyó en quinta posición de la D1. Sin embargo, el Charleville sorprendió a todos con una victoria por la mínima.

En cuartos de final eran junto al AS Brestoise los únicos conjuntos que se encontraban en competición y no militaban en la máxima categoría. En esta ronda jugaron en Valenciennes contra el Excelsior AC Roubaix, un club ganador de la Copa en 1933 que ocupó un puesto de mitad de la tabla en la D1 esa temporada. La contienda terminó con un 2-0 favorable para los de las Ardennes y con Dujardin como artillero.

En semifinales, Charleville visitó por primera vez Colombes para medirse con el Red Star Olympique que entrenaba el mítico argentino Guillermo Stábile y en el que se encontraban, por ejemplo, jugadores como Alfred Aston, Numa Andoire o Augustin Chantrel. Los parisinos habían vivido su gran momento de gloria en los años 20 con cuatro títulos de Copa, pero en el curso 1935-36 estuvieron cerca de descender a la D2 tras su ascenso en 1934. El choque se decidió por mínimos detalles y se lo llevó el Charleville por 2-1 tras un doblete de Dufrasne y una gran actuación de Darui en el marco.

La gran final tuvo como contendientes a los pupilos de Bieber frente al RC Paris, el gran club francés de la época, campeón de Liga esa temporada y una constelación de estrellas con el portero austriaco

Rudi Hiden, el inglés Fred Kennedy o baluartes de la selección francesa como Raoul Diagne, Edmond Delfour y Émile Veinante. Todos ellos dirigidos por el reputado técnico británico George Kimpton.

El partido se celebró en el legendario Colombes con casi 40.000 espectadores en las gradas y con Albert Lebrun, presidente de la República, saludando a los jugadores antes del pitido inicial. La táctica defensiva del Charleville fue un auténtico quebradero de cabeza para los parisinos que se vieron incapaces de derribar el muro del cuadro de las Ardennes durante más de una hora. Los aficionados vivieron con pasión y emoción un duelo tan apretado hasta que lo desequilibró Roger Couard, en el minuto 67, con un remate imparable para Darui. El Charleville cayó con honor y dos años después rozó el ascenso a la D1 pero la Segunda Guerra Mundial destrozó todas sus esperanzas y desde los años 40 no ha vuelto a estar tan cerca de los mejores.

El asombroso título del CO Roubaix-Tourcoing

La Segunda Guerra Mundial cortó de cuajo la trayectoria y el recorrido de varios grandes equipos que habían ganado la Liga antes del parón como el FC Séte, el Sochaux o el Olympique de Marsella. Tras la reanudación, Les Lionceaux descendieron a la D2 en 1946 y tanto occitanos como marselleses ocuparon zonas de mitad de la tabla sin ninguna posibilidad de reverdecer viejos laureles.

El conflicto bélico también hizo mella en el Roubaix, un club fundado en 1895. En 1945 se produjo una gran fusión entre el propio Racing Club de Roubaix, el Excelsior Athlétic Club de Roubaix y la Union Sportive de Tourcoing para construir el CO Roubaix-Tourcoing, un equipo más potente con el que competir en la máxima categoría. Durante dos años disputarían sus encuentros en tres escenarios: el estadio Amédée Prouvost, el parc Jean Dubrule y el Charles Van de Weegaete.

La plantilla se conformó con una mezcla de jugadores de los tres conjuntos y con fichajes importantes como el veterano arquero Darui, el medio Michel Frutoso o el delantero Roger Grava. Como timón del barco estaba el técnico Jean Batmale, que situó al CO Roubaix-Tourcoing tercero en la temporada 1945-46 pero no le valió para seguir en la entidad.

En el verano de 1946 fue sustituido por Charles Demeillez, que consiguió subir aún más el nivel del equipo y llevarle al primer y único campeonato de Liga hasta la fecha de su historia. Para ello tuvo que batir a tres formidables equipos: el Stade de Reims, el RC Estrasburgo y el Lille, campeón del año anterior. El equipo rojiblanco ya empezaba a dar muestras de lo que sería la siguiente década, uno de los mejores clubes de Europa. Por ejemplo, militaban ya en plantilla Robert Jonquet,

Marche o Pierre Sinibaldi. Por su parte, el Estrasburgo contaba con el centrocampista internacional francés Oscar Heisserer, el atacante letón Aleksandrs Vanags o el español Paco Mateo, mientras que el Lille mantenía al sensacional delantero Jean Baratte, el medio Marceau Somerlinck, el extremo Roger Vandooren o el atacante Jean Lechantre que en la Liga conquistada resultaron claves y fundamentales.

La Liga comenzó para los roubaisiens con un triunfo por la mínima con tanto de Hiltl ante el Cannes en el estadio Jean Dubrule, pero un tropiezo en la jornada tres frente al RC París les relegó a la décima posición. Sin embargo, este fue el punto de inflexión para comenzar una racha extraordinaria. Un total de diez partidos invictos con un bagaje de ocho triunfos y dos empates que les colocaron en lo más alto de la tabla desde la jornada 9 hasta la 25. En ese periodo sobresalió la victoria a domicilio ante el Le Havre, la goleada en casa contra el Lens por 5-2 con un doblete de Frutoso, el aplastante triunfo en Séte en un gran día de Hiltl o un apabullante 7-3 al Saint-Étienne con dos dianas de Kretszchmar y tres de Hiltl.

El arquero Julien Darui
campeón de Liga con el CO Roubaix-Tourcoing
(Fuente: Olympique Lillois. Sporting Club Fivois. Lille O.S.C.).

El 26 de enero de 1947, en el estadio Jean Dubrule, el Rennes le ganó por 3-2 y la racha concluyó. Además esa derrota hizo daño puesto que también cedería el liderato la siguiente jornada, al Stade de Reims, tras volver a caer contra el Stade Français. Restaban 12 jornadas para el final y se jugaron el título mano a mano con los rojiblancos. El CO Roubaix-Tourcoing enderezó su camino con victorias ante el RC Paris, el Nancy o el Estrasburgo, que le devolvió al primer puesto durante dos jornadas pero un nuevo traspié frente a Lens complicó la situación.

Los días claves para la hazaña del cuadro de la Alta Francia se produjeron en dos encuentros entre el 6 y el 17 de abril. En el primer partido, un solitario tanto de Stricanne contra el Toulouse le aupó a comandar la clasificación después de la derrota del Stade de Reims en Montpellier. Mientras que en el segundo se enfrentaron cara a cara los dos favoritos al campeonato. El encuentro se celebró en el estadio Auguste-Delaune y aunque Sinibaldi superó a Darui, dos dianas de Leenaert distanciaron a los rojiblancos en la clasificación. El mazazo para la Liga fue demoledor e incluso el cuadro roubaisiens se permitió caer la siguiente jornada en París contra el Red Star. Las victorias por la mínima respectivamente ante el Rouen con un tanto de Hiltl, el Metz con una diana de Stricanne y el Le Havre con Grava como artillero le hicieron cantar el alirón.

El CO Roubaix-Tourcoing finalmente aventajó en cuatro puntos al Stade de Reims y el Estrasburgo y en seis al Lille para proclamarse vencedor de la Liga en el curso 1946-47. Los más viejos del lugar aún recitan de memoria un once legendario que integraban: Darui; Deruelle, Laczny, Urbaniak; Lewandowski, Leduc, Frutoso, Sumera; Hiltl, Leenaert y Stricanne. El delantero austriaco pero nacionalizado francés Heinrich Hiltl fue el mejor jugador del equipo durante todo el curso y acabó la temporada con 23 dianas, siendo el sexto mejor artillero de la competición, aunque lejos de los 33 goles de Pierre Sinibaldi.

A partir de entonces comenzó un pronto declive del club que dio con los huesos en la D2 en la temporada 1954-1955 tras descender de la máxima categoría. Sin embargo, los problemas no concluyeron ahí, sino que en 1970 la aventura como CO Roubaix-Tourcoing finalizó con la desaparición como tal de la institución con esa denominación.

Le Havre y su gesta en la Coupe de France

Le Havre Athletic Club es un modesto club de Normandía que ha pasado más tiempo en la D2, con 37 temporadas en su haber, que en la máxima categoría, donde compitió en 24 campañas. Sus dos grandes épocas las vivió en la década de los 20 con un campeonato de la USFSA y un subcampeonato de Copa, y en los años 50 cuando ocupó el tercer lugar en el campeonato francés y levantó el título copero desde la D2.

La Coupe de France de 1959 fue un momento histórico para el club y para el balompié galo, puesto que fue el primer equipo en proclamarse campeón siendo un conjunto de la categoría de plata. Además, y para

redondear un año perfecto, lograron el ascenso a la D1 después de dominar y liderar la tabla de la Division Interrégionale por delante del Stade Français.

El cuadro cielo y marino llevaba un lustro en la D2, pero la llegada del técnico Lucien Jasseron le supuso un impulso en 1957. Jasseron fue un antiguo centrocampista del club en los años 30, que también llegó a ser internacional bleu justo al acabar la Segunda Guerra Mundial en 1945. El entrenador de Oran comenzó a construir un bloque muy compacto, muy serio atrás y ordenado que creció con la llegada del defensa Albert Eloy, el tunecino Kassen Hassouna, el atacante argelino Hocine Bouchache y sobre todo el argentino Di Loreto, el centrocampista internacional André Strappe y el delantero camerunés Frédéric N'Doumbé, hombres claves en la Copa de 1959.

Le Havre inició su andadura copera frente al humilde US Auchel de la D3, al que vencieron por la mínima en Boulogne-sur-Mer gracias a Jacques Ferrari. En dieciseisavos todos esperaban un desenlace sencillo teniendo en cuenta su rival, otro conjunto de una categoría inferior el FC Annecy. Sin embargo, fue el mayor escollo que se encontraron en toda la competición. En el primer partido empataron a uno tras una prórroga y tuvo que celebrarse un choque de desempate que se disputó en Dijon y finalizó con idéntico resultado. De nuevo se disputó otro *replay*, en el que esta vez sí el equipo normando se hizo con el triunfo por 3-1 con un doblete de Bouchache y una diana de Salzborn.

En octavos la suerte estuvo de lado del Le Havre, que se vio emparejado con otro equipo de la CFA, la D3 del fútbol galo. El SC Draguignan hincó la rodilla en el estadio Marcel-Michelin de Clermont-Ferrand por 2-0 con tantos de Di Loreto y Bouchache para el club ciel et marine. Una ronda más tarde el adversario fue el FC Metz de su misma categoría. En la competición doméstica firmaron tablas en el Saint-Symphorien y venció el Le Havre 5-0 en casa, mientras que en el encuentro copero con el estadio Marcel Saupin como sede el conjunto dirigido por Jasseron se llevó el triunfo por 2-0.

En las semifinales ya era el único equipo de una división inferior. Los otros tres semifinalistas eran el FC Sochaux, el Stade Rennais y el Nimes, con el que luchó por el puesto en la final. Les Crocodiles, subcampeones de Liga, tenían en sus filas a los internacionales galos Lafont, Rahis y Skiba más los marroquíes Akesbi y Bettache, pero en Colombes, el Le Havre, con un gran Strappe que marcó con un tiro desde 40 metros el tanto del triunfo, culminó una sorpresa legendaria.

Por el otro lado del cuadro, el Sochaux derrotó al cuadro rojinegro y se retó con los normandos en Colombes el 3 de mayo de 1959. El coliseo capitalino contó con casi 51.000 espectadores en las gradas y con Charles de Gaulle, presidente de la República en el palco observando el choque. Sin embargo, Jasseron recibió una mala noticia días antes con la lesión de su delantero estrella Eduardo Di Loreto, que se perdería la gran cita.

Pero su baja no la notaría en exceso el Le Havre que nada más iniciarse la contienda se adelantó tras rematar una falta Jacques Ferrari. Sin embargo, en el minuto 45, el zaguero Eloy introdujo el cuero en su marco y el Sochaux empató. Así se llegó al tiempo extra, en el que René Gardien puso en ventaja a Les Lionceaux. Le Havre se lanzó a la desesperada al ataque y encontró premio con una diana del argelino Bouchache tras revolverse en el área y superar por alto a Barthelmebs. A poco de la conclusión, el sueco Brodd marcó pero su tanto fue anulado por fuera de juego por el línea. Con esa jugada terminó el partido y como no estaban instaurados aún los penaltis se tuvo que jugar un encuentro de desempate dos semanas más tarde.

El lunes 18 de mayo fue la fecha elegida y al ser un día laborable se notó en la entrada al campo que aquel día sumaba 36.500 asistentes. Jasseron modificó su once con un único cambio, la entrada de Valentin Navarro por Jean Saunier. Los otros diez que entraron en la historia del Le Havre fueron Villenave; Lagadec, Hassouna, Eloy; Meyer, Salzborn; Bouchache, Ferrar, Strappe y N`Doumbé.

La superioridad de los normandos esta vez fue manifiesta durante todo el duelo. Al descanso ya mandaban por 2-0 tras los goles de Meyer con un disparo cruzado con la zurda y de N`Doumbé con el exterior de su pierna derecha. El Sochaux lo intentó sin suerte en la segunda mitad y en una contra Valentin Navarro sentenció el título en el minuto 87 al picar el cuero a Wendé en el mano a mano. El capitán Strappe recibió el trofeo de manos de Maurice Herzog (famoso alpinista y secretario de Estado de Juventud y Deportes) y lo elevó al cielo del estadio Stade Olympique Yves-du-Manoir.

A su vuelta, el Le Havre se encontró una auténtica marea de gente esperando en la estación. Las crónicas hablan de unas 20.000 personas y los jugadores avanzando a duras penas entre la multitud durante una hora hasta llegar al autobús que los llevaría al ayuntamiento. Allí la locura no fue menos y 45.000 personas les vitorearon y les aplaudieron durante toda la recepción con el alcalde de la ciudad.

Piantoni, un héroe para el Stade de Reims

El Stade de Reims tuvo un recorrido amable en la Copa de Europa de la edición 1958-59 hasta los cuartos de final. En las eliminatorias previas goleó al Ards norirlandés por un global de 10-3 y al HPS finés por un parcial de 7-0, jugando el encuentro de vuelta en Rouen debido al crudo invierno existente en diciembre en Finlandia. Just Fontaine, el

maravilloso y completísimo ala diestra de buen regate y alianza con el gol que había deleitado en el Mundial de Suecia, seguía en un estado excepcional y por entonces ya firmaba ocho dianas en el torneo, seis logrados ante el cuadro de Irlanda del Norte y dos contra el equipo de Helsinki.

En cuartos el sorteo deparó un cruce a los de Reims con el Standard de Lieja. Los belgas habían dejado en el camino al siempre correoso Hearts escocés y al Sporting Club de Portugal, que contaba en su once con los internacionales lusos Manuel Caldeira, Fernando Mendes o David Júlio y el brasileño Ivson. La ida se disputó en el estadio Maurice Dufrasne y tras los 90 minutos la escuadra dirigida por Albert Batteux se encontraba en serios apuros. Un 2-0 con tantos de Jadot y Givard dejaba la eliminatoria encarrilada para los de Lieja. El 18 de marzo de 1959 se volvieron a ver las caras en el August Delaune y la desilusión y la impotencia se empezaban a apoderar de los hinchas galos hasta que llegó el minuto 70. El muro belga se mantuvo firme y rígido con un penalti detenido incluso por Jean Nicolay, pero con el primer gol se vino abajo. Ese tanto clave lo hizo Piantoni al recoger un rechace dentro del área y disparar raso. El Stade de Reims abrió la lata y en 18 minutos culminó una gesta memorable con otros dos tantos del omnipresente Fontaine. El primero, en el minuto 73, tras resolver un mano a mano y el segundo cuando se vislumbraba un partido de desempate en el minuto 88 de un tiro fuerte que se coló por la escuadra. El equipo rojiblanco salvó un *match ball* en el camino para alcanzar otra final europea, pero no sería el último.

En las semifinales el sorteo decidió que los dos equipos madrileños (Atlético de Madrid y Real Madrid) no pudieran enfrentarse en la final y los emparejó, mientras que por tanto en la otra parte del cuadro el Stade de Reims tuvo como contrincante al Young Boys. El equipo suizo podría no asustar por nombre pero sí por lo que realizó aquella magnífica temporada. En la ronda preliminar quedó exento al no poder disputar la eliminatoria con el Manchester United, ya que la FA no dejó participar a los Red Devils tras la reciente tragedia aérea de Múnich. Los helvéticos se estrenaron en la primera ronda nada más y nada menos que contra el MTK de Budapest. Y dieron buena cuenta de los magiares con dos triunfos, tanto en la capital magiar como en el Wankdorf Stadion de Berna. En cuartos tuvieron más problemas para deshacerse de los alemanes orientales del Wismut después de un *replay* en Ámsterdam. La figura del Young Boys era su capitán Eugen Meier, un centrocampista con enorme llegada y mucho olfato de gol.

El interior Piantoni tuvo un papel fundamental para su equipo en la Copa de Europa 1958-59 (© Panini).

La ida fue el 15 de abril en Berna y Meier fue precisamente el autor del único gol del partido. De nuevo, el Stade de Reims caía lejos de su estadio y debía volver a remontar para avanzar en la competición. Un mes más tarde la vuelta se trasladó al Parque de los Príncipes de París por orden del equipo rojiblanco que se vio apoyado por casi 36.000 personas. Piantoni volvió a aparecer para ser el héroe del Stade de Reims, esta vez con dos dianas: una en el minuto 41 al mandar a la red un balón suelto en el área y la segunda en el 72 después de un zurdazo primoroso que entró rozando el palo en lo que suponía el 3-0 definitivo. El segundo gol fue obra del medio Penverne con un disparo desde la frontal.

El Young Boys del que nadie esperaba que llegase a semifinales y lograse superar incluso a un equipo top mundial como el Stade de Reims se despidió con honor. Por su parte, los franceses se presentaron en otra final de la Copa de Europa tres años después de conseguirlo en la primera edición de la competición. Sin embargo, su rival también fue el mismo, el gran ogro del continente que vestía de blanco, el Real Madrid. La final tuvo como sede Stuttgart y el equipo merengue fue muy superior al cuadro francés, al que derrotó por 2-0. Jugadores como Jonquet, Giraudo, Leblond o Bliard resistían del primer enfrentamiento y volvieron a sufrir en sus carnes otra dura derrota. Fue la última hazaña europea del Stade de Reims que no recuperó hasta la fecha aquel excelente nivel. Para el consuelo quedó ver cómo Just Fontaine se consagraba como un artillero sobresaliente con 10 goles y se coronaba mejor goleador de la Copa de Europa.

La cara de la moneda para el RC Estrasburgo

El RC Estrasburgo fue uno de los clubes franceses junto al Girondins de Burdeos y el Stade Français que participó en la Copa de Ferias del curso 1964-65. El año anterior había concluido la Liga en novena posición y aquella campaña llegó incluso a pelear el título que finalmente fue a parar a manos del Nantes de José Arribas.

El equipo dirigido por Paul Frantz (reputado entrenador y responsable de la formación en la Federación francesa a técnicos como Aimé Jacquet, Roger Lemerre y Guy Roux) contaba en la plantilla con el argentino José Farías criado en Boca Juniors, el delantero franco-suizo Gilbert Gress, el magnífico stopper Raymond Stieber, el gran central bleu Raymond Kaelbel o el delantero y estrella del plantel Gérard Hausser. Frantz creó una escuadra potente, conjuntada, seria, aguerrida y muy complicada de batir.

En la primera ronda los franceses dieron una buena muestra de su nivel dando la campanada ante el AC Milan que dos años antes se había proclamado campeón de Europa. En la ida, en casa, les derrotaron por 2-0 con tantos de Merschel y Hausser, y en la vuelta en San Siro el cuadro italiano no pudo remontar y venció por la mínima. Para ver el potencial de los transalpinos únicamente hay que observar su once inicial ese día en el que se alinearon los brasileños Amarildo y Germano, Cesare Maldini, Gio Trapattoni o el peruano Víctor Benítez.

La segunda ronda dio un respiro a los estrasburgueses, que se vieron las caras con el Basilea al que ganaron con autoridad. En Suiza, Gress hizo el tanto del triunfo y en territorio francés el Estrasburgo aplastó a los helvéticos por 5-2, en otra gran tarde de Hausser. La tercera eliminatoria deparó un enfrentamiento contra el FC Barcelona que pasaría a la historia. Los culés poseían en su palmarés dos veces la Copa de Ferias y un lustro antes fueron subcampeones de Europa en la famosa final de los postes ante el Benfica. En la Liga española no llevaban un buen curso, pero seguían contando con un grupo de magníficos jugadores entre los que destacaba el arquero Sadurní, los defensas Olivella y Garay, el medio Fusté, los atacantes sudamericanos Cayetano Ré y Seminario y el veteranísimo Sandor Kocsis.

Gérard HAUSSER

**Hausser era uno de los grandes puntales
de aquel Estrasburgo** (© Panini).

En La Meinau, el primer duelo tuvo lugar el 20 de enero de 1965 y finalizó sin goles después de un choque parejo en el que influyó en demasía el frío (3º bajo cero), la nieve y el mal estado del césped. La vuelta se celebró veinte días más tarde y la mayoría esperaba una victoria sencilla de los blaugranas que dejaría en la cuneta a los alsacianos. Sin embargo, el Estrasburgo completó una actuación sensacional y a los 15 minutos se adelantó por medio de Hausser. En la segunda mitad, Benítez empató para el Barça pero a renglón seguido el argentino Farías superó a Sadurní al finalizar en plancha un centro de Szepaniak. Los galos vislumbraban la orilla ya cuando Seminario en el minuto 89 hizo la igualada final con un trallazo imparable. Al no estar vigente aún el valor doble de los goles, se disputó un partido de desempate cuyo sorteo decidió que fuese en el Camp Nou, lo que da aún mayor valor a la hazaña del Estrasburgo.

Dicho choque se produjo más de un mes más tarde, concretamente el 18 de marzo. La crónica de *Mundo Deportivo* habla de "un cerrojo por parte del Estrasburgo que buscaba el empate" y de un Barcelona "poco afortunado en todos los sentidos de la palabra". Los blaugranas llevaron la iniciativa del juego y buscaron con ahínco el gol, pero una vez el poste a disparo de Fusté y en dos ocasiones el línea que decretó fuera de juego cuando el cuero ya estaba en las mallas, impidió que el equipo de Vicenç Sasot se pusiera en ventaja. Los 90 minutos reglamentarios terminaron sin goles al igual que el tiempo extra. Fue entonces cuando el árbitro Concetto lo Bello lanzó la moneda al aire en presencia de los capitanes Olivella y Hauss. La fortuna sonrió a los franceses, que rápidamente mostraron grandes gestos de alegría sobre el césped del

Camp Nou para incredulidad de los espectadores que se dieron cuenta de ese modo que el Barcelona estaba eliminado.

El Estrasburgo alcanzó los cuartos de final donde esta vez ya no pudo lograr la gesta ante el Manchester United de la "Santísima Trinidad", formado por Bobby Charlton, Dennis Law y George Best. En el estadio de La Meinau y pese a que 30.000 hinchas apoyaron hasta el final a su club, el Manchester United dejó la eliminatoria vista para sentencia con apabullante 5-0. La semana siguiente el cuadro del Bajo Rin visitó Old Trafford y salió con la cabeza alta y muy dignamente tras firmar un empate sin goles.

Las célebres remontadas de Les Verts en la Copa de Europa

El AS Saint-Étienne vivió su gran época de gloria en la década de los 60 y los 70. Logró ser el equipo hegemónico en Francia con ocho títulos de Liga y seis de la Coupe de France, entre otros entorchados. Ese dominio intentó trasladarlo también al continente sobre todo en la vieja Copa de Europa, pero nunca pudo conquistar el cetro europeo. La ocasión en que más cerca estuvo fue en 1976, cuando se proclamó subcampeón tras caer frente al Bayern de Múnich. Pero para la historia del club, del fútbol francés y también de las competiciones europeas dejó un par de remontadas formidables, una ante precisamente los alemanes siete años antes y otra en la edición de 1974-75 contra los yugoslavos del Hajduk Split.

En la primera ronda de la Copa de Europa 1969-70, el destino enfrentó a Les Verts contra el Bayern de Múnich. Los alemanes aún no habían alcanzado el nivel primoroso de un lustro más tarde que les llevaría a levantar tres Orejonas de forma consecutiva, pero comenzaban a demostrar su clase y lo que estaba por llegar. Dos años antes alzaron la Recopa de Europa y en la temporada anterior cosecharon la Bundesliga, el segundo título nacional de su historia después del primero en 1932. En el cuadro bávaro ya figuraban entre otros Beckenbauer, Müller, Maier o Schwarzenbeck junto al viejo capitán Olk y su entrenador era Branco Zebec, que sustituyó al exitoso Tchaikowski. Por su parte, el AS Saint-Étienne era un conjunto formidable dirigido por Albert Batteux y con Bernard Bosquier, Salif Keita, Hervé Revelli o Georges Bereta como alguna de sus figuras sobre el césped.

La ida se jugó en el Grünwalder Stadion y los germanos se mostraron muy superiores venciendo con tantos de Brenninger en la primera mitad y Roth en la segunda. El partido hizo mucho daño a Les Verts, que no se esperaban una derrota tan dura que les obligaba a una machada en la vuelta. Además, las aguas estaban revueltas en el vestuario con un enfrentamiento entre la joven estrella verde Jean Michel Larqué y el entrenador Albert Batteux. El centrocampista fue visto en una discoteca y el club por orden del técnico le multó. En cuanto supo de ese castigo, Larqué se reunió con su entrenador y le espetó que "mejor beber una naranjada en una disco que un litro de vino en tu casa". No jugaría el choque en casa.

Les Verts prepararon a conciencia el partido en un Geoffroy-Guichard, donde no cabía un alma más el 1° de octubre de 1969. Uno de los grandes objetivos era marcar pronto y creer en la remontada poniendo nerviosos a los teutones. Dicho y hecho. Apenas a los 120 segundos de juego, Revelli estuvo muy listo en el área pequeña para superar a Maier con un remate acrobático. Sin embargo, el ímpetu con el que saltaron los locales se fue apagando a medida que avanzaba la primera mitad. De ese modo al descanso se llegó con 1-0 y con las espadas por todo lo alto para la segunda parte. A la hora de juego, de nuevo el gran delantero francés superó al cancerbero alemán con un cabezazo en un córner. La eliminatoria estaba empatada y esa edición ya no existía el *replay*, sino que en caso de empate una moneda decidiría al equipo que pasara de ronda. Pero no hizo falta, ya que surgió el fenómeno africano Salif Keita para anotar el tercer gol en el minuto 81 en otro saque de esquina. Keita llevaba dos años en el club verde tras aterrizar del Real Bamako, pero en el verano estuvo con un pie en el Anderlecht belga. Finalmente, las negociaciones no cristalizaron y se quedó en el AS Saint-Étienne tres temporadas más para convertirse en una leyenda de la entidad. Les Verts eliminaron al Bayern en una de las primeras grandes remontadas de la Copa de Europa, pero en la siguiente fase el Legia de Varsovia les apeó con un global de 3-1.

Larqué y Keita, dos de los protagonistas de la eliminatoria contra el Bayern (© Panini).

Un lustro más tarde, el cuadro verde entró en la historia de la Copa de Europa con una de las remontadas más impresionantes que ha vivido la competición. El AS Saint-Étienne dirigido entonces por Robert Herbin y que aún mantenía en su plantel a Hervé Revelli, Bereta y Larqué, referentes de la eliminatoria contra el Bayern, inició el torneo derrotando en la primera ronda al Sporting Club de Portugal de los Yazalde, Vitor Damas, Dinis o Chico Faria y entrenado por Alfredo Di Stéfano.

En la segunda ronda se vieron las caras con el Hajduk Split. Los yugoslavos eran un formidable conjunto que contaba con varios internacionales plavi presentes en el Mundial de Alemania en sus filas, como Ivan Buljan, Ivica Surjak, el arquero Rizah Meskovic o Jurica Jerkovic. Además, en el partido de ida el 23 de octubre de 1974 en el estadio Stari Plac de Split, también la nieve se alió con ellos. El estado del césped fue perjudicial para los intereses del equipo francés, que se vio superado por la fuerza, el gran ritmo y la mejor adaptación al campo de los locales. La noche se tornó en pesadilla sobre todo en la segunda parte, puesto que al descanso el marcador reflejaba un empate tras el gol de Jerkovic y el posterior de Revelli. Pero en el segundo acto el poderío físico del Hajduk se impuso y en apenas quince minutos Curkovic encajó tres tantos. Zungul, otra vez Jerkovic y por último Mijac certificaron la derrota de Les Verts por 4-1 que les dejaba prácticamente fuera de Europa. Sin embargo, en la expedición gala no lo veían tan complicado y el capitán Bereta declaró: "Regresamos a casa pensando que todo era posible". El técnico Herbin en el autobús les puso como ejemplo la remontada del año anterior en la Coupe de France frente al Angers (0-2 en la ida y 4-0 en la vuelta).

La conjura se fue haciendo más fuerte con el paso de los días y el equipo verde preparó a conciencia el partido y pidió a sus aficionados que el Geoffroy-Guichard fuera un infierno. La concentración se llevó a cabo a las afueras de la ciudad para estar tranquilos hasta horas antes del choque, donde repasaron en vídeo los errores del encuentro de ida. Por su parte, en el equipo yugoslavo todo era confianza aunque el entrenador Tomislav Ivic espió al Saint-Étienne unos días antes en un encuentro de la Ligue 1.

Herbin alineó un once para la historia con Curkovic; Lopez, Piazza, Bathenay, Janvion; Repellini, Bereta, Synaeghel, Larqué y los hermanos Revelli. El fuego con el que salió el equipo se fue apagando con el paso del tiempo: el gol no llegaba. Pasada la media hora, Larqué batió al arquero yugoslavo y con una victoria por la mínima se fueron los 22 protagonistas al descanso. En la segunda mitad, en el minuto 60, se produjo el jarro de agua fría con un gol de Jovanic tras rematar un centro desde la derecha. La grada enmudeció y la remontada parecía una utopía, pero Bathenay de cabeza en un córner marcó un minuto más tarde. Los pupilos de Herbin continuaron presionando y en el minuto 71, Bereta colocó el 3-1 después de transformar un penalti. Aún no estaba en el terreno de juego el que sería el gran héroe del partido: Yves Triantafilos. Gran promesa del fútbol galo, a finales de los 60 se marchó a Grecia, el país de sus padres. Allí triunfó en el Olympiakos y en el verano de 1974 Les Verts le trajeron de vuelta a Francia. El delantero rematador saltó al campo a los 80 y dos minutos después igualó la eliminatoria con un chut raso y pegado al palo.

En el tiempo reglamentario no hubo tiempo para más y se llegó a la prórroga. Janvion, que se las tuvo tiesas con Surjak, dejó su puesto a Santini y al límite de la primera mitad del tiempo extra volvió a aparecer Triantafilos. El ariete que se definía a su mismo como "un atacante a la vieja usanza" marcó de falta. Los casi 26.000 espectadores del Geoffroy-Guichard estallaron con el tanto y la noche se tornó mágica. Los últimos quince minutos fueron de agonía y sufrimiento para los locales al volcarse al ataque el Hajduk, pero el tanteo no se movió. El AS Saint-Étienne, con invasión de campo incluida por sus hinchas, logró la machada y accedió a la siguiente fase donde sufrieron también para eliminar a los polacos del Ruch Chorzow. Su periplo acabaría en semifinales con el Bayern Múnich, a la postre campeón aquel año.

Bathenay, autor de uno de los goles de la gran remontada ante el Hajduk Split (© Panini).

El milagro del FC Metz en Barcelona

Era el Barcelona post-Maradona, un equipo que había fichado a un semidesconocido escocés como Archibald para sustituirlo. Era un Barcelona que estaba muy distante de la filosofía del club catalán hoy en día: Venables había armado un equipo físico, con una presión muy alta y, aun habiendo perdido a una leyenda como es Diego Armando Maradona, llegaba a esta eliminatoria como el máximo favorito a pasar. Y no solo eso, era uno de los favoritos a conseguir la Recopa de Europa de 1984-85, comenta Jesús Núñez, experto en material histórico relacionado con el fútbol.

La primera ronda de la Recopa depararía un Metz-Barcelona. El equipo granate, sin historial amplio en el fútbol francés y participante en la Recopa por su inesperado título de la Coupe de France de 1984 ante el AS Mónaco, se tomó el partido como una fiesta. Era un equipo que vivía una época dorada para las limitaciones de aquella época en el fútbol francés, con jugadores interesantes como Bracigliano, Fernando Zappia, Jules Bocandé o Phillipe Hinschberger, que sería entrenador durante varias temporadas años después del equipo.

Semanas antes del partido entre Metz y Barcelona, Marcel Husson, técnico del club francés, decidió enviar a emisarios a espiar al Barcelona para intentar descifrar las claves del conjunto catalán. Sin ir más lejos, lo primero que le dijo el emisario tras volver de su estancia en la Costa Brava fue que la eliminatoria estaba imposible. El fútbol francés, a pesar de aunar en apenas 10 años dos finales europeas (la del Saint-Étienne ante el Bayern de Múnich en 1976 y la del SC Bastia que ya hemos tratado en el libro ante el PSV), no era un fútbol que pudiera ni acercarse a las élites europeas. Por ello, Husson se tomó tras el informe del Barcelona el partido como una fiesta para disfrutar.

Para más inri, el Metz llegaría a la eliminatoria en unas condiciones poco propicias para pensar en que podría competir tan siquiera a 90 minutos. El AS Mónaco, equipo al que el Metz le había derrotado en la final de la Coupe de France meses atrás, se tomó la venganza por su cuenta tras endosarle un 7-0. En Barcelona, conscientes de ese resultado, ya celebraban el pase a la siguiente ronda. Las cuotas se dispararon y convirtieron al Metz en el equipo por el que más dinero se pagaría en una eliminatoria de la Recopa hasta la fecha (100-1), por lo que las televisiones ni se molestaron en televisar el partido. De Barcelona únicamente viajaron un periodista y un locutor para informar sobre el encuentro.

El partido de ida no tuvo más historia que la de afirmar que el Barcelona tenía una superioridad aplastante sobre su rival. Un 4-2 en contra, con un partidazo de Schuster en lo que sería el preludio de la mejor temporada del alemán de toda su carrera. La prensa francesa vaticinó el resultado casi como milagro, pues el Metz no había perdido por más de dos goles que diferencia, algo que parecía impensable antes del comienzo del encuentro.

Pero lo que iba a suponer una fiesta para los jugadores del Metz se convirtió en una especie de provocación por parte del Barcelona, que encendió las alarmas en Francia. Schuster, un día antes del partido, afirmó que los jugadores del Metz iban a Barcelona a hacer turismo y que ellos les iban a regalar un jamón como agradecimiento del regalo que les hicieron en la ida en forma de resultado. El Barcelona también ofreció a los jugadores del Metz una invitación para ver la eliminatoria de la Recopa de la siguiente ronda, que ya fue el colofón para exacerbar el enfado del conjunto francés.

Tal como afirma la crónica del diario *El País*, muchos aficionados del Barcelona ni tan siquiera le prestaron atención al partido. Únicamente 24.000 espectadores llenaron el Camp Nou, que, tras el gol del Lobo Carrasco, se convirtió en un recinto en el que el partido era la cosa menos importante de todas. Hasta muchos aficionados apagaron la radio tras el gol para irse a hacer otras cosas que consideraban más importantes.

Kurbos fue un tormento para la defensa del FC Barcelona (© Panini).

Tony Kurbos es uno de los jugadores más importantes de la historia del Metz, quizás cercano a Rigobert Song. El delantero yugoslavo había formado junto a Merry Krimau en 1982 una pareja letal en la que entre los dos aunaron 40 goles. En la 1984-85, Kurbos le marcó al Nîmes en un 7-3 la friolera cifra de seis goles, una cifra al alcance de pocos en la historia contemporánea del fútbol galo. Ante el Barcelona, Kurbos fue una pesadilla a partir del minuto 38, cuando marcó el gol del empate con poco ángulo y se puso a bailar a la floja defensa del Barcelona. Rohr lo recuerda a la página de la UEFA al comentar que sabían que la defensa del Barcelona era débil y ahí es donde Kurbos entró en liza. Cuando Tente, capitán del Barcelona, se marcó en propia en una jugada fortuita, comenzaron a saltar las alarmas.

Tony Kurbos agarró la pelota y no la soltó durante todo el partido. Todas las jugadas del Metz pasaban por sus botas y el Barcelona se sintió un equipo pequeño en toda la segunda mitad. Kurbos marcó el 3-1 con un recorte tremendo ante Amador Lorenzo y anotó a portería vacía. Le faltaba un gol al Metz y fue la dupla Bocandé-Kurbos -letal esa temporada- la que fabricaría el 4-1 definitivo. Nadie se lo podía creer, ni tan siquiera los que apagaron la radio tras el 1-0 del Lobo Carrasco, ni los que ese día prefirieron ir al zoo con la familia en vez de al Camp Nou a ver un partido de Recopa. Ettore, portero del Metz, se acercó a Schuster al final del encuentro a pedirle el jamón que había prometido el alemán. El diario *Mundo Deportivo* amaneció con un titular muy peculiar al son de miércoles de ceniza.

El Metz protagonizó una proeza que duraría poco tiempo, ya que, en los octavos de la Recopa, la ronda siguiente a la del Barcelona, el Dynamo de Dresden eliminó al Metz con un global de 3-1. El sueño de Barcelona no se lo quita nadie a los hombres de Husson.

La Copa de Europa del Olympique de Marsella

La final de Champions de 1990 para el Olympique de Marsella fue una de las mayores decepciones de la historia del club phocéen. Tras haber eliminado en cuartos al mejor Milan de la época de Silvio Berlusconi, el conjunto de Vercruysse tocó fondo en la final ante el Estrella Roja serbio en una final que mereció ganar y que por circunstancias perdió en la tanda de penaltis. Muchos pensaron que ahí se perdió la única oportunidad de que el OM llegara a una final de la Copa de Europa, pero el fútbol, como la vida, te da segundas oportunidades.

Las segundas oportunidades te pueden dar la gloria, como también te pueden destrozar la vida en apenas semana y media. Una semana antes de disputar la final de la Champions League ante el AC Milan de Fabio Capello, el Olympique de Marsella se jugaba el campeonato de la Ligue 1 ante el Valenciennes. El OM acabó ganando 1-0, pero después de la final ante el AC Milan aparecieron informaciones en la que se aseguraba que tres futbolistas del Valenciennes habían sido sobornados por el OM para que se dejaran ganar. Uno de ellos, Christophe Robert, aceptó la propuesta, que procedió de Jean-Jacques Eydellie[5] e ingresó en prisión nada más saberse el escándalo. Bernard Tapie, presidente del OM desde 1986, también presidente de la marca adidas en su época y una figura muy interesada en la política, con una imagen importante en el país galo, negó rotundamente todo hasta que

---

5 Información verificada de "Toutlesmondesenfoot", blog que trata la historia del fútbol francés.

se supo que había estado implicado en los sobornos. Gracias a sus dotes de político y sus contactos, Tapie solo estuvo unos meses en prisión, pero ese escándalo salpicó mucho al OM. Se hablaba más en las comidillas de lo que había hecho el equipo del sur de Francia más que la Guerra del Golfo Pérsico, que ya es decir[6].

Tapie se había dedicado a reforzar al OM desde su llegada al club. Fichajes importantes como los de Papin, Enzo Francescoli, Abedi Pelé y Stojkovic o traer a Beckenbauer a entrenar al OM debido a sus contactos con adidas pusieron al OM en el mapa futbolístico mundial. Se podría decir que fue un Silvio Berlusconi de la clase media en el fútbol francés, y, precisamente, su Olympique de Marsella se enfrentaría en varias noches gloriosas europeas al Milan durante varias temporadas consecutivas, protagonizando encuentros espectaculares.

Tras un dominio insultante en el fútbol galo, la asignatura pendiente del OM seguía siendo Europa. La década de los 90 estaba siendo muy satisfactoria para los phocéen, por lo que no ganar una Orejona supondría una decepción para el equipo y para la ciudad, que es la que más sentimiento por el fútbol acarrea de todo el país. A pesar de que perdió a su mejor jugador, Jean-Pierre Papin, el OM volvió a realizar buenas incorporaciones como la de Rudi Völler, Allen Boksic -el hombre que marcó el 1-0 ante el Valenciennes-, Frank Sauzée, Barthez o Desailly.

La Champions League moderna comenzó a gestarse en aquella misma temporada. Primero, se realizaron eliminatorias previas en las que ocho equipos pasarían a dos grupos formados por cuatro equipos cada uno y, en el cual, el primero de estos disputaría la final de la máxima competición continental. No sabemos si ese cambio le vino bien al OM, pero lo cierto es que se mostró desde el principio como un equipo al que la experiencia le había convertido en mayor, ya no era el típico adolescente que no sabía solucionar los problemas adversos en una cita de contexto gigantesca.

El Olympique de Marsella se plasma en la fase de grupos tras derrotar sin grandes dificultades a Glentoran y Dinamo de Bucarest. Tampoco tendría un grupo tremendamente complicado después, pues Rangers, Brujas y CSKA de Moscú, que quedaría último de ese mismo grupo tras haberse cargado a un Barcelona que era claro favorito a llevarse el título, no eran superiores por plantilla al OM. Tras una primera vuelta en la que el OM pudo sentenciar a sus rivales[7], el OM realizó una gran segunda vuelta, liderada por el trinomio Desailly, Boksic y Barthez en cuanto a jerarquía se refiere, y consiguió el pase a la final de la Champions League, en una última jornada dramática en la que se jugó

---

6 El OM terminó siendo suspendido de competición UEFA y descendido a Ligue 2, se le dio el campeonato al PSG.

7 En Escocia se dejó empatar un 2-0 a favor y empató en Rusia ante el CSKA.

hasta el último momento el pase a la final contra el Rangers escocés, rival inesperado por el contexto de equipo en aquella época.

Y en el Olímpico de Múnich, Olympique de Marsella y AC Milan se enfrentarían por segunda vez en tres años en la Champions League. Esta vez, los de Capello eran mucho más favoritos, pues habían arrasado en Europa, con 23 goles a favor y únicamente un gol en contra. Tal como dice Sergio Villariño en *El hombre sin límites*, a pesar de la superioridad del Milan, el equipo italiano había instaurado el famoso sistema de rotaciones del que tanto se habla hoy en día, pero que en aquella época era inexistente. Ese sistema de rotaciones provocaría que en la final se notara muchísimo la falta de ritmo de algunos jugadores, como Donadoni.

El Milan falló ocasiones en la primera mitad que en otros partidos habrían sido sinónimo de goles. El OM no sabía cómo acercarse a la portería defendida por Sebastiano Rossi. Tal como dice Francesc Aguilar en su crónica del partido para *Mundo Deportivo*, el partido se jugó en 30 metros, ya que tanto OM como Milan eran equipos con defensas adelantadas de forma exacerbada. Otra nota importante de la final fueron los marcajes individuales que Raymond Goethals planteó para hacer caer a los rossoneri en su propia trampa: Desailly se pegó a Van Basten, el mejor jugador de Europa de aquella época, Angloma fue a por Massaro y Boli, minutos antes de convertirse en héroe del encuentro, se impuso como libre para cortar los marcajes que no fueran fructíferos.

Minuto 44. El OM no puede físicamente el envite del Milan y lo que supone una primera parte muy exigente se convierte en un momento para la historia del fútbol francés. Basile Boli, defensa del Olympique de Marsella, remata de cabeza un córner lateral y adelanta al Olympique de Marsella. El partido cambió por completo, pues el golpe anímico fue demasiado fuerte para un Milan que lo intentó por medio de Jean-Pierre Papin, ex jugador del Olympique de Marsella y que se veía impotente ante la posibilidad de perder ante el equipo con el que había perdido frente al Estrella Roja también la final de la extinta Copa de Europa. A pesar de ello, Basile Boli se erigió en ese triángulo de defensas "negros" como lo llama Francesc Aguilar (Angloma, Desailly y el susodicho Boli), como el amo y señor del partido. No hubo tiempo para más y el Olympique de Marsella ganaría la primera y la única Champions hasta la fecha[8].

Tras mucho tiempo de espera, Bernard Tapie conseguía su sueño por el que llevaba luchando desde 1986. Sería su última alegría la Champions, ya que poco tiempo después de la euforia de Múnich salió a la luz las informaciones del amaño ante el Valenciennes y la

---

8 Cuando escribimos este libro el OM sigue siendo el único equipo francés con una Champions en su haber.

correspondiente sanción, que llevarían al club al ostracismo hasta la llegada a los banquillos de Didier Deschamps.

Basile Boli dio al OM su primera Champions (© Panini).

Montpellier al son de Louis Nicollin

El verano de 2017 fue uno de los más negros para el Montpellier. Su mítico presidente, Louis Nicollin, fallecía, dejando un legado imborrable en la memoria del club. Louis, coleccionista de camisetas y con un museo en su propia casa de estas -a la que Neymar Jr. decidió donar su camiseta para hacer aún más legendario su museo- tiene mucha culpa de que el equipo de la Mosson ganase la Ligue 1 en 2012. Un presidente que, en cada partido, nada más finalizar el encuentro, bajaba al propio campo a intercambiar camisetas con los futbolistas del equipo rival y caracterizado también por teñirse el pelo de los colores del Montpellier inmediatamente después de proclamarse su equipo campeón de la Ligue 1. Nada más y nada menos que 2.500 camisetas, en las que están las de Pelé, Maradona o Zidane y valoradas a precios desorbitados hoy en día.

Tras dedicarse a una empresa de basuras con su padre, Louis Nicollin tuvo que buscar ambiciones. A Montpellier llegó en 1974, en un contexto difícil para el fútbol del sur de Francia, pero que, por haber aprendido las gestiones tácticas del mundo de la basura y sobre todo el saber mirar a la gente de frente sin ningún tipo de remordimiento, colocó al club poco a poco en la élite y permitió traer a jugadores de la talla de Laurent Blanc (máximo goleador de la historia del club), Roger Milla o Eric Cantona. La Coupe de France de 1990, con Blanc de

protagonista, era lo más destacado que tenía el equipo hasta la fecha. Tras vivir varios descensos, problemas financieros, y deudas que acechaban al club, el Montpellier volvía a la Ligue 1 en 2009, gracias a una dupla formada por Papis Cissé y Montaño, los cuales sumaron más del 50 por ciento de los goles de su equipo y se quedaron a tres tantos del máximo goleador, Gregory Thill.

Tras varios años asentándose en la Ligue 1, 2012 fue un año importantísimo para el fútbol francés. Nasser Al-Khelaïfi, jeque catarí y una de las personas más importantes del mundo en cuanto a riqueza se refiere, compraba el PSG para reflotar al equipo parisino, el cual tenía dificultades a pesar de su potencial financiero para entrar en puestos europeos. En la Mosson, el Montpellier únicamente se gastaba dos millones de euros en Henri Bedimo, del Lens, y acumulaba vueltas de cesiones con el objetivo de mantenerse una temporada más en Ligue 1. El conjunto parisino se había gastado 106 millones de euros con el objetivo claro de conseguir la liga y poner al PSG en la élite europea.

El Montpellier comenzaría la temporada ganando sus tres primeros encuentros y confirmando lo que venía siendo el pragmatismo de su entrenador, René Girard. Un equipo compacto, sólido en el aspecto defensivo y que materializaba las pocas ocasiones que tenía en su haber. Olivier Giroud, un futbolista que en su infancia tuvo problemas de peso y estuvo cerca de dejar el fútbol, se erigía como el verdadero artífice del equipo. Sus goles, su aguante para potenciar las llegadas de sus compañeros y el liderazgo que asumió durante toda la temporada le valieron para aunar cifras goleadoras que hasta la fecha nadie se podía haber imaginado. La explosión de Mapou Yanga-Mbiwa en defensa y la profundidad de los laterales, Bedimo y Bocaly, para asistir a Giroud, también se connotaban como claves de este equipo.

El Montpellier terminó la primera vuelta a tres puntos del PSG como segundo clasificado. Con tan solo un punto de los últimos nueve y, tras perder 4-2 ante el recién ascendido Évian, todos se atrevieron a presagiar que el equipo iba a caer. El famoso ya caerá que se hace siempre cuando un equipo pequeño asoma a ganar un título contra todo pronóstico y que luego nunca acaba surtiendo efecto se hizo viral con el Montpellier.

Giroud fue clave en el éxito del Montpellier (© Panini).

Empezar la segunda vuelta como segundo clasificado es siempre un aliciente, pero aun lo sería más cuando el PSG anunció la destitución de Antoine Kombouaré como entrenador. A pesar de que el PSG iba primero en la Ligue 1, el ridículo de los parisinos en la Europa League, perdiendo con estrépito en Austria ante el RB Salzburgo y confirmando su irregular temporada en la que los fichajes estrella no estaban dando el rendimiento esperado. El Montpellier vio ahí una oportunidad idónea para hacer mella y presentar su candidatura como candidato a llevarse la Ligue 1. Y vaya si lo hizo.

Ocho victorias y dos empates en los 10 partidos siguientes confirmaron que el Montpellier iba muy en serio. La tónica seguía siendo la misma: adelantarse pronto, replegar como si no hubiera un mañana e intentar que no pasara nada en el partido con resultado a favor. Giroud seguía marcando las diferencias y el equipo se hizo fuerte, ganando partidos importantes como el del Lyon en casa y el del Saint-Étienne, o el empate en París por 2-2 en uno de los mejores partidos que jamás se recuerdan de la Ligue 1. El PSG seguía líder hasta la jornada 29, cuando el Montpellier se colocó primero y no volvería a soltar el trono.

Jornada 38. Auxerre-Montpellier, última jornada de la Ligue 1. Al equipo de René Girard le vale el empate para ser campeón, pero el Auxerre ya ha prometido que va a darlo todo por fraguar el título a su rival, a pesar de estar ya descendido. El equipo llega al estadio en medio de una humareda, causada por los petardos de los ultras del Auxerre, que buscaron desestabilizar a los jugadores del Montpellier en un contexto inédito para ellos. Jourdren, Bocaly, Yanga-Mbiwa, Hilton, Bedimo, Saihi, Estrada, Cabella, Camará, Utaka y Olivier Giroud son los

once futbolistas que salen al Abbé Deschamps con un solo objetivo: ganar la Ligue 1.

El partido comienza de la peor forma posible para el Montpellier. Olivier Kapo adelanta al equipo de Jean-Guy Wallemme, que parece un equipo extra motivado a pesar de que no se juega nada. Los jugadores del Montpellier se contagian del cálido ambiente y no saben cómo reaccionar. Girard cambia el 4-2-3-1 para jugar a 4-3-3, buscando conectar con los extremos y estirar el repliegue del Auxerre. El PSG ya está metiendo presión tras ir ganando en Lorient, por lo que la victoria para los de Girard es obligatoria.

Minuto 32. Souleymane Camará coge la pelota en la banda derecha y pone un centro preciso al segundo palo. Aparece por ahí John Utaka para empujarla y poner un empate que le valía al Montpellier para ser campeón. Girard esta vez, vuelve a replegar para ya ponerle un cerrojo al título. Jourdren, portero del Montpellier, se emplea a fondo para sacar dos ocasiones claras del AJ Auxerre. Y entonces vuelven a llegar los nervios con el inicio de la pirotecnia en el encuentro por parte de ultras del Auxerre y también algunos del Montpellier, lo que obliga a suspender el encuentro durante varios minutos. La imagen de Rene Girard en los vestuarios, viendo el Lorient-PSG con efusividad y con unos sudores jamás vistos hasta la fecha, es historia viva de la Ligue 1.

Tras la reanudación del encuentro, John Utaka, vestido de héroe por segunda vez en la noche, se marcha de un rival poniendo su cuerpo para cubrir la pelota y bate a Olivier Sorlin con un zurdazo inapelable. Louis Nicollin, que había bajado a ver el partido al banquillo, no puede evitar romper a llorar en medio de una felicidad imponente en el Deschamps. El Montpellier se proclamaba campeón de la Ligue 1 por primera vez en su historia, con 82 puntos, 13 más que su anterior récord de la Ligue 1. Nicollin cumplía su promesa y se teñía de rojo el pelo. La temporada de los Yanga-Mbiwa, Saihi, Estrada, Camará, Utaka, Belhanda, Aït Fana, Cabella o Giroud, proclamado pichichi de la Ligue 1 y que le valdría para fichar meses después por el Arsenal, no pasará por el olvido de ningún amante del fútbol francés. Los milagros existen, o eso dicen, y sin duda, uno de sus mayores exponentes, es la liga del Montpellier.

AS Mónaco y su Champions de 2004

Como bien decía el fallecido Luis Aragonés en la previa del España-Alemania de 2008, que supuso la segunda Eurocopa de la historia de España, a los subcampeones nadie les recuerda, solo a los campeones, y las finales no se juegan, sino que se ganan. Seguramente, muchos aficionados del AS Mónaco no estarán de acuerdo con esta afirmación, pues la Champions de 2004 les merece un lugar en la historia, quizás al igual que el Deportivo de la Coruña, equipo eliminado en semifinales ante el FC Porto pero que realizó un torneo brutal, incluido un 4-0 a un todopoderoso Milán en los cuartos de final.

El Mónaco ya era un equipo poderoso en el fútbol francés. De hecho, en el Principado fue donde Arséne Wenger entrenó por primera vez en el fútbol de su país o, donde en su día, jugadores como Henry o Trezeguet compartieron vestuario sin saber que el futuro les depararía la gloria. Aquí también estuvieron junto a los citados Marcelo Gallardo y Rafa Márquez, los cuales fueron pilares en la década final de los años 90 para conseguir dos ligas y seguir el ritmo de los equipos grandes. Aun así, en 2003, el inicio de la temporada estuvo cerca de no provocar la euforia final.

Jean-Louis Campora anunciaba en 2003 que dejaba la presidencia del Mónaco tras 27 exitosos años en el club. La noticia sorprendió a más de uno, pero el equipo del Principado comenzó a verse afectado por problemas financieros y por deudas que obligaron a la Federación francesa a amenazar con un posible descenso administrativo del Mónaco. En consecuencia, Julien Rodríguez no renovaba, Rafa Márquez dejaba el equipo y Marcelo Gallardo seguía al mexicano ante una situación casi insostenible, que terminaría con un milagro al permitirle la Federación disputar competición oficial al conjunto monegasco durante la 2003-04.

Lo que se preludiaba como una temporada para olvidar se transformó en un sueño. Deschamps utilizó un 4-4-2 que dio sus frutos en Ligue 1, estando en la cabeza de la clasificación prácticamente durante toda la temporada. Nonda y Camará fueron dos bestias en ataque y, en defensa, un joven Squillaci se erigió como un central imperial. Además, Prso jugando con total libertad junto a un Rothen que ponía la calidad en el medio hacían del equipo uno de los más fuertes de todo el fútbol francés. Giuly, capitán del equipo, tenía dudas al jugar muy solo en ataque, pero demostraba que su calidad estaba intacta.

Pero la Ligue 1 no fue el motivo por el que el Mónaco enamoró en aquella temporada. En la Champions League, un 5 de noviembre de 2003, los de Deschamps se enfrentaban al Deportivo de la Coruña, quien quería certificar su pase a octavos de la Champions League. El Mónaco marcó en el minuto 2 por medio de Rothen y, aunque nadie se esperaba lo que iba a suceder en los minutos siguientes, el equipo de Deschamps realizó una absoluta oda al fútbol. No solo por el resultado final de 8-3 -5-2 al descanso-, sino porque tras ese encuentro, el Mónaco empezó a creer que podía ser un equipo importante en Europa tras haber dejado dudas durante toda la fase de grupos. Cuatro goles de Prso, consolidado como el futbolista del momento en el equipo, un destrozo descomunal de Giuly a Naybet y Andrade, y la pegada del AS

Mónaco permitieron ver al mundo que el fútbol francés no estaba tan oxidado como algunos lo pintaban.

En el mercado invernal, Fernando Morientes, delantero del Real Madrid, se marchaba cedido al Mónaco. El delantero centro venía a solucionar los problemas que Nonda y Camara estaban teniendo, tanto por rendimiento como por lesiones. Morientes pronto encontró su mejor socio en Ludovic Giuly, con el que formó una pareja letal, siendo un pilar fundamental en la eliminatoria ante el Spartak de octavos de final, que decidió Prso con un zurdazo tras Morientes haber forzado previamente la expulsión de un jugador del equipo ruso.

Rothen y Giuly eran dos puñales en cada banda (© Panini).

El fútbol es una paradoja constante y deparó en cuartos de final un Real Madrid-Mónaco. Morientes, cedido en aquella temporada en el Mónaco, podría disputar el partido, pues hasta esa fecha, la cláusula del miedo todavía no existía en el fútbol[9]. Era un Madrid anhelado de Champions y con la etiqueta de los galácticos, con jugadores como Zidane, Figo, Beckham, Roberto Carlos o Ronaldo, entre otros. El Mónaco llegó como desconocido para el Real Madrid a pesar del 8-3 ante el Deportivo, pero pronto daría un susto gigante al Madrid. Giuly, jugando con mucha libertad en Madrid, dio muchos problemas a Míchel Salgado y a toda la defensa blanca, vulnerable aquella noche y permitiendo el 1-0 de Squillaci antes del descanso. En la reanudación, Helguera empató, Zidane puso por delante al Real Madrid y Ronaldo, que volvía de lesión, marcó dos goles. En el Bernabéu ya daban por hecho el pase a semifinales, a tal punto de que Roberto Carlos y Beckham se borraron de la vuelta con dos amarillas para llegar limpios

---

9 La cláusula del miedo se instauró precisamente por Fernando Morientes, que le daría una mala noticia en cuartos de Champions al equipo al que pertenecía.

a la penúltima ronda de Europa. Fue entonces cuando Morientes remató con el alma y batió a Casillas antes del final del encuentro, sin celebrar el gol, para poner un 4-2 que daba esperanzas al Mónaco de cara a la vuelta.

Hay muchas leyendas sobre el Mónaco-Real Madrid. Una de ellas es que Giuly, en el descanso del encuentro, con 1-1, se acercó a Zidane para mostrarle su admiración. Zidane, fundido y casi sin poder hablar, le dijo que no podían más, que el agotamiento podía con ellos. El Mónaco había empezado perdiendo 1-0 con gol de Raúl, pero otra vez, Morientes, con un testarazo irrechazable, empató el partido, esta vez sí celebrando su gol. La frase de Zidane obligó a Giuly a entrar en el vestuario eufórico, gritando a sus compañeros que se podía remontar el partido. La convicción del Mónaco fue tal que, en la segunda parte, Ludovic Giuly hizo el 2-1 y no solo eso, sino que apenas 18 minutos después, un taconazo dejó a Casillas vencido y a Giuly llorando de emoción tras hacer el gol en una imagen viva de la historia de la Champions.

Aunque terminó la Ligue 1 en tercera posición, el Mónaco llegaría a la final de la Champions por primera vez en su historia, eliminando al Chelsea en semifinales y siendo tremendamente superior a su rival. Enfrente, el Oporto de José Mourinho, el cual venía más motivado aun tras eliminar al Deportivo con polémica y, en un año en el que se disputaba la Eurocopa en Portugal, la necesidad por elevar el fútbol portugués a la gloria era máxima. La final empezó bien para el Mónaco, pero una jugada fortuita acabó con Ludovic Giuly, quien volvió a llorar como ante el Madrid, pero no de alegría, sino de rabia porque no podía seguir en la final. El Porto aprovechó esta situación y marcó el 1-0 por medio de Carlos Alberto antes del descanso ante un equipo mermado por la baja de su jugador más diferencial y que evidenció que Morientes fuera del área no era el mismo futbolista que dentro de la misma. El Porto mostró con Mourinho que con el resultado a favor era casi imposible remontarlo e impuso su ley en la final. Deco, que se coronó con un partido para la historia, puso el 2-0 y Alénichev sentenció el 3-0. Pocas finales tan desigualadas de Champions se recuerdan, pero lo que afirman casi todos los aficionados del Mónaco es que el equipo no hubiera perdido esa final de no ser por la lesión de Giuly. El factor anímico también es muy importante en una final y así se vio en esta. Aun así, el Mónaco deberá ser recordado siempre en la historia de la Champions, como sus semifinales de 2017.

La Coupe de France de los modestos

Es difícil pensar en una Copa de algún país que la dispute más de un continente. Es difícil pensar en una Copa en la que equipos de quinta división eliminen a rivales en puestos de Champions League o a dos equipos de tercera división reunir a más de 30.000 aficionados para un simple partido de Copa. Pero lo difícil no es imposible y la Coupe de France es el máximo exponente de que, en el fútbol, los sueños se hacen realidad.

Por una parte, la Coupe de France es una competición que la disputan todos los equipos del fútbol francés inscritos en cualquier categoría, ya sea amateur, semiprofesional o profesional. Es un torneo que pretende beneficiar al equipo pequeño. El primero en sufrir en sus carnes los efectos fue el Bastia en 1996, cuando perdió en el campo del CS Blenod, equipo que eliminaría después al Le Havre estando en la quinta división francesa. El Carquefou en 2007 se cargó al Nancy en 16avos y al OM en octavos. El Chambéry hizo el milagro en tres ocasiones en 2011 -Mónaco, Sochaux y Brest sucumbieron-. Precisamente, Mónaco y Sochaux sufrieron también eliminaciones así en 2006 ante el Colmar, y el Sochaux, en 1999, perdió ante el Saint-Georges en octavos de final.

Los equipos de Ultramar también tienen este sentimiento revolucionario de enfrentarse a los equipos colonizadores. En la Coupe de France, estos departamentos, que se ubican en otro continente, tienen el derecho a disputar el torneo y, a partir de dieciseisavos, realizan un viaje de miles de kilómetros que, aunque lo paga la Federación, es algo espectacular. El primer equipo que alcanzó la ronda de los equipos de Ligue 1 fue el Golden Star, que tuvo el privilegio de marcharse hasta Niza desde la zona de Ultramar y acabó perdiendo estrepitosamente por 8-0. El Geldar Kourou de la Guayana fue el que más lejos llegó, en 1989, tras vencer al Sens en 32avos y después perder a ida y vuelta ante el Nantes, quien también ganaría en 2015 al Club Franciscain de Martinica, evidenciando la brecha gigante entre los equipos profesionales de Francia y los de Ultramar.

Pero sin duda las mayores gestas que se han visto en la Coupe son las de los equipos no profesionales que han disputado una final del torneo. El primero en experimentar esta sensación fue el Nîmes Olympique, quien estando en tercera división se cargó en semifinales a su máximo rival peleando por entrar en UEFA: Montpellier, dirigido por Michel Mezy, ex técnico del Nîmes. El hecho de estar en tercera división no permite a los equipos semiprofesionales ir a la UEFA, por ello, aunque llegó a la final de 1995-96, no pudo disputar el torneo. Terminaría perdiendo por 2-1 ante el Auxerre, pero significó un antes y un después para la competición.

Ladislas Lozano, técnico español nacido en Vallermoso de la Fuente hace 65 años, logró otra proeza inimaginable en otro contexto copero. El Calais RUFC, equipo que militaba en la cuarta división francesa y que esa temporada no tuvo tampoco mucha suerte en liga, emularía al Nîmes cuatro años después y también jugaría la final de la Coupe de France. Una gesta que empezó en dieciseisavos, derrotando en una fatídica tanda de penaltis a su rival del norte, el Lille. La explosión del estadio fue tal que Ladislas Lozano acabó llorando, y eso que el milagro acababa de empezar. Otra tanda de penaltis espectacular ante el Cannes de Ligue 2 en octavos, en la que el portero Cédric Schille se volvió a erigir como la figura del torneo parando penaltis decisivos como ante el Lille, metieron a los de Lozano en cuartos de final.

A partir de cuartos, el Calais se transformó en un equipo de Ligue 1. Poco le importaba si el rival era el Estrasburgo, al que derrotó 2-1 en una demostración de derroche físico espectacular en cuartos de final, si se llamaba Bordeaux, al que ganó en una prórroga para la historia con un 3-1 que reflejó que la ilusión se impone al físico en este tipo de contextos. En la final, a pesar de la derrota ante el Nantes, que era un equipo dominador de esa época y el cual ganó en el minuto 90 (2-1 con un gol de Sibierski de penalti tras empezar perdiendo 1-0), la imagen de Landreau, capitán del equipo, levantando el trofeo junto a varios jugadores del Calais, significó lo maravilloso que es el torneo. De hecho, en 2006, el equipo jugó cuartos de final y volvió a perder ante el Nantes, antes de sumergirse en diversas liquidaciones por motivos financieros que le llevaron a desaparecer prácticamente en 2017.

Posteriormente, el Amiens SC lograría ser el equipo que más cerca, sin ser profesional, se quedó de ganar la Coupe de France. El conjunto de la ciudad donde Macron nació -de hecho, Macron es hincha del Olympique de Marsella porque las malas lenguas dicen que en su día se hizo las pruebas del equipo y fue rechazado- se coló un año después que el Calais en la final de la Coupe de France, y no solo eso, sino que forzaría los penaltis ante el Estrasburgo. Las victorias en el camino por 3-1 ante el Stade Rennais o en los penaltis ante el Troyes en semifinales, acreditaron que el Amiens plantara cara ante un equipo con jugadores importantes como el arquero José Luis Chilavert o Corentin Martins, internacional durante 14 ocasiones con Francia. Los penaltis, que terminaron para más inri por 5-4, volvieron a dejar con la miel en los labios al modesto.

Entre medias, una pequeña localidad, más bien un pueblecito de la Bretaña como el EA Guingamp, el cual tiene más capacidad su estadio que habitantes la localidad, realizaría dos gestas tremendas en apenas cinco años. La primera, militando en Ligue 2 y ante su máximo rival, el Stade Rennais. Precisamente, las dos finales que ganó el EA Guingamp de Coupe de France serían ante el Rennes, el equipo francés que más

finales ha perdido en el siglo XXI y que, además, perdió sus dos únicos trofeos por arte de magia. Bertrand Desplat, presidente del club y al que entrevistamos allá por enero de 2018, nos informa de las peculiaridades de este club. Desplat fue el presidente que cogió al Guingamp casi en el ostracismo y lo llevó a la élite.

**Eduardo, que luego jugó en el Ajaccio,
fue la figura del Guingamp en 2009** (© Panini).

"Somos una familia, aquí todos los inversores son los socios. Antes de los partidos los jugadores se acercan a los aficionados para comentar impresiones. Al ser una localidad tan familiar, los entrenamientos los hacemos en su totalidad a puertas abiertas y los dirigentes del club intentan familiarizar a sus aficionados en cada momento. Nuestro lema ha sido siempre el mismo, todos juntos, y de no ser por ellos no podríamos mantenernos", explicó.

El EA Guingamp es ya de por sí un equipo curioso, pero esta mención de Desplat a los socios también tiene una peculiaridad: el Kalon. Kalon es el nombre del proyecto que tiene el Guingamp antes de entrar en su estadio, que en bretón es baldosa. Esta baldosa gigante colocada en el Roudourou tiene el nombre de todos los que han aportado 40 euros al club, en su mayoría socios, y en el cual podemos ver el nombre de leyendas como Didier Drogba, el cual jugó en la 2002-03 en el EA Guingamp y consiguió el mejor resultado del club en Ligue 1 hasta la fecha: séptima posición. Sin duda, ejemplifica lo familiar que es este equipo.

En 2009, el EA Guingamp se proclamaba campeón de la Coupe de France tras ganar al Stade Rennais. Los de Gourvennec, militando en Ligue 2, le dieron un repaso a su rival, consiguiendo un 2-0 en el que cualquiera diría que el Guingamp no militaba en Ligue 2. El brasileño Eduardo, que luego no dio el nivel que se esperaba en el Lens o el Ajaccio, marcó los dos goles y confirmó la proeza. Era la primera vez desde 1959 (Le Havre) que un equipo que no militaba en Ligue 1 conseguía el entorchado de la Coupe de France.

El Guingamp, equipo en el que se dio a la fama Laurent Koscielny, como el mencionado Drogba o Malouda, volvería a la final de la Coupe de France en 2014, no sin antes experimentar un descenso fatídico para el club, en el que Pierre Henry Dufreil, periodista que lleva cubriendo los partidos del Guingamp en una radio modesta de la zona (Radio Bonheurs) explica que el equipo no podía sobrevivir más de una temporada en tercera división y que hizo lo imposible por volver a la Ligue 2. En este periplo, una leyenda como Lionel Mathis, medio del club con más de 200 partidos en Ligue 1, decidió seguir en el barco y, sobre todo, imprimiendo un carácter que le llevó al Guingamp a volver a Ligue 1 en apenas dos años, además del espectacular trabajo de Jocelyn Gourvennec, leyenda del Nantes como jugador, desde el banquillo. En 2014, tras otro milagro en el que derrotó al AS Mónaco en semifinales, que venía de hacer cuartos de final de la Champions, y en la final al Stade Rennais sin prácticamente darle ninguna opción y con un baño táctico de Gourvennec a Montanier. Aún más bestial sería su clasificación a dieciseisavos de la Europa League a la próxima temporada, con un fantástico Claude Beauvue en el torneo que se dio a conocer -aunque en Francia, el avión, como se le solía llamar por su brutal salto aéreo, ya era un jugador reconocido- y con un equipo que plantó cara a la Fiorentina o al Dinamo de Kiev, por ejemplo.

Antes de cerrar este capítulo, hay dos equipos que también merecen su reconocimiento. Uno de ellos es el US Quévilly, actualmente Quévilly Rouen por los problemas financieros del primero. En 2012, volvió a demostrar que los equipos pequeños se convierten en Goliat en este tipo de torneos. El Quévilly disputó la final de la Coupe de France ante el Olympique Lyonnais tras haber derrotado al Olympique de Marsella y al Rennes. En el partido ante el OM, un joven John Ayina, que después rozaría un milagro similar con el Racing de Santander en la Copa del Rey, marcó tres goles y dejó a Bracigliano contra las cuerdas. En esa época, el OM jugaba los cuartos de final de la Champions ante el Bayern. Mandanda, portero del OM, no pudo disputar el partido tras haber visto la roja ante el Inter en el partido de octavos. Tras el ridículo de Bracigliano ante el Quévilly, Deschamps le sentó ante el Bayern en la ida en Marsella para jugar con Andrade, el cual cantó en dos goles ese día y dejó al OM fuera de Europa. El Quévilly también empezó a forjar esa eliminación. En semifinales, el Rennes esperaría. De hecho, parece una historia negra lo del Rennes pues siempre está involucrado contra equipos pequeños y sale mal parado. Los de Antonetti se adelantaron

gracias a Féret, pero el Quévilly remontó y, en el último minuto, un remate de Laup daba la alegría a los de Rouen para colarse contra todo pronóstico en un torneo que conocían de primera mano, pues años antes habían disputado la semifinal. En la final, el OL solo pudo ganar por 2-0 y, ante un equipo muy superior, el Quévilly plantó cara. Los Ayina, Capelle -luego militaría en Ligue 1 con el Angers a un nivel altísimo- o Régis Brouard, entrenador que también saldría a la Ligue 2, dieron una lección de fútbol durante todo el torneo. Nadie olvidará su hazaña ni aunque pasen 40 años.

Capelle, uno de los estandartes del modesto Quévilly (© Panini).

El otro equipo que obró el milagro, aunque quizás con menos repercusión por la dificultad que los rivales que tuvo delante, fue Les Herbiers. El equipo, situado en el departamento de Vendée, localidad con menos paro de toda Francia, conseguiría una hazaña que fue contrarrestada por el esfuerzo en la Coupe de France: disputar la final del torneo y verse envuelto en un descenso prácticamente tres días después. Es lo que le pasó al equipo entrenado por Massala, que sustituyó a Reculeau por los malos resultados en ligas, que, tras haber tenido resultados positivos ante equipos menores, jugaría los cuartos ante el RC Lens en el estadio del Nantes, donde 36.000 almas llenarían el estadio para alentar al equipo modesto. Les Herbiers pasó en penaltis y, esta vez, las semifinales depararía un Les Herbiers-Chambly, dos equipos que luchaban por no bajar a cuarta división francesa y que, a su vez, intentarían disputar la final del torneo.

El Chambly tiene también una historia maravillosa. El club lo cogieron los hermanos Luzi, quienes, siendo hinchas del Inter, cambiaron el escudo del club haciendo de este un calco del escudo del conjunto neroazzurro. Los Luzi llamaron al Inter para que viesen el historial de un equipo admirador de ellos, pero el Inter, en vez de sonreír, le pidió al Chambly que cambiara su escudo para evitar problemas. De hecho, cuando el Chambly pasó a semifinales de la Coupe de France en 2018, Bruno Luzi, uno de los fundadores, falleció de un infarto. El fútbol es bastante cruel en algunas ocasiones, y también lo fue con el Chambly, que no pudo brindarle a su fundador la victoria y perdió ante un Les Herbiers, en un partido de dos equipos de National -tercera división francesa-.

Les Herbiers pisaría la final de la Coupe de France y su rival no sería otro que el PSG. Para ponernos en contexto, solo con el presupuesto de Les Herbiers daría para pagar 16 días del salario de Neymar Jr. Los 2M€ del equipo de tercera estaban infinitamente por debajo de los 540 del PSG, por lo que esta final sería quizás la más desigualada de la historia de la Coupe de France.

Como anécdota, Bongongui, jugador con más calidad de Les Herbiers, se enfrentaría a Kylian Mbappé, jugador joven del momento en Europa y excompañero: jugaron en el modesto AS Bondy. Se decía que Bongongui iba a llegar mucho más lejos en el fútbol que Mbappé, pero finalmente el destino deparó que Bongongui terminara en un equipo de tercera división y el ex del Mónaco en el equipo con más potencial de Francia a razón de 180 millones de euros.

La final no fue un paseo para el PSG. Pese al cómodo 2-0, los de Emery sufrieron en los primeros compases para derribar a un equipo que había planteado el partido mirando vídeos de defensas de equipos de balonmano. Esas defensas zonales no permitieron al PSG marcar hasta el minuto 26', gracias a un zurdazo de Lo Celso. Tras un repliegue descomunal, Les Herbiers soñó durante mucho tiempo con el empate, pero Cavani de penalti, en el 71', fraguó cualquier sueño de Les Herbiers de ganar la final. Aun así, el tremendo derroche físico demostrado por el equipo modesto fue un ejemplo de valentía para la historia.

Tres días después de vivir una fiesta en París, Les Herbiers volvía a la realidad y el 11 de mayo de 2018 descendió a National 2, cuarta división francesa. La dolorosa derrota por 4-1 ante el AS Béziers supuso un jarro de agua fría para un equipo que vivió una temporada mágica que terminó de la peor forma posible.

Capítulo 3.

Españoles en la Liga Francesa

En los ya muchos años de historia de la liga francesa han sido numerosos los jugadores españoles que han cruzado la frontera para jugar al balompié. Los pioneros lo hicieron con motivo de la Guerra Civil española y el cierre de todas las competiciones oficiales importantes. Más tarde algunos dieron el paso para relanzar sus carreras y otros en busca de probar en el extranjero, vivir una aventura diferente o dar el último coletazo a su trayectoria deportiva.

Dos mitos y dos hermanos en el Niza

Ricardo Zamora y José Samitier fueron amigos toda la vida y compañeros en buena parte de sus carreras. Ambos coincidieron en la primera selección española de la historia, aquella que acabó con una plata en los JJ.OO. de Amberes de 1920. Cuatro años más tarde también formarían parte de la expedición a los JJ.OO. de París.

Además, a nivel de clubes estuvieron primero en el FC Barcelona durante tres temporadas, logrando en ese tiempo dos títulos de Copa en 1920 y 1922. Después, el Divino se marchó al Espanyol pero en la década siguiente volvieron a juntarse en el Real Madrid. Un total de dos cursos volvieron a ser inseparables y los éxitos llegaron en forma de trofeos con una Liga en 1933 y una Copa en 1934 para los blancos.

La terrible Guerra Civil les unió fuera de las fronteras españolas, concretamente en Francia. Zamora, buscado durante varios meses en Madrid, fue encarcelado en la cárcel Modelo hasta que la mediación de la embajada argentina le hizo libre a principios de 1937 y junto a su familia se embarcó en el buque Torpedero Tucumán que les llevó a Niza.

En la ciudad gala, desde finales de 1936, ya se encontraba Samitier, que había firmado por el club de la Costa Azul. Antes, el Mago estuvo cerca de fichar por el Olympique de Marsella pero el conjunto marsellés ya tenía un tope de extranjeros y desestimó su contratación. El

futbolista catalán insistió al presidente del Niza en el fichaje de Zamora y su persistencia tuvo el final deseado.

Zamora, un guardameta extraordinario, uno de los mejores de la historia del fútbol y que brillaba por su espectacularidad, seguridad, agilidad, sobriedad, sensacional colocación, fuerte personalidad y gen ganador, aterrizó en un principio para ser el técnico del equipo, pero las ganas y las ansias por verle de nuevo de corto por parte de la directiva y de la afición le convencieron para posponer su retirada.

Bajo palos y también compaginando su labor en el banquillo disputó con el Niza en la D2 la campaña 1937-38, aunque antes de acabar el curso e insatisfecho, cansado y melancólico por estar lejos de España, hizo las maletas y regresó a su país natal vía San Sebastián.

El Divino Ricardo Zamora (www.sports.ru).

Por su parte, Samitier permaneció hasta 1942 tomando el relevo de Zamora como entrenador a partir de la temporada 1938-39 (ese curso lo compatibilizó con la función de jugador). El barcelonés fue un futbolista repleto de clase de calidad. Un delantero o volante muy hábil, inteligente, fuerte, con gran destreza en el regate, fenomenal pasador y magnífico chutador en potencia y precisión.

En su periodo como técnico, el Niza prosiguió en la D2 del fútbol francés hasta que estalló la Segunda Guerra Mundial y la competición se detuvo. Sí continuó en funcionamiento la Coupe de France, en la que el conjunto de la Costa Azul alcanzó los octavos de final en 1940 como mejor resultado y además participó en el llamado campeonato de guerra.

A la vez que Zamora y Samitier vestían la elástica a rayas rojinegra, dos jóvenes futbolistas canarios se cambiaban junto a ellos en el vestuario: Luis y Joaquín Valle. Luis fue un medio de buena técnica, dominio del cuero, calidad y nitidez para el pase. Entró a formar parte de las categorías inferiores del Real Madrid con apenas 17 años y un año más tarde ya debutó en el primer equipo y fue básico en los esquemas del inglés Robert Firth. Esa campaña de 1932-33, el cuadro merengue revalidó el título de Liga y Valle cumplió con nota relegando a Leoncito a la suplencia.

La guerra obligó a la familia a mudarse a París por la condición de diputado socialista republicano de su padre y Luis se enroló durante una temporada en el Racing de París. El conjunto capitalino era una de las escuadras más potentes del país como quedó demostrado en 1936 con un histórico doblete de Liga y Copa. En ese equipo por ejemplo destacaban internacionales franceses como Edmond Delfour, Raoul Diagne, Émile Veinante o el portero del Wunderteam austriaco Rudi Hiden.

Sin embargo, el centrocampista apenas contó con oportunidades y en 1937 se marchó al Niza. Con Les Aiglons sí logra la regularidad deseada y hasta 1942, momento en el que cuelga las botas, disputa un total de 165 encuentros de Liga, 18 de la Coupe de France y actúa en más de 100 amistosos. Tras retirarse comenzó su carrera como entrenador en el cuadro nizardo hasta la temporada 1946-1947 en la que dirigió a su hermano.

Joaquín es una leyenda del Niza, un histórico que figura como máximo goleador de la entidad aunque contando los tantos marcados en amistosos. En las once temporadas que pasó en la Costa Azul firmó 339 goles en 407 choques repartidos de la siguiente manera: 89 goles en la Ligue 2, 117 dianas en la Division 1 Sur, 25 en la Coupe de France y 143 tantos en encuentros no oficiales.

Conocido como el Abogado, las crónicas hablan de un delantero rompedor, astuto, excelente rematador y muy eficaz. Su mejor momento en el Niza se produce en la temporada 1947-48 cuando consigue un histórico ascenso a la Division Nationale tras proclamarse campeón de la categoría de plata por delante del SR Colmar. Sin embargo, del artillero canario no llegó a disfrutar de partidos en la élite del balompié galo puesto que regresó a España y firmó primero con el RCD Español sin demasiado éxito y luego pasó por el Xerez CD.

Un zaguero culé de origen inglés

Ramón Zabalo viajó con el FC Barcelona a una gira por América en verano de 1937 y a la vuelta se quedó en la Ciudad Condal, pero por poco tiempo puesto que se trasladó a Francia en fechas posteriores. El Racing de París que compraba a lo mejor del panorama europeo se fijó en su situación (no acababa de renovar por el Barça) y le fichó. El presidente de la entidad J. Bernard-Levy, que fue asesinado por los nazis tres años más tarde, también tentó a Luis Regueiro pero el vasco declinó finalmente la propuesta.

Zabalo tenía la doble nacionalidad hispano-inglesa al haber nacido en Tyne Dock, una localidad del municipio de South Shields donde residían sus padres vascos Mariano (comerciante y vicecónsul de España en Blyth) y Felipa, originaria de Eibar. Se desempeñaba como central y pese a su corta estatura fue un defensa formidable. Su compañero en la selección Quincoces le definió como un jugador "muy rápido, que llegaba a todas partes y con un potente salto que le hacía ganar el duelo a delanteros más altos". Además, "era valiente y muy limpio ya que apenas cometía faltas".

En el Racing pronto se hizo con un hueco en el once y así se mantuvo en las cinco campañas que vistió la camiseta del cuadro capitalino. En dos de ellas saboreó la miel del éxito con la conquista por parte de los parisinos de dos Copas de Francia de manera consecutiva.

En ambos triunfos, con el internacional Maurice Dupuis a su lado en la zaga, cumplió con sobriedad y ayudó a la victoria copera, primero en 1939 ante el Olympique Lillois en el estadio de Colombes y una campaña más tarde frente al Olympique de Marsella en el Parque de los Príncipes.

Su trayectoria en el Racing terminó a finales de 1942 y un par de años después, en plena dictadura, regresó para instalarse en Barcelona y jugar una última temporada en el cuadro culé en primera división.

La aventura francesa de Padrón

José Padrón conocido como el Sueco se crió en el barrio de La Isleta de Las Palmas de Gran Canaria. Jugaba como interior izquierdo y resumía clase, calidad, regate, espontaneidad, velocidad y gol.

Apareció en Francia tras unos buenos años en el RCD Español, una gran polémica por su estancia en el Sevilla y un breve paso por segunda vez por el FC Barcelona. En octubre de 1935 cruza la frontera y acepta una oferta del Olympique Alés de la máxima categoría del fútbol galo. Sin embargo, y pese a sus cuatro dianas el cuadro de Languedoc, acaba como farolillo rojo la Liga y desciende, con lo que todos los jugadores quedan libres. En ese momento, Padrón firma por el AS Cannes para la 1936-37 en el que apenas pasa unos meses al rescindirle contrato el club en Navidad.

El interior viaja al norte de Francia y su tercer equipo en el país es el FC Sochaux, que cuenta en su plantel con los nacionales Laurent Di Lorto (portero), Hector Cazenave y Étienne Mattler, el checoslovaco

Ferdinand Faczinek o el goleador suizo Roger Courtois. Les Lionceaux brilla en el curso 1937-38 y se proclama campeón de Liga con un papel muy discreto del isleño que únicamente actúa en ocho partidos marcando dos dianas. Su aventura no cesa (también cuenta que no quiere permanecer mucho tiempo en un sitio por cuestiones políticas) y va un año por club. En verano da un paso atrás y comienza a jugar en la Ligue 2 en las filas del FCO Charleville.

El canario José Padrón (Fuente: El Gráfico).

Con el inicio de la Segunda Guerra Mundial regresa a París para vestir la elástica del Red Star, en el que tiene de compañero a Helenio Herrera y un año más tarde se establece en Stade de Reims, primer equipo en el que permanece al menos dos temporadas. En el conjunto rojiblanco juega a buen nivel y consigue junto a sus compañeros el campeonato de guerra de la zona ocupada de la campaña 1941-1942. Un torneo que lideran por delante del FC Rouen y en el que también participó el Red Star, el RC Paris, el Girondins de Burdeos y el Stade Rennais. Hay misterio sobre el resto de su trayectoria deportiva y mientras algunas fuentes aseguran que jugó en el Stade Reims hasta los 40 años, otras hablan que tras la guerra militó en varios conjuntos más de París y hay quien le sitúan la temporada 1943-1944 en el Clermont-Auvergne.

El canario era además una persona de convicciones anarquistas que combatió con pasión al fascismo y estuvo enrolado en la II División blindada (La Nueve) que liberó París en 1944. Diversos testigos afirman que tuvo un papel fundamental junto a otros españoles en la importante toma del Hotel de Ville en agosto de ese año. Posteriormente se instaló en la capital y en unas declaraciones sobre un retorno a España afirmó que "no volveré mientras esté Franco en el poder". Así fue, Padrón falleció en París pese a los intentos desde su país natal por repatriarle.

El goleador de Galdácano

José Mandalúniz hizo carrera en el fútbol español, sobre todo en el Athletic de Mister Pentland y luego además vistió las camisetas del Arenas de Getxo, el Madrid y el RCD Español.

Nacido en Galdácano y primo del gran José Iraragorri (leyenda del Athletic e internacional español), José se ubicaba como interior en el terreno de juego y destacaba por su dinamismo, su gran llegada al área contraria y su efectividad de cara a puerta con un excepcional disparo de media distancia.

Con el inicio de la Guerra Civil en España se exilió en París y jugó una temporada en el Stade Français, pero donde hizo realmente historia fue en el FC Rouen con el que tuvo un idilio fantástico durante seis temporadas, desde 1939 a 1945. En aquel momento el cuadro de la región de Normandía disputaba el campeonato de guerra de la zona norte y era uno de los equipos más potentes en esa zona del país.

La mejor campaña del vasco y que dejó un registro que todavía no ha sido batido se produjo en el curso 1941-1942. Mandalúniz anotó 17 goles y se convirtió en el único jugador español hasta la fecha que ha sido el máximo artillero de una competición futbolística de primer nivel en Francia. Sus tantos, sin embargo, no bastaron para que el FC Rouen ganase el torneo de su zona al ser superado en un punto por el Stade Reims.

Fue en 1945 cuando el FC Rouen sí logró coronarse como mejor equipo de Francia en el campeonato de guerra, un torneo que no tiene el carácter de oficial en el balompié galo. En primera instancia, los Diablos Rojos se impusieron con suficiencia en el grupo norte y de ese modo pasó a jugar la final con el campeón de la zona sur, el Lyon OU. El choque se disputó en Colombes y Mandalúniz resultó decisivo. Marcó el primer y el cuarto de gol de su equipo desde los once metros y junto a otro doblete de su compañero Jacques, el Rouen se hizo con la última edición de este campeonato. El club ruanés había logrado completar una gran plantilla que también integraban por ejemplo Edmond Delfour o Roger Rio, dos internacionales presentes en el Mundial de Italia de 1934.

Al término del curso, Mandalúniz retornó para jugar en el Stade Français durante dos años y más tarde también actuaría en varios encuentros con el Red Star y el Racing Club. En 1947 inició su carrera como técnico en el Lorient y en 1950 su corazón le hizo regresar al Rouen para colgar las botas en el equipo que le dio fama y felicidad en Francia. Disputó dos choques del curso 1950-51 compaginando su labor en el césped con la de entrenador y en la temporada posterior ya se centró únicamente en la parcela técnica.

Los catalanes del Séte

El FC Séte completó los años más esplendorosos de su historia en la década de los 30. En esos años cosechó un sensacional doblete de Liga y Copa en 1934 y otra Liga en el curso 1938-39. En aquella escuadra ya se encontraban dos exjugadores del FC Barcelona que se exiliaron por la guerra: Josep Escolá y Domingo Balmanya. Además, un año antes también formó parte del equipo Josep Raich.

El primero que aterrizó en el club francés fue precisamente Raich. De familia muy católica fue perseguido por su pertenencia a las Juventudes Católicas de Molins de Rei y huyó a Francia para firmar por el FC Séte. El FC Barcelona, que poseía sus derechos, presentó una reclamación ante la Federación catalana para que la transmitiera a la francesa ya que Raich estaba en rebeldía. Sin embargo, le autorizaron la licencia en Francia de forma temporal hasta que en España volviera la normalidad en las competiciones futbolísticas.

Raich era un interior con calidad, fuerza y enorme precisión en su juego. Se quedó una única temporada en el FC Séte, la de 1937-38 pero fue la persona que convenció a Escolá y Balmanya para que fichasen por el conjunto verdiblanco mientras no había competiciones en España. Al dejar Séte se marchó al Troyes en el que se mantuvo un total de dos campañas, hasta 1940, momento en el que retornó a la Ciudad Condal y al Barça.

El inicio de Escolá y Balmanya en el fútbol francés fue calcado. Los dos partieron con el FC Barcelona a la gira por América en 1937, pero a su regreso se detuvieron en Francia y prosiguieron allí sus carreras.

Escolá era un delantero centro notablemente goleador, con gran dominio de ambas piernas, inteligente y con un poderoso disparo. Mientras que Balmanya se desempeñaba como medio y era un jugador muy fornido, potente, brioso y trabajador en el centro del campo.

Ambos fueron baluartes para el técnico Jean Marmiès en la consecución del título de la Division Nationale en el año 1939. Les Dauphins, que también contaban entre otros con Michel Brusseaux, el magiar nacionalizado galo Desiré Koranyi o Roland Schmitt, tuvo una bonita y épica batalla con su gran rival el Olympique de Marsella por el campeonato. Finalmente, y sostenidos por su poderoso ataque durante todo el curso, se hicieron con el trofeo por dos puntos de ventaja ante los marselleses y como máximos realizadores con 65 dianas.

Escolá, que logró en dos años 15 goles en 26 choques, puso fin a su trayectoria en el Séte justo tras el título. El Catedrático se quedó en Francia hasta concluir la Guerra Civil, instante en el que decidió volver a sus raíces y continuar su carrera en el FC Barcelona ocho años.

Por su parte, Balmanya sí permaneció una temporada más en el cuadro de la Occitania. En 1941 concluyó su idilio con el club francés y también retornó a Cataluña para jugar primero en el FC Barcelona y luego en el UE Sant Andreu y el Nástic de Tarragona, donde colgó las botas. El centrocampista fue más tarde un afamado entrenador que llegó a ser seleccionador español y también técnico del Séte. En 1958 recibió una oferta de su antiguo equipo y su nueva etapa esta vez desde el banquillo duró dos campañas. Por entonces se encontraban en la D2 y después de la marcha de Balmanya la entidad recuperó el status de equipo amateur y abandonó la categoría.

El Séte campeón en 1939. Arriba está Escolá, el segundo por la izquierda, y Balmanya, abajo agachado, el segundo por la izquierda (Fuente: Le Miroir des Sports).

El Girondins campeón más "español"

El cuadro de la Aquitania inició su época en el profesionalismo en 1937 tras fusionarse el Girondins Guyenne Sport y el Bordeaux FC: cuatro años más tarde se proclamó campeón de la Coupe de France en un torneo fantástico de los de Burdeos. En aquel equipo militaban tres jugadores españoles, Mancisidor, Urtizberea y Mateo, pero antes se llegaron a juntar cinco al jugar también Domingo Torredeflot y Salvador Artigas.

El técnico vasco Benito Díaz firmó nada más estallar la Guerra Civil a Jaime Mancisidor y Santiago Urtizberea. Ambos llegaban del Real Unión huyendo de Irún, un lugar en el que el conflicto bélico hizo estragos. Y con ellos, antes de pasar al profesionalismo, el Girondins conquistó el campeonato de Francia amateur gracias a dos goles de Urtizberea en la final contra el FC Scionzier.

Jaime Mancisidor, que más tarde sería capitán del equipo durante varias temporadas, era un defensa seguro y eficiente en la marca. Por su parte, Urtizberea jugaba en punta y tenía la fuerza, el físico, la potencia, el oportunismo y un gran remate de cabeza como principales características.

Los siguientes en llegar al Girondins fueron Salvador Artigas, Domingo Torredeflot y Paco Mateo. Artigas había militado en el Levante pero en la guerra se convirtió en aviador del ejército republicano. Luchó en varias batallas y fue el último piloto rojo de la República hasta que cruzó la frontera camino de Toulouse en un mosca. Capturado finalmente fue llevado al campo de refugiados vascos de Gurs, donde conoció a Paco Mateo que estaba allí por sus pensamientos políticos junto a Domingo Torredeflot. Benito Díaz les rescató y los fichó para el conjunto bordelés.

Artigas se desempeñaba como centrocampista y destacaba por su inteligencia e intuición para llegar siempre con peligro desde atrás al área contraria. Mateo, antiguo jugador del Valencia, Barcelona y Tetuán, era delantero (pero también podía jugar en la media o en la zaga) y tenía una enorme clase, calidad, versatilidad, una gran visión de juego y un prodigioso disparo. Y, por último, Torredeflot, que se enfundó la zamarra del Valencia durante muchos años o la del FC Barcelona, jugaba como extremo derecho y sobresalía por su habilidad para el regate y los amagos a los defensores rivales. Además fue conocido como Chevrolet por su gran velocidad y por el coche que conducía.

Torredeflot sólo estuvo una temporada y a la conclusión del curso 1937-38 hizo oficial su retirada de los campos de juego con 33 años. Artigas también permaneció un año en el Girondins donde además de jugar trabajaba fregando platos en un restaurante. A continuación, se fue al US Le Mans una campaña y en 1943 se estableció en Rennes, con un puesto en una fábrica de armamento y militando primero en el EF Rennes-Bretagne y luego en el Stade Rennais, donde dejó huella en dos etapas, la última ya en la D2 que conllevó su retirada de los terrenos de juego y el salto a los banquillos en el plantel bordelés. Pero fue en 1960 cuando regresó al equipo de Burdeos para tomar las riendas del equipo durante siete temporadas. En ese periodo, el Girondins se estableció como un fijo en la élite del fútbol francés y la mejor temporada se produjo en 1965, cuando ocupó el segundo lugar en Liga por detrás del Nantes, consiguiendo además una plaza en la Copa de Ferias del año siguiente.

El Girondins vencedor de la Coupe de France en 1941. Mancisidor, arriba el cuarto por la izquierda, y Urtizberea, abajo con la Copa (Fuente: www.pari-et-gagne.com).

La Segunda Guerra Mundial provocó que el Girondins fuera una de las escuadras más potentes de todo el panorama futbolístico galo. En 1940 hubo otra fusión con la Association Sportive du Port para llamarse Girondins A.S.P, hecho decisivo para que los jugadores de la plantilla no fuesen obligados a realizar trabajos forzados y lo sustituyeran ejerciendo de bomberos en el puerto de Burdeos.

En 1941, los pupilos de Díaz partieron entre los favoritos para vencer la Coupe de France, un torneo en el que tuvieron que disputar varias finales antes de celebrar el título. En primer término se midieron en la final del campeonato de la Francia ocupada al Red Star de París, al que derrotaron por 3-1. Más tarde fue el Toulouse FC, campeón de la Francia libre, el que hincó la rodilla ante los de Burdeos y por último se vieron las caras con el SC Fives, representante de la zona prohibida del norte-paso de Calais. El artillero vasco Urtizberea fue la gran estrella de la Copa y el héroe del Girondins ante el Fives, con un doblete sensacional, marcando el primero con un disparo casi sin ángulo y el segundo aprovechando un pase medido de Szego. Mateo no partió en el once en aquel choque, pero sí jugó, ejerciendo como capitán y recogiendo la Copa, el zaguero Mancisidor.

Dos años después, ya sin el central que había retornado a la Real Sociedad, tanto Urtizberea (entrenador-jugador ese curso) como Mateo, que sí fue titular, cayeron en otra final de la Coupe de France frente al Olympique de Marsella después de un *replay* celebrado en el estadio del Parque de los Príncipes.

El delantero permaneció en Burdeos hasta los casi 40 años y compaginando durante un par de campañas su papel de jugador como el de entrenador. En la década siguiente, concretamente en 1957, volvió a ser el patrón del equipo desde el banquillo durante unos meses al entrar en el puesto por André Gerard.

Mateo, por el contrario, está considerado en Francia como uno de los genios que practicó el fútbol allí en los años 40. En 1945 dejó el Girondins y se enroló en las filas del Estrasburgo durante cinco campañas en las que siguió demostrando su calidad hasta que las lesiones le obligaron a colgar las botas en 1950. Pero no se alejó del balompié y empezó una carrera como técnico que lo llevó a varios clubes modestos como La Walck, el Bischwiller, el Mutzig, el Pierrots Estrasburgo y el Vauban Estrasburgo, con los que fue campeón de Francia amateur, de la Liga de Alsacia o de la Copa en dos ocasiones. Su papel más mediático tuvo lugar entre octubre de 1970 y febrero de 1971 cuando ejerció de interino en el primer equipo del Estrasburgo.

Jaime Mancisidor
(Fuente: Olympique Lillois. Sporting Club Fivois).

Lobo Carrasco y su sorprendente fichaje por el Sochaux

Lobo Carrasco fue una persona muy importante para el mundo del fútbol español, sobre todo en la década de los 80. El nacido en 1959 en Alcoy era un extremo derecho muy inteligente, que siempre llevaba la pelota pegada al pie y sabía antes de recibir la pelota el movimiento o la jugada que tenía que hacer. Futbolista clave en la Recopa de 1979 contra el Basilea, en la cual con tan solo 19 años se erigió como una de las promesas emergentes del fútbol español, Lobo Carrasco también fue un jugador importante para la selección española. Kubala le hizo debutar y tal como recuerda él, el mejor momento como futbolista llegaría el día que la selección española derrotó por 12-1 a Malta.

Durante once temporadas, Lobo Carrasco jugó en el Barcelona al máximo nivel. En la época en la que el Barcelona comenzaba a implantar el fútbol de toque y la habilidad, la calidad de Lobo Carrasco con la pelota fue pilar para los éxitos del club blaugrana. Pero no todo se reducía al fútbol en el campo. En el vestuario, todos los jugadores que estuvieron con Lobo tenían palabras bonitas hacia el extremo. Era un jugador que hacía vestuario, que no tenía ni un solo enemigo en el campo y al cual, las formas respetuosas siempre le acompañaron como en la actualidad. Recuerdo que cuando vi su primera foto con el Sochaux, no me podía imaginar que hubiera jugado en el campeonato francés. Contacté con él. A los 10 minutos de contactar con él para hablar de su paso por el fútbol francés, me ofreció todas las facilidades posibles para poder hablar con él de su transición Barcelona-Sochaux y lo que sorprende a un español traspasar la frontera para irse a una liga que, por aquel entonces, era absolutamente desconocida para el espectador. Por ello, Lobo también tuvo un paso magnífico por Francia, aunque únicamente fueran tres temporadas, pero las tres, a un brillante nivel.

El Sochaux no es un club cualquiera en Francia. El equipo de Doubs, comuna francesa del franco-condado y situado a escasos kilómetros de Suiza, fue fundado en 1928 por la familia Peugeot, el cual llegó a imponer un torneo llamado la "Copa Peugeot", el cual tenían también el honor de jugarlo en algunas ocasiones los trabajadores del concesionario francés. Lobo, como bien recuerda, llegó en 1989, tenía contrato todavía con el Barcelona pero que por desavenencias con la directiva y con Cruyff, tuvo que marcharse del club. Fue una salida sorprendente, pero lo que más sorprendió fue su posterior salida al Sochaux.

"Estuve a punto de ir al Bolonia, pero vi más serio al Sochaux, que me presentó tres temporadas de oferta y era una oferta mucho más seria. El fútbol francés ya era bastante técnico, pero no tenía la pasión que había en otras ligas como la inglesa, italiana o la española. Lo digo generalizando, porque en Marsella, Metz y otras ciudades sí había un fútbol más pasional. Yo venía del Barcelona y llegué al Sochaux, que no tenía un estadio como el de ahora. La sensación que tenía es que cuando jugábamos era de que casi estaba entrenando. Pasar a 5.000 espectadores era un shock, ya que venía del Barcelona y era un estadio mucho más grande. Había una gran diferencia. Mi hermana era francesa y no tuve dificultades en adaptarme con el idioma y la cultura", recuerda Lobo Carrasco.

Lobo Carrasco en su etapa en el Sochaux (© Panini).

El shock para Lobo Carrasco de pasar a una liga y a un estadio donde el fútbol no se vivía tanto no fue un problema. En aquella época, el Sochaux estaba mejorando muchísimo su nivel futbolístico y por ello querían traer a grandes jugadores. Lobo llegó el año en el que el equipo de Doubs disputaba la antigua Copa de la UEFA. La primera ronda fue ante el modesto equipo holandés, Jeunesse Esch, al cual le endosó un contundente 12-0. Antes de pasar a la fase de grupos, el equipo francés, con un Lobo cada vez más asentado en la banda derecha, haría sufrir a una Fiorentina mucho más puntera en Europa y, a pesar del 1-1 final, el Sochaux terminaría eliminado.

A pesar de que el Sochaux terminaría la temporada en cuarta posición, no le valdría para acceder a competición europea a pesar de una temporada magnífica para les Sochalien. Tenía jugadores como Thierry Laurey, Badzarevic -con el que Carrasco guarda una gran amistad y es un entrenador con ya peso en el fútbol francés hoy en día- o Eric Lada.

"Tenía la idea de retirarme en el fútbol español al máximo nivel, pero tenía varias cláusulas, como una anti Real Madrid, por lo que era imposible. La etapa en el Sochaux fue una etapa de gran aprendizaje para mí, en lo personal, para todo. A mí el Sochaux me hizo volver a la tierra. Yo vivía en un mundo en el que vivían las estrellas, en un mundo en el que yo ya jugaba a los 19 años en el Barcelona. Todo el mundo te ido-

latra, te hace ir a un sitio, que te hace despegar de la tierra. Y pasas del mundo de Hollywood como yo le llamo del fútbol. Ir al Sochaux me hizo regresar a la tierra", aseguró.

Como bien define Lobo, la gente estaba entusiasmada cuando él llegó al Sochaux. La venta de camisetas del equipo pegó un alzamiento espectacular, llegando a amortizar en apenas meses unos gastos que, en otras temporadas, tenía que esperar a final de temporada para conseguirlos. Fue una estrella de Hollywood en el fútbol francés y eso, para la Ligue 1, vino de maravilla en una década en la que el auge de los jóvenes en Francia estaba siendo bastante prolífico. De hecho, Lobo Carrasco destaca que la plantilla del Sochaux era muy joven por aquel entonces, exceptuando algún caso puntual, las posibilidades de ganar la Ligue 1 eran menores, y esa experiencia que no tuvo el Sochaux fue un detonante para afrontar los partidos grandes, en los que se decidió el campeonato dominical. Aun así, no todo fueron flores para Lobo en Francia.

"Mi etapa por el Sochaux fue dura psicológicamente, más que una diversión. Y yo considero el fútbol como una diversión, porque el balón siempre me ha dado muchísimo placer. Porque soy de profesión futbolista, pero de oficio regateador. Me sirvió de experiencia, de cosas que aproveché muy buenas, pero en el plano deportivo, yo amo al Sochaux a pesar de todo. Además, el terreno de juego, el Auguste-Bonal, es el mejor terreno de juego que he pisado por césped. Estaba impecable. Además, por aquel entonces, nos dieron un premio ya que se premiaba al mejor césped de la Ligue 1. Teníamos un jardinero maravilloso", nos afirma Carrasco antes de recordar el peor momento que vivió en Sochaux en cuanto a estado anímico se refiere.

El 3 de diciembre de 1989, Fernando Martín fallecía en un accidente de tráfico. Su muerte causó una auténtica conmoción, no solo en el mundo del deporte, sino en la sociedad española. El internacional español fue el primer jugador europeo no universitario en fichar por la NBA y marcó un antes y un después para los europeos a la hora de adentrarse en el campeonato americano de baloncesto. Lobo Carrasco estaba por aquel entonces en el Sochaux y realizó un gesto precioso en un partido de Ligue 1, al portar un brazalete negro y luchando hasta el final para que se realizara un minuto de silencio, que no se produciría, en los campos del fútbol francés.

"Fue un partido que afronté con mucha motivación. Creo que hice uno de los mejores partidos con el Sochaux y hasta marqué gol. Salí de la psicología negativa porque vi lo verdaderamente bueno de la vida, la visita de mi hermano también me ayudó. Todas estas cosas se valoran más. Porque pasas de estar en *business* a estar en segunda clase. Para mí, fue un shock muy grande. Toda la gente del Sochaux se compadeció y estoy muy agradecido a todo lo que hizo la gente de allí y el cariño que me dieron. No tuve un contacto directo con Fernando Martín, pero el dolor fue muy grande porque cuando le veía jugar con la selección era espectacular. El shock fue más por el factor humano, ya que era un tío muy grande y cuando murió, me pregunté cómo alguien tan noble podía perder la vida así. Me pareció un atropello en su vida y una injusticia", recuerda emocionado el Lobo Carrasco.

Durante tres temporadas, Lobo Carrasco disputó 70 partidos con el Sochaux. Únicamente, cinco de esos 70 partidos no fueron como titular. Reconvirtió una ciudad pequeña, obrera y con una humildad enorme en el epicentro de muchos aficionados de Francia y también del Barcelona, para ver un partido de la desconocida liga francesa hasta esa época. Fue el preludio de lo que llegaría en los años siguientes, con la Champions del Olympique de Marsella, las finales del Burdeos en Europa o el Mundial de Francia en 1998.

La broma de Mejía y Pavón en el Arles Avignon

El 24 de enero de 2004 será, quizás, el día más inolvidable para Álvaro Mejía en cuanto a futbolista se refiere. Ese día, el central debutaba con el Real Madrid en un partido ante el Villarreal, cubriendo la baja de Pavón. El Real Madrid terminó ganando el partido por 2-1 y Mejía se hizo paulatinamente un hueco en el primer equipo. Precisamente, coincidiría en una época que tal como han reconocido varias estrellas, desestabilizó al club merengue.

La época de los "Zidanes y Pavones" es uno de los episodios más cómicos de la historia reciente del Real Madrid. Florentino Pérez, en su primera etapa como presidente del club, realizó una política de fichajes caracterizada por fichar a estrellas de primer nivel: Zidane, Beckham, Ronaldo o Roberto Carlos son varios de los numerosos nombres que llegaron a la Casa Blanca. Pero también, Florentino juntó a las estrellas con canteranos que crecieran junto a sus ídolos (extrapolado a Mejía y Pavón como máximos exponentes de dicha ecuación).

Pavón en el Arles-Avignon (© Panini).

La retirada de Fernando Hierro abrió un hueco inmenso en la defensa del Real Madrid. Todos los defensas jóvenes que salían del club eran tildados como el sucesor de Fernando y quizás por ello ni Pavón ni Mejía pudieron demostrar que sí eran jugadores con potencial para el club blanco, el cual después realizó grandes desembolsos para buscar a un digno sucesor del ex capitán del Real Madrid. El destino quiso que, tras varias temporadas deambulando por varios equipos españoles, ambos futbolistas volvieran a cruzar sus caminos, pero esta vez fuera de España, sino en la Provenza francesa.

El modesto Arles-Avignon, equipo de la Provenza francesa y cuyo nombre es la unión de dos ciudades de dicha comarca, acababa de ascender a la Ligue 1 en 2011. La expectación era máxima, ya que ver a un equipo tan modesto, sin apenas experiencia en la máxima categoría del fútbol francés, suponía un plus añadido para los amantes de estas historias de equipos pequeños. Pero claro, las apariencias engañan y más en la Provenza, lugar conocido por lo bonito que es de dentro hacia fuera pero no de fuera hacia dentro. Lo que no imaginaban Mejía y Pavón era el suplicio que les iba a suponer su experiencia en Francia.

El ascenso del Arles pilló a todos con una euforia impresionante. Fiestas por la ciudad, jugadores como héroes y una persona erigida como auténtico líder de todo lo que habían conseguido: Michel Estevan. Estevan llegó al Arles Avignon en el año 2005 cuando el equipo estaba en una situación muy crítica, tanto económica como institucional. El técnico, conocido acérrimo del fútbol ofensivo, no solo devolvió la estabilidad al equipo, sino que lo ascendió a la Ligue 1 contra todo pronóstico.

Hasta aquí, todo era coser y cantar. Jean-Marc Conrad, presidente del Arles Avignon, era un hombre generoso. Tras el ascenso a Ligue 1 del equipo de la Provenza, Conrad le ofreció un aumento de sueldo a Estevan como agradecimiento por el ascenso a Ligue 1 y por haber estabilizado al equipo en un momento crítico. Estevan, que no tenía lo que digamos un sueldo muy elevado, aceptó sin pensárselo, pero entonces fue cuando entró en juego la junta de accionistas, la cual no aceptó el aumento de sueldo debido a que para reestructurar económicamente al club en Ligue 1, el aumento suponía un sobregasto que no podían permitirse y no solo despidió a Estevan dejándole sin sueldo, sino que Conrad siguió el camino del entrenador. Nadie entendía nada, pero el Arles Avignon afrontaba un inicio de temporada casi sin preparación y con las dudas que generaba el ambiente de la junta de accionistas en los aficionados.

Al solo contar con 12 jugadores en la plantilla y sin un proyecto estable, los accionistas tuvieron que llamar a Estevan para que volviera al equipo después del esperpento vivido en las últimas semanas. El club, además, en medio de todas las críticas, incorporó a nada más y nada menos que 18 futbolistas, siendo el equipo que más se reforzó. Y claro, en tan poco tiempo, si tienes a una plantilla totalmente nueva, lo normal es que los resultados no lleguen. Y así sucedería.

Pavón llegó a finales de agosto al Arles Avignon, mientras Mejía se había incorporado un mes antes para liderar con su experiencia a un equipo totalmente inexperto en la categoría. También, como apunte, llegaron Charisteas y Basinas al equipo, dos futbolistas campeones de Europa con Grecia que si bien es cierto que ilusionaron a los aficionados por su caché -además, experiencia similar a la de la Grecia de 2004-, lo cierto es que su nivel en el Arles fue como el de todo el equipo: nefasto.

Pavón y Mejía también fueron jugadores que ilusionaron, sobre todo por su paso por el Real Madrid. Pero ni el mismísimo Mago Merín podía hacer magia con esta plantilla, limitada, sin carácter, sin jugadores que sintieran el club y con una afición que continuaba pisando los talones a la junta de accionista. Sin culpar a Pavón y Mejía, claro está, el Arles Avignon llegó a la jornada 8 como el peor equipo de la historia de la Ligue 1. No solo por los 20 goles encajados en dichos partidos, que suponían 2,5 goles encajados por jornada, ni tampoco por la paupérrima cifra de tres goles marcados en ocho partidos, sino porque no hubo un equipo en Francia en ninguna temporada que generara tan poco. Ni el Grenoble, que en su día tardó 13 jornadas en puntuar, tenía datos tan negativos como el Arles. A todo esto, Estevan, al que los accionistas le rogaron volver, sería despedido en la jornada 5, y para más inri, su sucesor, Faruk Hadzibegic, debutó con un contundente 0-4 ante el

Auxerre, echando las culpas a sus futbolistas y no a la directiva de la gestión del equipo.

En invierno de 2011, el Arles estaba hundido en la clasificación. Únicamente había cosechado una victoria, por 3-2 ante el Caen, y cinco empates, bagaje que se correspondía con el nulo nivel que llevaba demostrando el equipo a lo largo de la temporada. Álvaro Mejía, cansado de la situación, rescindió su contrato en el mercado de invierno, al igual que Basinas y Charisteas, las dos leyendas que había traído el club para asegurar resultados. Pavón decidió quedarse, con más pena que gloria, pero el descenso ya era una realidad. Solo ganó dos partidos más, en la antepenúltima y la penúltima jornada de Ligue 1, cuando todo estaba ya decidido. Pavón y Mejía juraron no volver a la Ligue 1 debido a la mala experiencia que vivieron en la Provenza, en la cual pasaron con más pena que gloria.

Nuevo siglo, más emigración española hacia Francia

La evolución de los jugadores españoles en emigrar a Francia tuvo su punto álgido a principios del siglo XXI. Muchos fueron los que vieron en Francia un escaparate para mejorar como futbolistas o para recuperar sensaciones.

Uno de estos jugadores que sorprendió a muchos por cómo se marchó a Francia fue Alfredo Megido. El ex futbolista de Sporting de Gijón o Granada, entre otros, fue traspasado al Betis previamente el 24 de septiembre de 1976. Tras llegar con especulaciones de que le gustaba bastante la fiesta de Sevilla, le costaría adaptarse al once. Pero finalmente, Megido se haría una pieza fundamental de un Betis que vivía una época de transición en el fútbol español. Contra todo pronóstico y, en el mejor momento en el Betis para Megido, el equipo de Sevilla anunciaba un acuerdo con el Girondins Bordeaux para cederlo durante una temporada en el Atlántico. Tal como afirmó el diario *El País* en su edición del 25 de noviembre de 1977, Megido se marchó cedido por una cantidad cercana a los 6 y 8 millones de pesetas, denotando que su caché en Francia era bastante valorado. Solo disputaría una temporada en el Girondins Bordeaux, en la cual los resultados no acompañaron (16º en la tabla, mientras que su máximo rival, el Nantes, era 2º y vivía tiempos de gloria), pero dejó evidenciada su calidad en la liga francesa con grandes actuaciones.

Daniel Solsona o "El Nol de Cornellá", apodo que ganó en el Espanyol, en el cual desarrolló los mejores años de fútbol de su carrera, fue el español que más aventuras vivió en el tramo final del siglo XX. Campeón de la Copa de la UEFA, Recopa y Supercopa de la UEFA con el Valencia, Solsona fue una figura muy importante para el fútbol español por aquella época, pero no sin poder después experimentar varias aventuras extrañas para lo que era la época en el fútbol francés. Sus siete veces como internacional con España le avalaron para fichar en 1983 por un SC Bastia que venía de una época maravillosa como ya destacamos en el primer capítulo. Durante tres temporadas, Solsona fue un pilar indiscutible en el equipo corso. Después jugaría en el Rennes y en el ya extinto Racing Club de Francia jugó la friolera cifra de dos partidos. Pero en Córcega, Solsona dejó huella de ser un jugador idóneo por carácter y galones para la Ligue 1. Quizás con el Lobo fueron los que más destacaron en aquella época de los españoles que decidieron traspasar la frontera española.

Solsona vistiendo la camiseta del Bastia (© Panini).

Integrante de la famosa Quinta del Buitre en el Real Madrid Castilla, centrocampista de culto por su calidad y por su liderazgo dentro y fuera del terreno de juego, Martín Vázquez llegó con muchísima ambición al Olympique de Marsella tras un paso prácticamente efímero en el Torino italiano. Firmó por tres temporadas en 1992 con el OM y, tras llegar al club, realizó una afirmación que todavía sigue siendo objeto de burla por cómo transcurrieron los acontecimientos en aquella temporada. Vázquez afirmó que llegaba a Marsella para ganar la Champions el 6 de agosto de 1992, nada más aterrizar en el sur de Francia. El OM había pagado unos 20 millones de francos por él, equivalente a 400 millones de pesetas y las expectativas fueron gigantes con Martín Vázquez. Lo que no sabía el nacido en Madrid en 1965 es que su carrera estaba cerca de poner fin por las lesiones. En el OM apenas pudo disputar siete partidos en dos meses y decidió que lo mejor era volver al Real Madrid. Todo cuadraba, pero de lo que no se dio cuenta Martín Vázquez es que, en 1993, el Olympique de Marsella conseguiría la Champions League

ante el AC Milan. Es decir, Martín Vázquez había ido al OM a ganar la Champions, se fue de Francia a los dos meses y resulta que el OM ganó la Champions en dicha temporada. Ver para creer.

Varios futbolistas quisieron tener más suerte que Martín Vázquez en el Olympique de Marsella. Uno de ellos fue Alfonso Pérez, también ex madridista, el cual estuvo cedido en el Vélodrome en 2002. Alfonso Pérez tiene una historia peculiar. Se formó en la cantera del Real Madrid, disputó seis temporadas en la capital, pero destacaría más en el Betis, con el cual ganaría una Copa del Rey en 2004, una de las más importantes de la historia del club. De forma sorprendente, Alfonso jugaría también en el Barcelona, en el cual afirmó que era un sueño hecho realidad. No triunfaría a pesar de ser fichado por 10,5 millones de euros y, en enero de 2002, decidió marcharse al OM para tener opciones de ir al Mundial de Corea-Japón.

Cuando le preguntamos a Alfonso por su paso por Marsella, él solo tiene buenas palabras. Reconoce que ir allí fue una oportunidad para conocer una liga importante. Dos años después de su llegada al OM, el equipo volvió a una final europea que perdería ante el Valencia. También reconoce que el OM era uno de los equipos más grandes de Francia y su afición, inolvidable. Sin duda, no fue un paso tampoco gigante, pero Alfonso demostró que en el OM podía haber sido una figura importante. Eso sí, su objetivo de ir al Mundial se fraguó, ya que no entraría en la lista de Camacho finalmente.

Fernando Morientes, al que ya mencionamos de forma expresa en el capítulo de gestas del fútbol francés, fue el jugador que más lejos llegó en competición europea con un equipo francés. Su final de 2004 con el AS Mónaco de Champions, incluida una exhibición en cuartos de final ante el equipo que le había cedido, el Real Madrid, le convirtieron en uno de los delanteros de moda del fútbol español. También pasaría por el Olympique de Marsella, donde el cántico "Moro, Moro, oh", sigue aun cantándose por el Vélodrome debido a su gran afinidad con el público. Al igual que Morientes y Alfonso, César Azpilicueta dio un paso gigante a su carrera tras dejar Osasuna por el OM. En Marsella, su contundencia defensiva, su liderazgo siendo tan joven y su espectacular abarque de campo siendo lateral derecho, le valieron para marcharse al Chelsea, siendo el traspaso más caro de un jugador español de la Ligue 1 al extranjero. Seguiría su ejemplo Javier Manquillo, quien estuvo un año cedido en el OM por el Atlético y que fue de lo poco salvable de la etapa de Míchel (2015-16) en el OM.

Darder en el Lyon, junto con Mariano Díaz (hispano-dominicano), abandonaron también España para marcharse al fútbol francés. Darder dio un nivel altísimo en el centro del campo, pero su choque con el entrenador, Bruno Genesio, que le exigía mucho más trabajo defensivo que ofensivo en el Lyon, terminaron por devolverle a la Liga (Espanyol).

Mariano, que llegó por recomendación de Zidane al Lyon, realizó una primera temporada brutal en su debut en Francia: 17 goles, siendo el líder en ataque del equipo de Ródano y ganándose todos los reconocimientos de los que le decían que no tenía nivel para una liga como la española.

Mariano, delantero centro del Olympique de Lyon (© Panini).

Un caso efímero en Francia fue el de Yuri Berchiche. El ex de la Real Sociedad sorprendería en verano de 2018 tras anunciar que dejaba el PSG para fichar por el Athletic. Cuatro títulos nacionales en una temporada, siendo indiscutible a final de temporada y dejando inadvertido a Kurzawa -uno de los laterales con más proyección de Francia de los últimos años-. Nadie entendió su venta al Athletic, pero sin duda, Yuri fue con Emery un jugador indispensable para que el PSG consiguiera títulos a nivel nacional.

El último de los jugadores españoles que ha desembarcado en la Ligue 1 es Manuel García Alonso (1998, Oviedo) que dio el salto al fútbol internacional de forma muy pretérita. El medio, formado en las categorías inferiores del Sporting de Gijón, fichó por el Manchester City en la temporada 2013-14. Tras una cesión al Deportivo Alavés, su proyección como futbolista se materializó en el NAC Breda holandés, con el cual dejó destellos de la calidad que atesora en sus botas. En la temporada 2017-18, Manu García se convirtió en el primer jugador español en vestir la camiseta del Toulouse en el siglo XXI. El equipo del sur de Francia venía de salvarse de una temporada antes en el *playoff* de la Ligue 1 y necesitaba un cambio de aires en el centro del campo. Para ello, Manu García significaba de maravilla ese cambio que buscaban los de Casanova en dicha temporada y volver a los tiempos en los que Óscar Trejo manejaba la mediapunta a su bola en Francia.

Para un jugador español, la Ligue 1 siempre se le puede resistir. Es una liga física que choca con el estilo de centrocampista español. Sin embargo, Manu, al ser un jugador de último pase claro y de moverse de maravilla entre líneas, se convirtió desde las primeras jornadas en un incordio para los sistemas rivales. Jugaba en muy pocos toques, pensaba segundos antes que su rival y eso, para la liga que suele ser rápida en cuanto a transiciones se refiere, se antojó fundamental para los intereses de los violetas. Mientras escribimos estas líneas, Manu sigue siendo un jugador capital en su cesión en Toulouse.

De la Masia a la Ligue 1

También resulta curioso que muchos de los futbolistas españoles que desembarcaron en la Ligue 1 a principios de siglo se formaran en La Masía. El pionero de este movimiento fue Iván de la Peña. Avalado por Johan Cruyff a principios de los años 90, la calidad de Iván de La Peña le llegó a ser considerado como uno de los mayores talentos del fútbol español. Llegó al OM en 1999 tras no imponer su calidad en la Lazio. El inicio no fue bueno: se rompió un tendón y no pudo recuperar las buenas sensaciones. Rolland Courbis, técnico que confió en él, salió del equipo y ya no volvería al once prácticamente. Después, triunfaría en el Espanyol.

Albert Celades vivió también un caso parecido al de Alfonso, pero al revés. Formado en la Masía, también lanzado por Johan Cruyff, el medio llegó al Bordeaux tras haber conseguido la Champions League con el Real Madrid. Allí coincidiría con Albert Riera, jugador con el que haría una gran amistad que han llevado hasta el día de hoy y con el que se complementaría de maravilla en su única temporada en Burdeos. De hecho, en aquel equipo estaba Pochettino y fueron varias las asistencias que Riera le sirvió al actual entrenador argentino, que tuvo también un paso interesante por Francia. Tanto Riera como Celades, más allá de los números en Burdeos, dejarían una amistad para el recuerdo.

El trotamundos de Marc Crosas, eterna promesa del fútbol español, también tuvo una fugaz experiencia en el fútbol francés. Llegó a un Lyon en el cual era imposible arrebatarle una liga y avalado por Éric Abidal, que dejó el Lyon para irse al Barcelona. Llegó sin apenas experiencia y eso le acabó pesando en Lyon. Ocho partidos en Ródano, eso sí, un gran derbi ante el Saint-Étienne que sobrevaloró mucho su nivel, para después volver al Barcelona sin apenas haber brillado en su experiencia extranjera.

Mikel Arteta es quizás el futbolista que más ha triunfado en la Ligue 1 tras dejar la cantera del FC Barcelona. Sin haber debutado en el primer equipo, un tal Luis Fernández, el cual descubrió a Zidane y Vieira en su etapa en el AS Cannes, decidió llevárselo consigo en busca de un centrocampista de toque para el juego ofensivo que planteaba en su PSG. En el PSG coincidiría con Cristóbal Parralo, defensa que después como entrenador estaría durante un tiempo en el Deportivo de la Coruña. El rendimiento de Arteta en aquel PSG fue tal que incluso dejó por momentos eclipsado a un Ronaldinho que se dio a conocer al mundo entero en el fútbol francés. Arteta acabó cedido en el PSG, pero el equipo parisino se vio obligado a ficharle ante el rendimiento que daba en el medio del campo. De hecho, Arteta estuvo nominado a mejor jugador de la Ligue 1 en 2001, pero sorprendería su marcha al Glasgow Rangers, ya que todos coincidían en que estaba para un grande de Europa.

Gerard López no tuvo la suerte de Mikel Arteta. El centrocampista llegó al Principado de Mónaco en el año 2005, con las expectativas bastante altas de ser una pieza importante en un equipo que un año antes había perdido la final de la Champions League. López empezó bien la temporada, asentándose en el medio pero una lesión que le rompió el tendón de Aquiles en noviembre lastró su temporada por completo. Nunca volvería al nivel que atesoró durante sus primeros partidos en el Louis II.

Los últimos en llegar de La Masía a la Ligue 1 han sido Iván Balliú, Jordi Mboula y Sergi Palencia. Balliú jugó en el Metz durante dos temporadas. En la primera (2016-17), fue uno de los mejores laterales derechos de la Ligue 1 en el conjunto de la Mosela, llegando a rechazar ofertas importantes de otros clubes como, por ejemplo, del Betis. Balliú, tras una gran temporada en el Metz, siguió de titular en la segunda, a un gran nivel, pero el Metz acabó la temporada como colista. Las bajas del equipo, la poca inversión en fichajes y la floja conexión con los entrenadores lastraron y dejaron bastante inadvertida la temporada de Balliú en un fútbol en el que se consolidó como uno de los mejores laterales de Francia. Mboula, por su parte, sigue esperando aumentar su cantidad de minutos en el AS Mónaco mientras escribimos estas líneas. Marcó uno de los goles más espectaculares con el Barcelona en la Youth League.

Por último, Sergi Palencia Hurtado (1996) llegó al Girondins Bordeaux también procedente de La Masía. Durante dos temporadas y media, el lateral derecho fue capitán del Barcelona B dejando actuaciones de renombre. El Bordeaux buscaba un lateral derecho en 2018 y, en medio de la polémica marcha de Gustavo Poyet tras una venta no autorizada de Laborde, Palencia aterrizó en Francia con la difícil papeleta de quitarle la titularidad a un jugador de la talla de Youssouf Sabaly.

Desde su debut en el Derbi de la Garonne, Sergi Palencia mostró unas cualidades fantásticas en Francia. No era un lateral típico para el fútbol francés, pues su mayor característica era la de guardar posición y erigirse como un lateral contencioso con una capacidad de sacrificio impresionante. Ricardo y Bedouet, entrenadores conjuntos del Bordeaux en dicha temporada y que lo siguen siendo mientras escribimos estas líneas, se quedaron encandilado con la regularidad con la que Palencía salía a cada partido. Por ello, ni el propio Sabaly pudo frenar una ascensión que se culminaría en octubre de 2018 con la convocatoria por primera vez de Sergi Palencia con la selección española sub21. Es, quizás, una de las mayores adaptaciones de un jugador español a la Ligue 1 que jamás se haya visto.

El potente Mboula (© Panini).

Capítulo 4.

Entrenadores de habla hispana en la Ligue 1

A los ya mencionados Ricardo Zamora, José Samitier, Luis Valle, Domingo Balmanya, Santiago Urtizberea o Salvador Artigas, que desempeñaron la labor de técnico en el fútbol galo, hay que añadir varios prestigiosos nombres más de habla hispana que dejaron su sello como entrenadores en Francia.

El Tío Benito, un emblema del Girondins

Benito Díaz fue un pionero en la parcela técnica. Primero, en España, en su querida Real Sociedad y posteriormente en Francia con un Girondins que completó unos años magníficos bajo su dirección. Entre sus sobrenombres más famosos se encuentran el de Tío Benito y el de Brujo.

La Guerra Civil le llevó al país vecino en julio de 1936. Por entonces trabajaba en Hendaya, donde era el director en una oficina de exportación de naranjas. Cada día cruzaba la frontera y al acabar la jornada regresaba a casa, pero el día 18 ya no pudo hacerlo al estar ocupada la oficina por exiliados de la Guerra Civil que acababa de estallar.

Recaló en Burdeos tras ofrecerse a entrenar en Francia mediante un anuncio en la prensa y llegó a un acuerdo para dirigir al Girondins y ser el primer técnico profesional de su historia. En ese momento y, según destaca la prensa local, "el equipo está presentando toda la documentación necesaria para militar en el grupo B de la D2".

Su fama crece como la espuma en la ciudad y su nombre de socierbasque empieza a ser conocido en el fútbol francés. Es clave en la incorporación de jugadores españoles como Urtizberea o Mancisidor y del campo de refugiados vascos de Gurs logra la salida de Mateo, Artigas o Torredeflot para que vistan la elástica del cuadro bordelés.

Admirado siempre por su carácter, su peculiar forma de ser, su categoría humana y sus grandes conocimientos, comienza a imponer un estilo de juego más defensivo de lo habitual en la época con una mezcla de marca al hombre y zonal. Del clásico 2-3-5 a la WM, pero con un defensa más por detrás de los tres zagueros y prescindiendo en ese caso de un delantero. Así nació el *verrou* (cerrojo) popularizado por Karl Rappan seleccionador suizo en el Mundial de Francia 1938. El entrenador vasco, en una etapa aún muy verde del profesionalismo, también ejerce como masajista, delegado o secretario técnico del club.

Su sistema obtiene con celeridad grandes resultados y en 1937 el Girondins se proclama campeón amateur de Francia. Sin embargo, en el paso al profesionalismo, los de Burdeos sufren y en la D2 estuvieron cerca de descender de no haber concluido con éxito el *playoff* para bajar de categoría. Un año más tarde terminan en mitad de la tabla en la última campaña que se disputa con normalidad en Francia.

Tras el verano de 1939 estalló la Segunda Guerra Mundial y las competiciones futbolísticas cambiaron de panorama completamente. Los torneos se dividieron por zonas y algunos no llegaron ni a concluir el campeonato por el conflicto bélico. El Girondins queda encuadrado en la zona sudoeste, de la que es campeón, y también vence a su vecino del sudeste, el Niza, por 3-0 para ser campeón del sur del país. El siguiente paso es verse las caras con el mejor equipo del norte para dilucidar al gran campeón francés, pero el torneo norteño se suspendió tras la invasión alemana.

El gran éxito de Benito Díaz en Burdeos se produjo en 1941. El Girondins, tras una fusión crucial para su historia, consiguió la primera Copa desde su fundación después de tener que ganar tres finales. La primera en el campeonato de la Francia ocupada, en la que se impuso al Red Star FC; luego ante el mejor conjunto de la Francia libre, el Toulouse, y, por último, venciendo al SC Fives el club campeón de la zona prohibida del norte y paso de Calais.

El vasco estuvo un año más al frente de Les Marines et Blancs antes de dejar el puesto a Santiago Urtizberea en 1943. La campaña fue modesta para el Girondins, que terminó en la mitad de la tabla en la competición liguera y en semifinales de la Copa en la zona ocupada cayó contra el Red Star. Tío Benito regresó a España y a la Real Sociedad, dejando unas estadísticas de 123 encuentros dirigidos con 56 victorias, 16 empates y 51 derrotas.

HH y sus inicios en Francia

Helenio Herrera fue un modesto jugador que inició su trayectoria en el Roches Noires y el RC Casablanca marroquí, pero que la continuó de forma íntegra en Francia jugando en numerosos equipos como el CASG París, el Stade Français, el Red Star o el FCO Charleville. Precisamente, su longeva carrera en suelo galo fue uno de los motivos para que le concediesen la nacionalidad francesa que compartía con la argentina, su país de nacimiento.

En 1944 compaginó el césped con el banquillo en las modestas filas del Puteaux y empezó el camino de una de las grandes leyendas de la parcela técnica de la historia del fútbol. Un entrenador muy mediático, polémico, con una lengua viperina y embaucador, pero al mismo tiempo genial, inimitable e innovador en facetas como la psicología o la motivación.

Conocido mundialmente por su juego ultradefensivo y por ser uno de los instauradores del *catenaccio*, también fue pionero a la hora de concentrar al equipo, dar un papel clave a los aficionados más ultra de un club y premiar con primas a los futbolistas en caso de victorias o títulos.

Tras un curso en el Puteaux y al colgar las botas en el verano de 1945, aceptó una oferta del Stade Français para dirigir al cuadro en el que había militado en dos etapas como jugador. Pero su fichaje por los parisinos tiene una intrahistoria anterior, en Lorient, que le llevó a ser apodado en Francia como "El Brujo" (*sorcier*). Herrera había recibido una gran propuesta del presidente del Lorient y tomó un tren que le llevó a la ciudad de la región de Bretaña. Al bajarse, el franco-argentino vio un cielo negro muy cubierto, que aullaba el océano y una intuición le hizo dejar plantado al presidente y regresar al tren.

Lorient disponía de una base submarina alemana y los bombarderos ingleses descargaron su fuego cayendo varios proyectiles en el estadio con el presidente y jugadores en el interior, aunque sin lamentar daños personales.

El Stade Français estaba inscrito en la D2 al aterrizar HH, pero en una sola temporada lo ascendió a la élite del fútbol francés. Para ello depositó su entera confianza en la portería a Marcel Domingo, un meta que jugaba sin guantes. El arquero que pertenecía al Niza recibió la visita desde la capital de Herrera, que se subió a un tren de refugiados haciéndose pasar por médico para asegurarse de que nadie le quitase al guardameta.

El cuadro capitalino disputó el campeonato del grupo norte y terminó en segundo lugar por detrás del Nancy, lo que le dio el ascenso directo a la Ligue 1. Dos campañas más continuó el extraordinario técnico en París, en las que el Stade Français se estableció como uno

de los mejores conjuntos del país. Pese a ser un recién ascendido no pasó ningún apuro para mantenerse en la Division Nationale y en ambos cursos finalizó en quinto lugar, a menos de diez puntos de los campeones el CO Roubaix-Tourcoing y el Olympique de Marsella, respectivamente.

Alguna curiosa anécdota más dejó el Brujo en el Stade Français, como cuando un defensor le comentó justo antes de un importante partido que no podría jugarlo al tener 38 de fiebre. Helenio Herrera le espetó: "¿38 grados de fiebre? ¡Formidable!. ¡Todos los grandes atletas baten las marcas cuando tienen fiebre! ¡Harás el partido de tu vida, chico!". Efectivamente el zaguero cumplió con nota y cuajó una sensacional actuación.

Además, HH entre 1946 y 1948 compatibilizó su puesto en París con el de seleccionador francés dentro de un comité. Por entonces y con la clasificación para el Mundial de Brasil de 1950 lejos, los *Bleus* disputaban varios amistosos al año, consiguiendo en ese bienio destacados triunfos en casa frente a Portugal, Bélgica o los Países Bajos y a domicilio contra Suiza o Checoslovaquia.

En 1948, después de tres campañas, se marchó a España para dirigir al Real Valladolid, acumulando unas formidables estadísticas en el equipo parisino de 114 partidos entrenados con 62 victorias a favor, 23 empates y 29 duelos perdidos.

HH, un mago de los banquillos (Fuente: El Gráfico).

Yiyo Carniglia y su entorchado en el Niza

El argentino Luis Carniglia, un atacante que pasó la mayor parte de su carrera en Argentina para concluirla en Francia (tras un breve paso por México) en las filas del Toulon y el Niza, se convirtió en técnico nada más abandonar los terrenos de juego.

Se formó en la prestigiosa Escuela Gimnástica Aix-le-Provence en 1953, cuando aún vestía la camiseta del cuadro de la Costa Azul. Precisamente fue al equipo nizardo al primero que dirigió en su largo curriculum como entrenador, allá por 1955.

Carniglia era entrenador y a la vez también ejercía de preparador físico en una época en la que los clubes no contaban con *staff* y una persona dedicada a cada parcela. Para el argentino, la preparación física era fundamental en su juego y para dar ejemplo siempre iniciaba el primero las carreras en los entrenamientos por delante de sus chicos. En su libro de estilo, Carniglia apostaba por un juego ofensivo, con rápidas transiciones, mucho ritmo y continuos cambios de posición de los jugadores en un once siempre conjuntado y seguro de lo que tenía que hacer.

En el Niza sucedió al inglés Bill Berry, que no pudo proseguir el exitoso paso de Mario Zatelli cuando conquistaron dos ligas francesas de forma consecutiva en 1951 y 1952 y además una Copa en 1952. El británico sólo pudo levantar otro torneo copero en 1954 antes de dejar paso a Carniglia. Por entonces la plantilla contaba con jugadores como el arquero Colonna, el defensa argentino González, el medio ex del Real Madrid Jean Luciano, el gran artillero luxemburgués Nurenberg y un imberbe Just Fontaine. Todos ellos guiados por el entrenador argentino se encaminaron a otro glorioso curso en la 1955-56.

En un campeonato galo de la Division Nationale muy igualado y bonito, cinco equipos (Niza, Lens, Mónaco, Saint-Étienne y Olympique de Marsella) pelearon por el triunfo en un margen de apenas tres puntos. El Niza lideró la tabla desde la jornada 17 y en la 33, cuando sacaba tres puntos de ventaja al Lens, pudo cantar el alirón. En Burdeos, el 20 de mayo de 1956, se midieron al Girondins y una victoria por 2-1 con dianas de Ujlaki y Milazzo certificó el título y su presencia en la Copa de Europa del año siguiente.

Carniglia y el Niza buscaron el asalto al cetro continental y más después del gran sabor de boca que dejó el fútbol francés en la primera temporada de la Copa de Europa con el Stade de Reims como subcampeón. Sin embargo, y al igual que le pasó a Les Rouges et Blancs, se encontraron con el Real Madrid y no cosecharon el triunfo. En la fase preliminar eliminaron con facilidad al Aarhus danés y en la segunda sudaron de lo lindo para apear al Rangers escocés en un *replay* celebrado en París. En cuartos el sorteo les deparó el gran ogro

europeo blanco que se impuso tanto en Madrid como en la ciudad de la Costa Azul.

En el campeonato francés no defendieron la corona como hubieran deseado y tras un pobre papel durante 34 jornadas ocuparon el décimo tercera posición a apenas cuatro puntos de la salvación. Carniglia dejó el Niza y fue la sorpresa de Santiago Bernabéu para entrenar al Real Madrid después de que no se llegara a un acuerdo con la renovación de Villalonga.

Dos décadas después, con 61 años y tras haber entrenado en España y en Italia, Carniglia regresó a Francia para tomar las riendas del Girondins de Burdeos el curso completo de la 1978-79 y unos meses hasta su despido en la 1979-80. Les Marine et Blanc finalizaron en mitad de la tabla sin poder aspirar a los puestos europeos y tras esta aventura Carniglia no volvió a entrenar a ningún equipo.

Marcelo Bielsa, de la cima al ostracismo

Olympique de Marsella

Marcelo Bielsa aterrizó en Marsella en un contexto muy similar al que lo había hecho en el Athletic Club de Bilbao años atrás. El Loco se embaucó en un proyecto que necesitaba una revolución inmediata para volver a la élite del fútbol francés. Desde la marcha de Didier Deschamps con destino selección francesa, el Olympique de Marsella había acumulado diversas crisis, de resultados e institucionales -con Labrune metido de por medio en un supuesto caso de corrupción, junto a otras personalidades como Diouf- y era de esperar que necesitaban a un entrenador que rompiera los patrones de los últimos que habían estado en el banquillo phocéen.

La ciudad de Marsella era el destino ideal para un Loco. El OM es, hoy en día, el único equipo de Francia que aúna en sus vitrinas el título de Champions League, siendo también uno de los equipos que en la última década ha reunido a la mejor media de aficionados en el renovado Vélodrome. Para Bielsa, como bien dijo en sus primeras ruedas de prensa, llegar a Marsella era un placer, pero los aficionados del OM no podían esperar una revolución instantánea por mucho que, en su último cargo, previo al del OM, había llegado a dos finales con el Athletic, la de la Copa del Rey y la de la Europa League. Aun así, acostumbrado a su tranquilidad y sus aires de humildad, Bielsa seguía siendo cauto en el contexto que a priori, le exigía muchísima más determinación, sobre todo por el ansia de los aficionados de querer volver a sentirse importantes.

La primera decisión sorprendente de la era Marcelo Bielsa en Marsella se produjo en verano. Mathieu Valbuena, institución del equipo durante las últimas temporadas y uno de los jugadores clave para que el OM volviera a estar entre los ocho mejores equipos de Europa en 2012, abandonaba el club sin renovar. Las malas lenguas, entre ellas la excéntrica prensa de Francia con los entrenadores de no habla francesa, se atrevió a aventurar que Marcelo Bielsa había sido el principal causante de su marcha, no queriendo renovarlo y confiando plenamente en los jugadores que tenían contrato. Nunca se llegó a desmentir dicha información, pero lo que más cierto tiene la historia es que Valbuena consideró que su ciclo en Marsella había llegado a su fin y Bielsa, como siempre, es respetuoso con las decisiones de sus jugadores. Eso sí, a partir de esta noticia, comenzó la relación amor-odio de Bielsa con la directiva del Olympique de Marsella.

Había rumores de que Marcelo Bielsa y Labrune no estaban teniendo una relación fructífera. El mercado del Olympique de Marsella, en cuanto a altas se refiere, había sido muy simple. Las únicas llegadas que ilusionaron fueron las de Michy Batshuayi y de Romain Alessandrini, jugadores jóvenes, con muchísima proyección, pero que aun así no eran fichajes que dieran una revolución cualitativa a Marcelo Bielsa. Los otros dos, Abdel Barrada y Matheus Dória, un central prometedor de Brasil que no llegaría a debutar con Bielsa, tampoco eran jugadores de un nivel altísimo como para mejorar las prestaciones de la temporada anterior. Por ello, el 4 de septiembre y con la temporada empezada, Marcelo Bielsa estalló.

El Loco afirmó: "Me decepciona cómo trabaja mi club. El balance del mercado de fichajes es negativo. El presidente me hizo promesas que sabía que no podía cumplir. Ninguno de los jugadores que ha llegado ha sido petición mía. Queríamos a Stambouli o Alderweireld. Me enteré a última hora de la venta de Lucas Mendes, que se iba a Qatar. Del fichaje de Doria supe cuando estaba pasando el reconocimiento médico". No lo quería, afirmaba entre una lamentación de su traductora al traducir las palabras del Loco que provocó una foto que dio la vuelta al mundo. También añadió: "Cuando opino sobre un jugador lo hago teniendo en cuenta numerosos factores, entre ellos si es un fichaje de futuro. A Dória no pude analizarlo".

La pretemporada del OM de Bielsa dio la vuelta al mundo. El técnico revolucionó los entrenamientos en Francia, llegando a hacer triples sesiones, machacando la parcela física y, sobre todo, trayendo una máquina innovadora para grabar sus entrenamientos dentro del campo de entrenamiento del OM -de hecho, la máquina se la diseñaron a él personalmente para que pudiera grabar sus propios entrenamientos y enseñar a sus jugadores qué aspectos mejorar- y siendo meticuloso en todos sus aspectos. El OM recordó a un gobierno enseñando lo bien

que va su país mediante un vídeo en su canal de YouTube en el que se ensalzaban las sesiones intensas de Marcelo Bielsa. Jugadores en bicicleta por la montaña, haciendo dominadas como puros atletas y caras de agotamiento que intentaban ser disimuladas con sonrisas de todos los jugadores cada vez que les enfocaba una cámara. Quizás esas triples sesiones serían un preludio del agotamiento físico del OM al final de dicha temporada.

Sin más tiempo que perder, Marcelo Bielsa debutaría como técnico del Olympique de Marsella en el campo del SC Bastia. Aquí, se forjaría una revolución, pero no futbolística, sino política. En Córcega fue donde Napoleón Bonaparte nació y que Bielsa debutara como técnico del OM en la isla donde el emperador se hizo mayor no sería casualidad.

El primer once de Marcelo Bielsa dejó evidenciado lo que iba a buscar el Loco en sus primeros partidos como entrenador. Un inédito 3-3-3-1, en el que Mandanda formaba como portero, Sparagna, Nkoulou y Morel eran los centrales del técnico argentino, Imbula, Mendy y Dja Djedje conformaban la segunda línea de tres, Thauvin, Payet y Alessandrini jugaban por delante del centro del campo y Andre-Pierre Gignac era el único delantero que Bielsa usaba en Córcega. El hecho de jugar con este extraño sistema, no tan extraño para Bielsa, lo explicó meses después, era para no tener inferioridad numérica en ninguna zona del campo, algo que nunca le funcionaría a Bielsa durante toda la temporada.

El Bastia sacó a relucir las carencias del OM de Marcelo Bielsa en la primera jornada. El empate 3-3, un resultado acorde al mote del técnico del OM, supuso un jarro de agua fría. Había muchísima expectación de cara a este partido y el encuentro fue retransmitido por numerosos países. De hecho, fue uno de los partidos del Olympique de Marsella que más se vio en la historia por todo el mundo. A pesar de que el encuentro terminó 3-3, sí que pudimos divisar algunos matices que identifican al Loco con su estilo de juego. Los dos primeros goles llegaron por la insistencia de sus laterales, Mendy y Dja Djedje, siendo el primero uno de los pilares del OM durante toda la temporada. También destacó la alta presión del OM, generando muchas ocasiones por robo en campo contrario pero contrarrestado por su flojo nivel defensivo. El OM llegó a ir ganando por 3-1, pero se dejó empatar en dos errores defensivos clamorosos. Un empate que no sería la primera mala noticia para Bielsa en Marsella.

Tras el empate en Córcega, el Olympique de Marsella sucumbió por 2-0 en su debut en casa en la Ligue 1 ante el Montpellier. La expectación también fue máxima y muchos aficionados, entre ellos una peña dedicada exclusivamente a Bielsa en Marsella, se encomendó al técnico para sacar los tres puntos. Bielsa volvió a jugar en 3-3-3-1 (aunque en Francia lo dan como un 3-3-1-3) y el Montpellier supo aprovechar otra vez las lagunas defensivas de los de Bielsa. Un Bielsa que tuvo problemas para entrenar, ya que Morgan Amalfitano, apartado por la directiva, obligó al técnico a suspender un entrenamiento por romperle el *planning* que tenía Bielsa para los jugadores con más ritmo. Sin más excusas, ese uno de seis para Bielsa le dejaba bastante tocado de cara a las futuras fechas del campeonato dominical.

Lo que no sabían los aficionados del Olympique de Marsella es que, tras esa derrota ante el Montpellier en casa, iba a llegar la revolución de Marcelo Bielsa. Y todo comenzaría en Bretaña, ante el modesto EA Guingamp, en el cual, el OM venció 1-0 y, esta vez, Bielsa no cayó en los errores del pasado. Un solitario gol de Gignac dio la victoria al conjunto mediterráneo y el Loco supo adaptarse a su rival. Si el Guingamp jugaba con dos delanteros -Beauvue y Mandanne-, Bielsa se colocaba en defensa de cuatro; si el rival cambiaba a un solo punta, Bielsa reforzaba su línea de tres en el medio para no perder la superioridad. Fue el inicio de la ascensión y sobre todo el nivel de varios futbolistas.

Porque, tras la victoria ante el Guingamp, el Olympique de Marsella encadenaría ocho partidos consecutivos conociendo la victoria. En medio de esta vorágine, la prensa francesa seguía insistiendo en su floja relación con los técnicos no franceses. Que Bielsa no supiera hablar francés -en una rueda de prensa de 2015, en la que comparó al OM con la resiliencia, poniendo de moda el término en el fútbol, reconoció que no hablaba francés porque odiaba hablar mal un idioma y el francés para él era una lengua complicada-, que incluso pudiera parecer autista por no querer dar nunca una entrevista[10], el responder serio y sin mirar a la cara a ningún periodista, el hecho de haber tenido que cambiar durante siete veces de traductor ya que no traducían literalmente todo lo que decía por su boca, no fueron un impedimento para ver al mejor OM del siglo en la Ligue 1.

Victorias ante Niza (4-0), Évian Thonon Gaillard (3-1 en el difícil Annecy), Stade Rennais (3-0), Stade Reims (5-0, en una de las mayores exhibiciones que se recuerdan en Francia), Saint-Étienne (2-1), Caen (2-1 en la siempre complicada Normandía) y Toulouse (2-0) fueron los partidos que prosiguieron a Marcelo Bielsa para hacer del OM uno de los equipos más ofensivos de Europa. El 3-3-3-1 ya había quedado en el ostracismo y ahora, el técnico jugaba con un 4-2-3-1 caracterizado sobre todo por sus férreas marcas individuales a lo largo de todo el partido. Pero sin duda, dentro de estas ocho victorias consecutivas tenemos que destacar dos que fueron la mayor expresión del bielsismo en toda regla.

Ahora que estoy escribiendo estas líneas, he de decir que el partido en Reims es una de las mayores exhibiciones que he visto en mi vida en la Ligue 1. No solo por el resultado (5-0), sino por la intensidad que

---

10 Expresión que trae de Argentina, al querer darle la misma importancia a una radio grande que a una pequeña.

el equipo de Bielsa imprimió durante los 90 minutos. Prueba de ello es que en el minuto 87, el OM estaba ganando 5-0 y tenía a ocho jugadores presionando la salida de balón del Reims en un partido que ya estaba decidido. Otro matiz importante es el de Dimitri Payet. Recordamos que al principio de este capítulo, muchos se atrevieron a aventurar que la salida de Valbuena del OM iba a ser un varapalo para Bielsa. Sin ir más lejos, el Loco realizó un cambio de sistema que beneficiaría de forma espectacular al ex jugador del Saint-Étienne.

Habiendo sido criticado durante sus primeras temporadas en Marsella por su irregularidad, Payet se erigió como un mediapunta espectacular, jugando en la posición de 10. Para Bielsa, la mediapunta era una de las posiciones fundamentales, y Payet, que era extremo, se convirtió en una mediapunta asistente, con una visión de juego soberbia y con unas condiciones idóneas para el 4-2-3-1 que planteaba el equipo. En Reims, Payet explotó y a partir de entonces pocos podrían frenarlo.

Payet, una de las estrellas del OM de Bielsa (© Panini).

La segunda explosión de bielsismo llegaría en la jornada 9, cuando el OM ya estaba líder y Bielsa seguía conteniéndose a pesar de los buenos resultados. En Normandía, el Olympique de Marsella se impuso por 2-1 al Caen. El resultado fue un reflejo de lo que se vio en el encuentro: un partido no apto para cardíacos, que terminaría con Bielsa intratable gritando el gol de André Pierre-Gignac en el último minuto del partido. En este encuentro pudimos darnos cuenta de la comunión del vestuario con Bielsa. Hasta entonces, habían sido pocas las veces que el técnico rosarino se había manifestado emocionalmente en el terreno de juego. Y no es para menos. En los últimos 15 minutos del partido vimos los tres goles, pero, sobre todo, lo que dejó sorprendido al aficionado otra vez fue la brutal intensidad del OM al final. Los últimos cinco minutos del partido fueron un arreón del OM espectacular, que no dejó a su rival ni salir del campo. Finalmente, Gignac, al que Bielsa también había resucitado, marcó un gol que volvió a significar una explosión de sentimientos incomparable a cualquier otra de la temporada en Marsella.

Como en todo equipo por el que ha pasado, Marcelo Bielsa les dio a varios futbolistas el mejor rendimiento de sus vidas. Empezando por la defensa, el Loco reconvirtió a varios jugadores en buenos centrales. De hecho, aquel Olympique de Marsella jugaba muchas veces con Morel, que no llega al 1m80, y Rod Fanni, hace años uno de los mejores laterales jóvenes de Europa en el Rennes, de centrales. El experimento de Bielsa, en parte echando un capote a la directiva por la falta de fichajes, sería fantástico. Pero sin duda, el jugador que más creció con Bielsa fue Benjamin Mendy.

Seguramente pocos sean los que no hayan visto la charla de Bielsa a Mendy en el que le hablaba de cómo ignorar los lujos para ser el mejor del mundo. El lateral francés, canterano de Le Havre, vivía una auténtica crisis en Marsella antes de la llegada del Loco. No era titular, no le salían las cosas y muchos criticaban su falta de compromiso defensivo. Con Bielsa, pocos laterales en Europa tuvieron tal rendimiento en dicha temporada. Y Mendy recordó dos anécdotas de Bielsa, su famosa charla incluida, para recalcar lo magnífico que fue el Loco en su vida.

La primera de las anécdotas que Mendy cuenta fue la de las sesiones de vídeo. Las interminables sesiones de vídeo de Bielsa a primeras horas de la mañana provocaban el sueño en algunos jugadores. Entre ellos, a Mendy, que confesó dormirse en todas las sesiones que el Loco ponía. Pero a Bielsa, en vez de enfadarle esto, le entusiasmaba, pues nunca le reprochó a Mendy el hecho de no prestar atención a ninguna sesión de vídeo. Finalmente, como bien confesó Mendy, poco a poco empezó a interesarse por las sesiones de vídeo y también afirmó que si Bielsa le hubiera metido presión para verlos, nunca se habría interesado.

"¿Cuándo vas a ser un gran jugador? Él ya sabe que va a ser millonario (se dirige a los jugadores), ya sabe que va a ser un gran jugador, que va a ser una estrella. Lo que no sabe es que lo que sí sabe Morel -lateral que tenía 30 años-. Si Mendy incorpora eso va a ser uno de los mejores defensores del mundo. Pero no hay seguridad de que lo vaya a ser. Si vos querés ser uno de los mejores marcadores de punta del mundo, habla con tus compañeros Morel y Fanni (que superaban los 30 años). Vos reís, pero yo seré el más feliz del mundo si llegas a ser el mejor. Yo no soy un tarado que lo hace por demagogia, yo tengo antecedentes para que me crea. Llevo 40 años tratando jugadores. Entonces, si querés ser el mejor, habla con Fanni y Morel, porque lo que te van a decir te va a

servir de experiencia. Tú no vas a necesitar sufrirlo en tu propio cuerpo para darte cuenta. Que te lo cuenten Fanni o Morel que ya lo sufrieron. Acercaros. Hay una sola respuesta que todo lo que yo digo lo tira por el suelo. Ser el mejor te quita felicidad, horas con tu mujer, horas con los amigos, de fiesta, te quita diversión... Ustedes tienen un problema grande. Tienen dinero, pero no tienen tiempo para disfrutar del dinero que tienen ni en términos de felicidad. ¡Ustedes quisieran comprar tiempo! Pagarían por tener eso como pagaría cualquier persona. Entonces el éxito te quita la posibilidad de ser feliz. También es una elección, pero aquel que tiene 20 años (o sea, Mendy), que lo sepa, que se lo digan y que lo elija. Si vos elegís lo que no querés, serás el mejor del mundo. ¿Qué problema hay? No hay ninguno, pero debéis saberlo". Esta fue una charla de Bielsa a Mendy en un entrenamiento para dejarle claro qué hay que hacer para ser el mejor del mundo.

El Olympique de Marsella de Bielsa terminó 2014 como líder de la Ligue 1 y como campeón de otoño. Pese a las derrotas ante el Lyon y el PSG, entre otras, el equipo había vuelto a sentirse importante. De hecho, ante el PSG y Lyon pudimos ver en su máxima expresión los marcajes individuales del Loco. En dichos partidos, Dja Djedje y Mendy, laterales del OM, se recorrían todo el campo para seguir a su marca, algo muy criticado y con razón, pues el OM no equilibraba sus bandas y en ocasiones sufría muchísimo a las espaldas de sus laterales. No fue suficiente para ver al OM como uno de los postulantes a quitarle el título de Ligue 1 al PSG. Los Gignac, Imbula, Payet, Thauvin y Ayew se confirmaron como los líderes en ataque del equipo. Ello y unido a una segunda línea muy convincente formada por Barrada, Batshuayi, Alessandrini o Mario Lemina -jugador que era medio, pero al que Bielsa le usaba de lateral derecho debido a su espectacular inteligencia táctica-, dejaron al OM soñar durante muchas jornadas.

La historia de siempre: el cansancio y agotamiento físico

Dicen que los equipos de Marcelo Bielsa siempre acaban agotados a final de temporada y que dicho cansancio comienza a verse reflejado a partir de la segunda temporada. En Marsella, las alarmas comenzaron a saltar mucho antes de la finalización de la primera temporada del Loco en el banquillo. Si decíamos que el OM había terminado la Ligue 1 como campeón de otoño, el agotamiento le iba a quitar muchas opciones de poder consagrarse como campeón de la máxima competición del fútbol francés.

De los primeros ocho partidos de la Ligue 1 en 2015, el OM solo pudo hacerse con la victoria en dos. El fuerte inicio del PSG y el Lyon en dicho año llevaron a los de Bielsa a prácticamente pasar de pelear por el campeonato a casi quedarse fuera de los puestos europeos. Bielsa había avisado en rueda de prensa de que el rendimiento del equipo estaba siendo extraordinario y que, experimentar un bajón así, tenía que ver más con lo anímico que con lo futbolístico. *France Football* empezaba a meter presión a Bielsa llegando a aventurar que su presencia en Marsella había llegado a su fin. Nada más lejos de la realidad: el OM de Bielsa seguía muy vivo y toda la ciudad estaba a muerte con él.

Una victoria 6-1 en Toulouse volvió a dejar claro que al equipo le faltaba únicamente puntería de cara a gol, y no juego, como se atrevían a decir los más escépticos. Y fue entonces cuando Bielsa volvió a darse cuenta de que el equipo tenía potencial para ganar a cualquiera. Prueba de ello, sería la doble confrontación ante Olympique Lyonnais y PSG, respectivamente.

Ante el OL (0-0) y el PSG (derrota 3-2 en casa), el OM de Bielsa fue un equipo muy superior. Ante el Lyon, pese al empate, el equipo de Ródano no pasó de su campo y, tras terminar el partido, pudimos ver una de las charlas más famosas de Bielsa en los últimos años. Muchos jugadores, pese a no conocer el idioma hispano, entendieron la charla simplemente por la intensidad de Bielsa, en las que les aseguró que si tragaban veneno y aceptaban la injusticia, que todo se equilibra al final, el equipo iba a ganar todos los partidos siguientes. Ante el PSG, el OM volvió a soñar con ganar a uno de los mejores equipos de Europa. Gignac, desatado, llegó a poner el 2-1 a favor, pero una salida en tromba del PSG en la segunda mitad, previo a un baño del OM de Bielsa, acabó quitando las aspiraciones del OM a la Ligue 1.

Derrotas como la de Lorient (5-3) o Caen (3-2) volvieron a dejar claro que al OM se le atragantaban bastante los equipos de la media tabla. Aun así, no sería impedimento para en las últimas cuatro jornadas de la temporada, ganar todo y, sobre todo, confirmar ante el AS Mónaco por 2-1, una de las segundas partes más espectaculares que pudimos ver en la temporada. El OM iba 0-1 al descanso y el Mónaco le había dado un repaso a su rival, pero, tras la reanudación, el OM se lanzó al ataque, prácticamente con los 11 jugadores en su campo y acabaría ganando 2-1 con un golazo de Alessandrini que llevaría a todo el Vélodrome en volandas, coreando el nombre de Bielsa y suplicando al técnico que continuara una temporada más en el equipo. Sin duda, los últimos partidos del OM significaron un antes y un después para todos. Fue el principio del fin, pese a que jugadores como Gignac, Ayew, Payet, Romao, Lemina o Mandanda aseguraron que si seguía el Loco en el banquillo, ellos continuarían a muerte con él.

Por algo le llaman el Loco Bielsa

Vincent Labrune no se podía imaginar a principios de temporada el descalabro que se iba a provocar en el Olympique de Marsella. Bielsa se había tomado unos días justificados para pensar en su futuro. Fueron muchos los que aventajaron que el Loco no seguiría en el banquillo del OM y, tras unas declaraciones de Labrune afirmando que el objetivo del equipo era el de acabar entre los cinco primeros equipos del campeonato, pero sin confirmar la vuelta de Bielsa, comenzó el acabose.

Todo iba mal en Marsella y el inicio del fin comenzó en junio. La vuelta a los entrenamientos del OM estaba prevista para el 22 de junio, pero una serie de acontecimientos provocaron que Marcelo Bielsa retrasara su vuelta al 6 de julio, en un período de 15 días en el que nadie daba un euro por su continuidad en el banquillo. Y es que, en junio, el OM no pudo ni tan siquiera sacar un euro por cuatro piezas clave del equipo: Andre Ayew, Andre-Pierre Gignac, Jérémy Morel y Rod Fanni no renovaron su contrato y salían a duras penas del equipo en el que un año antes habían sido clave para devolver a Europa al Olympique de Marsella. Ayew fichaba por el Swansea, Gignac se iba a Tigres de México, Morel se marchaba al Lyon -algo que dolió bastante- y Fanni quedaba libre. No serían los únicos en salir.

Con un déficit de 20 millones de euros, el OM tuvo que vender también a Dimitri Payet por 15 millones al West Ham United y sacó 20 millones por Giannelli Imbula al Porto, jugador que tras la marcha de Bielsa nunca ha vuelto a ser ese mediocentro dominador que con el argentino fue indiscutible. Todo era un caos, pero el retorno de Bielsa al banquillo abrió un hilo de esperanzas.

El 6 de julio de 2015, con un equipo cada vez más mermado por las bajas, Bielsa iniciaba su segunda temporada contra todo pronóstico en el banquillo del equipo del sur de Francia. Pocos se atrevieron a pronosticarlo, pero ahí seguía él, con sus originales e intensos métodos de trabajo e incluso paseando por un McDonald's de la ciudad. La tranquilidad, la serenidad y la seriedad volvieron a copar el protagonismo en el técnico argentino, que a pesar de apenas traerle refuerzos la directiva, continuó firme y aseguró que seguiría en el banquillo tras llegar a un acuerdo con la directiva. Pero uno nunca puede fiarse de Bielsa. El debut en la Ligue 1 sería en casa ante el Caen, un rival que no llegaba en su mejor momento y que sin duda daba favoritismo al OM, pese a todas las bajas que había tenido. Aun así, tras el pitido final, con derrota por 1-0 tras un solitario gol de Andy Delort, preludió lo que sería una rueda de prensa inédita en el fútbol francés.

Marcelo Bielsa presentaba su dimisión el día 8 de agosto de 2015, nada más entrar en la rueda de prensa del post partido. El Loco afirmaba que ya había tomado la decisión desde el miércoles y pese a que no lo afirmó, todo venía de lejos, tras sus discrepancias con una directiva que no supo retener a ningún jugador clave ni tampoco supo traer fichajes de garantías. Esta fue la carta que el Loco envió a Labrune:

"Sr. Labrune, os comunico hoy que no voy a seguir siendo el entrenador del Olympique de Marsella. Me gustaría explicaros los motivos de mi marcha. Voy a publicar esta carta porque considero necesario explicar mi postura. Si quiere que ofrezcamos una conferencia de prensa, puedo acompañarlo. Después de una serie de reuniones que tuvieron lugar durante los meses de mayo, junio y julio, alcanzamos un acuerdo sobre los términos de una ampliación para las temporadas 2015-16 y 2016-17 del contrato que había finalizado el 1 de julio de 2015. Desde mediados de julio, aunque no fuese oficial, todos los miembros del staff que dirijo, trabajamos pensando que todo estaba claro y que no faltaba más que la recepción de los contratos impresos. El pasado miércoles fui convocado por el director general del club Philippe Pérez a una reunión en la que también participó el abogado Igor Levin, representante de Margarita Louis-Dreyfus. Me informaron de que querían cambiar algunos puntos del acuerdo que nosotros ya habíamos alcanzado. Ambos dijeron que tenían el poder para asumir estas posiciones. Tuve en cuenta todos los cambios que querían hacer en el contrato. Después de esta reunión tomé la decisión que os estoy dando. Aunque piense que usted no quería, lo que ocurrió parte desde su área de autoridad. No sé si usted ha dado su consentimiento o si usted lo ignora. Como ustedes saben, rechacé varias ofertas importantes porque quería quedarme en Marsella. No me arrepiento de haber hecho lo que hice porque lo he hecho con gran entusiasmo. Me atrajo mucho este proyecto. Me adapté en los últimos tiempos a los constantes cambios en el proyecto deportivo, pero después de tres meses de discusión y dos días antes del inicio de la competición oficial, yo no puedo aceptar la situación de inestabilidad que han provocado al querer cambiar los términos del contrato. Así que mi posición es la de no continuar trabajando con ustedes. Es definitivo. El trabajo en común requiere un mínimo de confianza que nosotros ya no tenemos. No quise tocar la preparación del partido contra el Caen, por eso esperé a hablar en esta carta. Gracias por pensar en mí para dirigir al Olympique de Marsella. He trabajado con grandes futbolistas. Pude disfrutar del Vélodrome y del increíble público. Me despido. Marcelo Bielsa".

Pero sería un punto y seguido.

LOSC Lille

Muchos aficionados del OM soñaron con la vuelta de Marcelo Bielsa. Gerard López, empresario que casi compra el Lugo tiempo atrás, prometió traer a Bielsa si terminaba comprando el Olympique de Marsella, dado la amistad de ambos. No lo consiguió[11], pero sí terminó convenciendo al Lille para hacerse con las acciones del club e iniciar un proyecto innovador. Al poco tiempo de comprarlo, Gerard López, tal como había prometido, anunció la contratación de Bielsa en febrero de 2017. Su incorporación no se produciría hasta julio de ese mismo año, pero el club inició una transición en materia de fichajes y un entrenador conocido de Bielsa[12], que sentó las bases de lo que podía ser uno de los proyectos más ilusionantes de los últimos años.

En enero, el Lille ya realizó diversas incorporaciones de cierto nombre para apuntalar el proyecto. Jugadores como El-Ghazi, por el que el Lille pagó 7 millones de euros; el ex canterano del Olympique Lyonnais, Farès Bahlouli; los jóvenes Xeka y el central brasileño, Gabriel, dieron un salto cualitativo a la plantilla, que pasó de estar peleando por no bajar a Ligue 2 a colocarse en una posición entre comillas, cómoda de la clasificación.

Antes de la inminente llegada de Marcelo Bielsa al banquillo del LOSC Lille, el equipo ya había intentado amoldarse al estilo del Loco para intentar que su paso por Lille no fuera una revolución paulatina, sino algo ya confirmado. Franck Passi empezó a jugar de una forma muy similar a la de los equipos entrenados por el técnico argentino, con salida de balón, presión intensa y una especie de marcajes individuales -aunque más mixtos- por todo el campo. El Lille terminó la temporada en la 11º posición, pero la mejoría del equipo era bastante evidente.

Y por fin, Marcelo Bielsa era presentado como entrenador del LOSC Lille el día 23 de mayo de 2017. Las frases más recurrentes de su discurso en la presentación fueron la de dejar un modelo de juego vistoso, buscar la belleza e intentar encontrar resultados lo antes posible. Bielsa se había pasado la semana viendo a jugadores del filial del Lille y al equipo juvenil, lo que denotaba que el técnico argentino estaba buscando modelar un estilo de juego sobre la base de los jugadores jóvenes. Tratar de pasar todo el tiempo posible atacando y dar espectáculo, no solo dando importancia a los resultados. Como anécdota, Bielsa aseguró que su mujer le había obligado a mirar a la cara a los periodistas y a sonreír en las respuestas, algo que ya denotaba que algo estaba cambiando en él.

---

11 Franck Mccourt terminó comprando el club.
12 Franck Passi, su segundo entrenador en el Olympique de Marsella.

Quizás el gran problema del Lille fue el de darle la batuta a Bielsa en la dirección deportiva. Cierto es que había una buena relación a priori con Campos y Gerard López, y que ellos confiaban ciegamente en él, pero la desbandada de jugadores que se produjo en verano tiene pocas explicaciones racionales posibles. Un día después de su presentación, el diario *El País* sacaba una noticia en la que afirmaba que Bielsa ya había descartado a 12 de los 29 jugadores de la plantilla, entre los que estaban Mavuba y Eder, este último campeón de Europa con Portugal.

Desde el primer día, Bielsa dejó muy claras las cosas a las viejas glorias del club que habían sostenido el Lille las últimas temporadas: no contaba con ellos porque el proyecto se sustentaba sobre jugadores jóvenes. Los Mavuba, Enyeama, Marko Basa, Béria, entre otros, abandonaron el club sin tan siquiera un reconocimiento del Lille, al que habían servido y habían estado presentes en la época más gloriosa del club de los últimos años. Por otra parte, Bielsa descartó a varios jóvenes que después no le darían la razón con un rendimiento espectacular en las cesiones que acumularon: Martin Terrier (Estrasburgo), Mothiba (Valenciennes, el Lille tuvo que recuperarle en enero tras un descalabro ofensivo en el equipo), Sliti (Dijon) o Xeka (Dijon) fueron otras de las decisiones que lastrarían al Lille a principios de temporada. Para más inri, Bielsa también descartó a un staff técnico que a priori iba a trabajar con él durante todo el curso.

Aun con estas decisiones, los fichajes del Lille sí ilusionaron. No solo por la juventud, sino porque se armó un proyecto descomunal con jugadores con un potencial altísimo. Casos como el de Nicolas Pépé, al que Bielsa había ido a ver personalmente en mayo a Angers, o el de los brasileños Thiago Maia, Luiz Araujo o Thiago Mendes, el de defensas jóvenes como Kévin Malcuit -mejor lateral derecho con el ASSE de la última Ligue 1 antes de la llegada de Bielsa-, Junior Alonso y Edgar Ié, ex del Barcelona, ponían el cerrojo en defensa al equipo. Bielsa convenció a varias promesas de las mejores canteras de Francia, como Boubakary Soumaré -PSG-, Dabila y Boukholda -ambos del Mónaco- o Fode-Ballo Touré, uno de los laterales izquierdos con más futuro de Francia y que no tuvo oportunidades en el multimillonario PSG.

Pépé, una petición expresa de Bielsa (© Panini).

Sin más tapujos, el LOSC Lille de Marcelo Bielsa inició la Ligue 1 con una autoridad espectacular. Su rival en el debut sería el FC Nantes, entrenado por un Claudio Ranieri que había ganado la Premier League con el Leicester en su último cargo en el banquillo y que prometía dar guerra. Bielsa salió con el siguiente once para el encuentro: Maignan; Malcuit, Iè, Junior Alonso, Touré; Amadou, Mendes; Araujo, El Ghazi, Benzia; De Préville. El 4-2-3-1 se convertía en una especie de 3-3-3-1 con balón, Amadou se colocaba de líbero, los centrales se abrían, y Malcuit y Touré aprovechaban esa cobertura de Amadou para atacar el espacio. El 3-0 del Lille fue puro Bielsa: robo en campo contrario, centro lateral y remate de Préville. Fue una semana de éxtasis en la que los más ventajistas veían a este equipo peleando por la Ligue 1. Pero no, no sería así y los problemas comenzaban en Estrasburgo.

En Estrasburgo, Marcelo Bielsa volvió a ser un loco: en un mismo partido tuvo a tres porteros. En el minuto 12, Thiago Mendes se lesiona y tiene que ser sustituido. Malcuit, minutos después, también tiene que ser sustituido. Pero aún queda más: Ballo Touré ve la tarjeta amarilla y el Loco, temiendo una expulsión, cambia a su lateral izquierdo. Todo esto con 0-0 al descanso. Tras la reanudación, Maignan, portero del Lille, le da un balonazo a un rival y ve la roja. Bielsa coloca a De Préville de portero y, tras encajar el 0-1, vuelve a cambiar de portero: Amadou, medio, se va a la portería y De Préville se coloca de delantero para intentar empatar. No es así y el Lille encaja su primera derrota por 3-0. Bielsa, en rueda de prensa, no se arrepiente de sus decisiones en el terreno de juego.

Lo que no sabía Bielsa es que sería el principio del fin tras su derrota en Estrasburgo[13]. El Lille estaría nueve partidos consecutivos sin conocer la victoria y en el alambre se encuentran decisiones muy extrañas. Pese a que en la jornada 5, el Lille aguantó con un jugador menos durante una hora y Bielsa sin hacer un cambio, el Loco empezó a intentar cambiar el sentido de su sistema táctico jugando con medios de laterales y con laterales por dentro. Thiago Maia, que es medio y jugaba de lateral ese día, terminó expulsado, todo ello por buscar Bielsa un marcaje individual a Malcom, que provocó la segunda amarilla del brasileño. En otros partidos, era Bissouma, uno de los medios con más futuro del Lille, el que jugaba de lateral derecho y apenas aprovechaba su calidad técnica para mostrar superioridad por los costados. Por dentro, eran Mendyl, Touré o incluso a veces Kouamé -casi siempre el lateral izquierdo- los que jugaban por dentro y ninguno de los tres son prodigios técnicamente y la medida perjudicaba a Marcelo Bielsa. Ello unido al flojo nivel de Luiz Araujo -una de las decepciones de la temporada-, Thiago Maia o Edgar Ié, hacían saltar las alarmas. Los problemas comenzaban a acumularse para Bielsa. *RMC Sports* sacó unas informaciones, con el equipo en descenso, de que los jugadores estaban cansados de todas las innovaciones que buscaba y de que no se sentía nadie cómodo con tanto cambio táctico. Claro está que cuando tienes al equipo más joven de Europa, se han ido todos los capitanes del equipo y has intentado revolucionar los sistemas tácticos del equipo, las cosas no van bien. Aun así, la victoria 3-0 en Metz hizo salir al descenso del equipo, pero nada más lejos de la realidad. El Lille ganó 3-0 aquel partido, pero no mereció ganar, ya que el Metz, con 0-0 y antes de un penalti dudoso en el primer tiempo, había encerrado a los de Bielsa.

La victoria del Lille ante el Saint-Étienne por 3-1 sí fue uno de los mejores partidos del conjunto norteño desde la victoria 3-0 en Nantes. Tras un inicio más que dubitativo, Nicolás Pépé empezó a jugar de punta, con muchísima libertad, y eso el equipo lo agradeció. Thiago Mendes se erigió como uno de los centrocampistas con más recorrido de la Ligue 1 y el equipo podía agradecer una cierta mejoría de juego y sensaciones. El objetivo de entrar en Europa seguía intacto a pesar del mal inicio.

Sin duda, esos dos partidos sirvieron para esconder lo que era un secreto a voces: la mala relación entre Bielsa y Campos, el que, según el Loco, trabajaba de forma opuesta hacia él. Bielsa aseguró que, a pesar de ello, se había comprometido a trabajar en el proyecto hasta el final de su contrato. Y que, si el equipo luchaba por descender, iba a continuar pasara lo que pasara. Que esta vez, no como ocurriera en

---

13 Bielsa también perdió a De Préville, máximo goleador del equipo, en el último día de mercado con destino Burdeos y no le fichó a nadie el club.

su etapa en el OM, no iba a dimitir, sino que su marcha iba a tener que ser por un despido. Como paradoja del fútbol, el último partido de Bielsa sería en Amiens. Al Lille le perjudicaron en aquel encuentro: tras estar ganando 1-0 en Amiens, la grada de la afición visitante se derrumbó, provocando varios heridos. El Lille iba ganando 1-0 pero la Federación, a pesar de que la culpa en teoría fue de la floja seguridad del Amiens en dicha grada, obligó a repetirse el partido desde el inicio. Poco importaban ya los resultados, Bielsa había perdido totalmente la confianza de sus dirigentes, los jugadores y se vio en el campo. La insistencia de los marcajes individuales provocó que el 1-0 del Amiens llegara a tras un *sprint* de Malcuit, lateral derecho del Lille, sobre Kakuta hasta el centro del campo que fue aprovechado a su espalda. El partido terminaría 3-0 y, pocos días después, llegaría el sorprendente despido de Bielsa.

El Lille anunciaba en Twitter y en su página web que "suspendía temporalmente a Marcelo Bielsa de su función como entrenador". Las buenas lenguas y optimistas aseguraban que Bielsa había sido suspendido por haberse ido a ver al profe Bonini a Chile, que estaba en un estado muy grave, y que Bielsa había renunciado a su sueldo como medida de buena fe. Sin embargo, en la misma semana, se pudo ver a Bielsa en un hotel viendo la dolorosa derrota del Lille en Montpellier por 3-0, lo que no hacía más que agravar la crisis del equipo.

Bielsa se puso en manos de un abogado que incluso aseguró que Bielsa firmó dos contratos: en uno de ellos, había una cláusula de la que el Lille se veía obligado a pagarle 16 millones de euros en caso de rescisión de contrato. El procedimiento civil provocó que el Lille no pudiera fichar en el mercado de invierno de 2018 ni que tampoco pudiera asegurar la categoría en Ligue 1, al ser descendido como medida de precaución si no mejoraba su situación financiera.

El infierno de Bielsa terminó en febrero de 2018. El tribunal dictó una sentencia muy dolorosa para el Loco: debía indemnizar con 300.000 euros al Lille por daños y perjuicios y no recibiría ni un solo euro por la rescisión del contrato. Todos los esfuerzos que Campos y López habían depositado en él fueron en vano, ya que el final fue el peor final que uno podía imaginar. No sabemos qué pasará, pero Bielsa tendrá muy difícil volver a Francia tras sus dos salidas.

Bielsa en su etapa en el Lille (© Panini).

El efímero paso de Clemente por Marsella

No es difícil definir la figura como entrenador de Javier Clemente en el fútbol. Uno de los técnicos más importantes del fútbol español en la década de los 90, habiendo ganado dos Ligas con el Athletic y llevado al Espanyol a una final europea, sorprendería en la temporada 2000 por su fichaje por el Olympique de Marsella. No por la coordinación entre los dos sujetos, pues Marsella era un lugar ideal para Clemente, por la pasión que desatan sus aficionados partido tras partido y por la filosofía del club, evidenciada en su lema *Droit au but* (directo al gol), sino porque era extraño ver a un entrenador español que atravesara la frontera hacia el futbol francés. Cuando le preguntamos por qué aceptó la oferta del OM, Javier, fiel a su pragmatismo y a hablar sin tapujos, no considera especial ni sorprendente que fichara por el OM en aquella caótica 2000-01.

"Yo cuando un equipo me viene a fichar, lo primero que hago es ver su historia y su situación en la clasificación. Ellos vinieron a por mí porque necesitaban un cambio de aires con el anterior técnico (Abel Braga). Marsella era un equipo con mucha historia y en una mala situación; yo en ese momento estaba libre[14] y decidí aceptar la oferta. Para mí ir a Francia era una auténtica novedad, pero, sobre todo, lo que me llevó a aceptar la oferta fue irme a un equipo con la tradición y la vivencia por el fútbol como el Olympique de Marsella", aseguró.

---

14 Tras haber entrenado a la Real Sociedad.

Contextualicemos un poco en qué situación llegaba Javier Clemente a Marsella. El equipo phocéen estaba en una situación límite con una plantilla que tenía calidad para hacer cosas mucho más grandes. Con tan solo cinco victorias en 17 encuentros, con 18 puntos en su haber y tras haber perdido con estrépito ante el SC Bastia por 3-0, el Olympique de Marsella se encontraba a un paso del descenso. Por situación y por cómo los jugadores afrontaban los partidos (de hecho, George Weah declaró a *France Info* en una entrevista que el vestuario estaba roto), era evidente que el club, más que un revolucionario, necesitaba disciplina. Y qué mejor que la disciplina vasca de Javier Clemente para, por lo menos, intentar enmendar la situación y coger puntos que permitieran al OM desbloquear los problemas que estaba aunando a lo largo de toda la temporada. Un entrenador que no se anduviera con chiquitas a la hora de hablar de cara fuera quien fuera la personalidad que tuviera en frente y que pronto tendría sus primeros réditos en el Vélodrome.

"Marsella era similar a Bilbao por la fuerza en la que la afición se echa encima del equipo. Marsella tiene un público muy fuerte con su equipo y una afición que no deja de apoyar a los suyos sea cual sea la situación. Aun así, el fútbol francés y el OM son distintos a España. Por ejemplo, la profesionalidad es para mí una de las mayores diferencias que viví en Marsella con respecto a mi paso por el fútbol español. La profesionalidad que vivíamos en el OM no era ni mucho menos comparable a la que vivíamos en el fútbol español. El futbolista español es totalmente fiel y los contratos en España están mucho más delimitados y, en Francia, la seriedad y quizás la implicación de los jugadores con el club no tenía que ver. El más profesional de los que tenía era George Weah, que tenía 33 años. Muchos jugadores se negaban a jugar con 2 o 3 años de contrato, no querían jugar amistosos... La profesionalidad no era muy buena", destaca Javier Clemente al hacer un paralelismo entre el fútbol español y el francés.

Javier Clemente debutaría tres días después de aterrizar en Marsella ante el Saint-Étienne de un viejo conocido de la liga española, Benjamin Toschack. El ambiente que se vivió en el partido fue espectacular, evidenciando que la llegada de Clemente emocionaba y mucho a la afición del OM. El brasileño Adriano, conocido por jugar una final de la Copa Libertadores ante el Barcelona a un altísimo nivel y que jugaría con Clemente hasta enero, marcaría el gol de la victoria. Clemente se mostró muy satisfecho con dicho triunfo y fue un punto de inflexión para que el equipo enderezara el rumbo de la temporada.

"Es cierto que ganamos el primer partido, pero al equipo le faltaba un entrenador que le dirigiera. La disciplina no era la mejor posible. Al principio es cierto que trabajamos muy bien, cosechando grandes resultados. Jugar contra el Saint-Étienne, que era un equipo vecino con una rivalidad histórica detrás, era importante. El equipo tuvo dos meses francamente buenos, pero lo que pasa es que los jugadores, cuando ya se veían fuera del descenso tras un buen inicio conmigo, dejaron de ser profesionales y se dedicaron a otras cosas en vez de seguir compitiendo", resalta Clemente al preguntarle por sus inicios en el fútbol francés, que fueron francamente buenos.

Los mejores partidos del OM con Clemente hasta llegar a fin de año se vieron en el Vélodrome. El conjunto marsellés ganó los tres partidos que disputó con Clemente en el banquillo, con un ambiente muy caliente que recordó al mejor OM de la década de los 90, ganando partidos importantes como ante el AS Mónaco, en el que George Weah, al que Clemente siempre destaca como el más profesional del equipo, se erigió como el líder del equipo en ataque. Él y el liderazgo de otros como Belmadi, Gallas, Bakayoko o la jerarquía y pundonor de un joven Leroy se erigieron como los principales puntales del OM de Javier Clemente. Eso sí, el equipo pegó un bajón importante fuera de casa y el comienzo del año fueron los momentos más críticos de Clemente como entrenador del OM.

Gallas, un fijo en la defensa para Clemente (© Panini).

El OM encadenó varias derrotas, en parte, precedido por lo que decía Clemente de que los jugadores en la zona de confort se dejaban llevar como si la profesionalidad en el equipo no existiese. Dos derrotas ante Le Havre, equipo que estaba luchando por no bajar, tanto en Ligue 1 como otra en la Coupe de France, en la que los aficionados del OM habían puesto especial énfasis en ganar, volvieron a poner en entredicho el fichaje de Clemente. Javo, como le conocen en Marsella y en donde llegó a tener una efímera peña con su nombre, considera que la responsabilidad era más de los jugadores que suya, reconociendo que en ningún momento vio peligrar su puesto en Marsella.

"El inicio de año fue difícil, pero no había ningún problema conmigo y mi puesto de entrenador. En Copa la derrota fue dura igual que en la Ligue 1, pero el problema era más de plantilla que de calidad de los jugadores. Por ejemplo, un jugador (no especifica el nombre) venía a principios de semana a decirnos que estaba supuestamente lesionado, otro que no podía entrenarse, era un club delicado y para mí fue una sorpresa debido a la grandeza e historia que tenía el equipo. Se negaban algunos jugadores hasta a disputar los partidos amistosos, con lo que eso suponía dentro de un organigrama. Se salva George Weah porque era el único que ponía orden en el vestuario", destaca un Clemente que también afirma que había futbolistas en medio de la temporada negociando con otros clubes. Sorprendería la salida por "motivos personales" en enero de Adriano, uno de los jugadores más destacados del club y que concuerda perfectamente con las palabras de cosas raras que sucedían en Marsella como bien explica Javier Clemente.

A pesar de que el entusiasmo se había perdido, a Clemente todavía le faltaba por hablar en el campo con alguna exhibición táctica. El clásico por antonomasia de los últimos años del fútbol francés, el cual enfrenta al OM y al PSG, se lo llevó Javier Clemente, derrotando a "otro vasco" como Luis Fernández, que en aquella temporada había aterrizado en la capital parisina. La victoria sobre el PSG dejó claro que la plantilla del OM tenía potencial para hacer grandes cosas, pero que por circunstancias que tenían que ver más por motivos extradeportivos que futbolísticos, no había permitido rendir al equipo acorde a la calidad de sus futbolistas.

"Del OM salí muy contento. Hice todo lo que estaba en mi mano y el trabajo fue bueno. La plantilla estaba para entrar en UEFA, tenía a jugadores de muchísima calidad, el equipo que teníamos habría sido muy potente si todo el equipo hubiera remado en la misma dirección. La calidad del equipo era estupenda, desde principios de temporada tendría que haber estado peleando por la UEFA. Había muchos problemas, no sé si políticos o de qué índole, pero había muchos problemas internos. Unos se vincularon, otros no, pero me di cuenta finalmente de que los jugadores no se dedicaron 100% al proyecto", comentó.

Esta vorágine de acontecimientos desencadenaría pronto en la peor de las noticias posibles para Javier Clemente. Bernard Tapie, mítico presidente del OM caracterizado por darle al OM la primera Champions de la historia y también por amañar la Ligue 1 en la misma temporada, lo que provocó el descenso del club, volvía al equipo en forma de presidente. El OM en aquella situación militaba en la 14° posición, Clemente había hecho los deberes al sacar lo máximo de una plantilla de la que era imposible sacar más. La llegada de Tapie, un presidente con un ego tremendo que quería que se hicieran las cosas como él quisiera y cuando él quisiera, terminó por romper el sueño de Clemente de triunfar en la capital francesa del fútbol.

Bernard Tapie llegó al OM oficialmente el 9 de abril de 2001. El 10, Javier Clemente dejaba de ser entrenador del Olympique de Marsella. Tapie ya tenía premeditada la salida de Clemente en caso de volver a ser presidente del Olympique de Marsella, pues Tomislav Ivic, viejo conocido de la afición del Atlético de Madrid, iba a ser el sustituto natural del vasco tal como sucedería en abril de 2001.

"Nada más llegar Bernard Tapie al OM le dije: Oiga, mire usted, sé que viene usted con Ivic y ahora mismo el entrenador soy yo. Si usted quiere hacer las alineaciones del Olympique de Marsella, pues ponga a Ivic que yo no voy a estar a su merced". Como siempre, Clemente no deja indiferente a nadie.

Las palabras de cariño entre Tapie y Clemente se sucedieron antes de anunciar la marcha del técnico. Tapie alegaba que no le gustaba Clemente porque no conocía el idioma francés y porque no había dejado ni un buen recuerdo en todos los equipos por los que había pasado. Clemente afirmó en principio que su nombramiento era bueno, pero también que no iba a estar a disposición de nadie que le dijera a qué jugadores había que alinear por el simple capricho del presidente.

Clemente, fiel a sí mismo, volvió a explicar que los jugadores eran los máximos responsables. Le dijo a Tapie por teléfono -aunque se desconoce si le entendió el bueno del presidente- que, si el equipo estaba tan abajo, sería por algo, ya que son los jugadores los que juegan. Tapie no se lo pensó dos veces y puso a Ivic un día después de llegar como presidente. Clemente se fue con 12 partidos disputados, cuatro victorias, tres empates y cinco derrotas. El objetivo de salvar al equipo se había conseguido, pero nada más lejos de la realidad, los problemas en Marsella tuvieron una connotación mucho más amplia de la que los resultados dictaron.

El fracaso de Míchel en la era post-Bielsa

Catorce años después de la salida de Javier Clemente del Olympique de Marsella, José Miguel González Martín del Campo, más conocido como Míchel, aterrizaba en el Vélodrome. Los contextos de ambos entrenadores pueden considerarse como similares, pues mientras Clemente llegó con el equipo en crisis y cerca de las posiciones del descenso, Míchel aterrizaba en un equipo que había vivido una de las mayores espantadas de la historia del fútbol francés: la de Marcelo Bielsa en la primera jornada de la Ligue 1 2014-15 tras haber perdido ante el Caen. Bielsa se quejó de la falta de fichajes que le había prometido la directiva y abandonó el equipo en una situación crítica.

De forma interina hasta la llegada de Míchel, Franck Passi, adjunto de Bielsa, ocupó el cargo durante una jornada en la que el equipo perdió con estrépito por 1-0 ante el Reims, demostrando que la temporada iba a ser muy complicada para el club.

El 19 de agosto de 2015, Míchel era presentado como nuevo entrenador del Olympique de Marsella. Como ya hemos destacado en el capítulo de Marcelo Bielsa en su paso por Francia, el OM había perdido a prácticamente su once titular y tenía que reconfigurar en tiempo récord una plantilla para, por lo menos, intentar clasificar al equipo a Europa. En su presentación, Míchel prometió hacer un juego espectacular en el que el aficionado disfrutara con el mismo y devolver al equipo al lugar que merecía. Sus dos Ligas y una Copa con su equipo antecesor, el Olympiakos, fueron lo que valoraron los directivos del OM para acometer su fichaje.

El mercado de fichajes del OM no fue lo que digamos un mercado positivo. Es cierto que realizó varios fichajes de nombre como el de Lass Diarra (que venía de estar un año inadvertido en Rusia y por problemas judiciales con el Lokomotiv), Diaby, Rémy Cabella, Mauricio Isla -al que a Bielsa le prometieron traer y no llegó hasta que Míchel entró en el banquillo- o los jóvenes Karim Rekik y Javier Manquillo, el cual necesitaba minutos tras no poder gozar de ellos en el Atlético de Madrid. Sin embargo, la plantilla era tremendamente inferior a la que Marcelo Bielsa pudo degustar en el banquillo del Olympique de Marsella.

El debut de Míchel en el banquillo del OM no pudo ser mejor. El equipo al que enfrentaría el ex jugador del Real Madrid sería el modesto Troyes. El encuentro empezó algo flojo, aunque el OM se fue 1-0 al descanso. Tras el mismo, la avalancha de goles se desencadenó por completo en Marsella. Nada más y nada menos que cinco goles, en los cuales marcaron debutantes como Lass o Cabella para el 6-0. Esto iniciaría un período de elogios a Míchel. Obviamente, la euforia de ver a un entrenador nuevo y con una victoria en su primer partido es uno de los mayores tópicos del fútbol, pues la realidad de la temporada sería muy distinta a la vivida en su primer partido como técnico del OM.

Los primeros problemas para el OM de Míchel no tardaron en llegar. En el segundo partido del técnico, equivalente a la cuarta jornada de Ligue 1, el OM viajó a Guingamp para enfrentarse al colista de la competición, el cual no había marcado todavía un gol en todo el campeonato. La euforia del equipo con respecto al 6-0 en Troyes se difuminó por completo, pues el OM perdió 2-0 y eso que Mandanda tuvo que parar un penalti que no serviría de mucho. El equipo comenzó a tener problemas en defensa, se evidenció que Míchel en aquel momento necesitaba mucho más tiempo para encontrar la clave del equipo y el OM llegaría a la quinta jornada con tan solo una victoria en cuatro partidos, es decir, en una situación límite.

Apunten la siguiente fecha: 13 de septiembre de 2015. El OM venció por 4-1 al SC Bastia, gracias a los goles de Benjamin Mendy, Romain Alessandrini (en dos ocasiones) y Michy Batshuayi. El OM volvía a ejercer de equipo fuerte en casa, consiguiendo su segunda victoria en dos partidos y Míchel empezaba a probar cosas interesantes, como la posición de Isla de mediocentro defensivo y las permutas en ataque de Batshuayi, Alessandrini o Cabella, que hacían del equipo en ataque un conjunto muy dinámico. Pero sin duda lo más interesante era el ver a Lass Diarra recuperar su mejor nivel, lo que le llevaría en pocos meses a la selección francesa -habiendo anunciado su retirada años atrás- y siendo el eje del centro del campo del equipo de Míchel. Pero a lo que íbamos, el OM-Bastia sería un punto de inflexión para mal en Míchel, quien estaría una eternidad desde dicha jornada sin encadenar una victoria en el Vélodrome.

Cinco partidos seguidos sin conocer la victoria, entre ellos derrotas dolorosas como ante Angers en casa y la derrota en el clásico ante el PSG, el Olympique de Marsella se caracterizó por ser un equipo mucho más eficiente fuera de casa que en el Vélodrome. Victorias como ante Lille, Nantes, Saint-Étienne o Rennes en su campo evidenciaron que el de Míchel era un equipo bastante atípico en cuanto a resultados se refiere. Aun así, la afición del OM, que ya metía presión a Míchel, dejó para el recuerdo una imagen lamentable. En la jornada 6 de Ligue 1, OM y Lyon se enfrentaban en uno de los partidos más calientes de la actualidad del fútbol francés. Si el aliciente ya era espectacular, el hecho de que Valbuena retornara a Marsella con la camiseta del Lyon enfureció de forma espectacular a la afición del OM, a tal punto de colocar en el estadio un muñeco con su cara y una horca, de amenazarlo de muerte y de provocar en medio del partido (1-1 final) la suspensión por no permitirle sacar un córner. Además, ex compañeros suyos y todo el equipo no le dejaron ni respirar, por lo que Míchel, el cual estaba satisfecho del equipo, vivió un partido caliente que ya evidenciaba que para entrenar al OM hay que saber dominar al vestuario y, sobre todo, a la afición.

Míchel, que seguía sin convencer a nadie y que provocó una reducción de la afluencia de aficionados al estadio, terminó en 10º posición la primera vuelta de la Ligue 1. En Europa, el club, pese a haber hecho una fase de grupos de Europa League muy dubitativa en un grupo con Slovan Liberec, Groningen y Braga, en la que pasó a duras penas para enfrentarse después a un Athletic de Bilbao que, con un golazo de Aduriz en el Vélodrome y un empate sufrido en Bilbao, eliminó al OM de dieciseisavos de la Europa League.

Los primeros rumores de la marcha de Míchel no tardarían en llegar en febrero. *Le Phocéen*, diario más afín y cercano al Olympique de Marsella, propuso una lista de 25 entrenadores en la que aparecía Zinedine Zidane, entre otros, entrenador que fue propuesto por Florentino Pérez al OM justo tras la salida de Bielsa y que empezó a sonar fuertemente para fichar por el club. Dios sabe qué hubiera sido del Real Madrid si Zidane hubiese reemplazado al argentino.

A Míchel también se le acumularon los problemas en medio de la temporada cuando empezó a sonar fuertemente Jorge Sampaoli para entrenar al OM. Los medios de comunicación comenzaban a ver peligrar, ya no que el OM no disputara Europa a la temporada siguiente, sino que el equipo se mantuviera en Ligue 1. Las victorias en casa no llegaban, fuera tampoco (de febrero a abril en Ligue 1 no consiguió los tres puntos en ninguna ocasión) y los aficionados pedían cada fin de semana su marcha. Pasar del amor del Loco Bielsa al odio a Míchel en apenas un año había sido un gran problema para el equipo, que nunca encontraría estabilidad con Míchel. El técnico español ridiculizó a su manera a la directiva, dejando sin minutos a Lucas Silva -cedido por el Real Madrid y al que dejó inadvertido en 2016 como dejando entrever que no había pedido su fichaje- y no alineando en varios encuentros a Michy Batshuayi de inicio.

Rolando, De Ceglie y Steven Fletcher, el "9 deseado" que pidió Míchel en enero y que apenas marcó goles en el OM, o el citado Lucas Silva fueron varios de los ejemplos de fichajes que a Míchel no le dieron nivel durante toda la temporada.

El 11 de abril de 2016, *BeIN Sports Francia* anunciaba un rumor de que Míchel le había pedido al OM salir y que el club le había respondido rotundamente no, alegando que tenía que comerse el marrón hasta cumplir su contrato. En un partido en casa en abril, aficionados saltaron la valla de seguridad del equipo en modo de protesta de que el club no hubiera destituido al técnico todavía. Lo que parecía un cuento de hadas se estaba convirtiendo en un auténtico infierno para el cuerpo técnico, ya que el OM llevaba desde el 2 de febrero sin conseguir la victoria.

A seis puntos del descenso, sin apenas haber podido dejar su sello y con unas semifinales de la Coupe de France como resultado más destacado, el OM finalmente cedió a las presiones externas y se vio obligado a destituir a Míchel, o esa versión dio el club en un comunicado oficial. Los rumores añadidos de la posible venta del club por parte de la familia Louis-Dreyfus y las presiones internas y externas provocaron que el OM sacara un comunicado admitiendo que le despedían, cuando *RMC* y *L'Équipe*, dos diarios deportivos franceses, habían amanecido anunciando que Míchel presentaba su dimisión y que no le marchaban.

De forma sorprendente, el OM le abría un expediente a Míchel por comportamiento para intentar justificar su destitución y que las malas lenguas no pensaran que era una decisión arbitraria. Sorprende, pues Míchel días atrás había manifestado su deseo de seguir en el OM al tener un contrato en vigor y el hecho de querer triunfar en el equipo. Por lo que su marcha es un misterio que a día de hoy sigue sin resolverse. Pero en el cómputo global, su periplo en Marsella fue decepcionante.

Óscar García, crónica de una muerte anunciada

Difícilmente se vivirá una situación similar a la que tuvo Óscar García en su breve estancia en el Saint-Étienne durante la temporada 2017-18. El ex jugador del Barça, entre otros, caracterizado como entrenador por su impresionante trabajo en el RB Salzburgo, en el cual realizó un juego vistoso, directo, de posesión y transiciones rápidas y ejemplo para muchos entrenadores de Europa, ficharía por el Saint-Étienne en verano de 2017 por dos temporadas. El ASSE lo definió como "un entrenador de gran dimensión internacional capaz de desarrollar un fútbol bonito". Romeyer, presidente del Saint-Étienne, estaba totalmente convencido de que triunfaría por su fútbol directo en una ciudad que venía de su etapa más gloriosa durante el presente siglo.

Saint-Étienne era una plaza perfecta para Óscar García. El equipo de Ródano, pionero del fútbol francés y en un barrio obrero, había disputado una final de la Champions League en 1976 para después diluirse poco a poco en el fútbol francés. En el presente siglo, el hecho de haber disputado la Ligue 2 provocó una crisis inmensa en el club hasta que llegó Christophe Galtier, técnico al que Óscar García tenía la difícil tarea de sustituir en el banquillo *vert*. El estilo de Galtier durante ocho temporadas no fue el más vistoso del mundo, es más, el equipo se caracterizaba por defender muy cerrado y aprovechar las pocas ocasiones que tenía para ser eficientes. Así, aunque tuviera muchos detractores, el técnico colocó al ASSE en lo más alto de Francia tras conseguir la Coupe de la Ligue de 2013, habiendo eliminado al PSG del jeque en el camino y consiguiendo un título para la entidad prácticamente tres décadas después del anterior. Por lo tanto, la papeleta de asumir el cargo de técnico del Saint-Étienne no era para nada una tarea sencilla.

Pasar de un estilo de juego en el que no predomina la pelota a otro en el que el juego directo y ser protagonista ocupan la mayoría del mismo iba a ser un trabajo duro para el ASSE. A Óscar García le llegarían los primeros problemas en el mercado de verano, pues se le marcharon los dos medios más técnicos del equipo (Jordan Veretout y Henri Saïvet, a los cuales el club no ofreció una oferta después de estar cedidos) y llegarían perfiles de jugadores muy específicos para reforzar el medio. Diousse, medio del Empoli, llegaba para ser el pivote defensivo del club sin ser un medio que se caracterizara por su técnica. Cabella, que era mediapunta, era un futbolista para jugar a la contra en transiciones muy rápidas y Hernani, volante, nunca llegó a demostrar lo que prometía en Francia. Por tanto, Óscar García tuvo que adaptarse al tipo de jugadores que le había traído la directiva en un principio sin haber pedido dichos cortes de futbolistas.

Otro problema con el que se encontraría Óscar García sería en la delantera. Desde la marcha de Pierre-Emerick Aubameyang en 2014 con destino Dortmund, el AS Saint-Étienne no ha tenido un goleador puro que pudiera decidir partidos. Ahí empezó el declive de la etapa de Galtier como entrenador del club y a Óscar García, a cual le trajeron a Diony por bastantes millones de euros para lo que pedía, este problema fue otro de sus principales detonantes en el club. Diony se marcharía a final del mercado de fichajes de 2018 de enero sin haber marcado un solo gol con la camiseta del club, cuando venía avalado en la temporada precedente en el Dijon FCO.

Pero no todo tenía que ser malas noticias para el Saint-Étienne. Óscar García, ante la imposibilidad de poder ejercer su fútbol en base a las características de los jugadores, comenzó jugando con un 4-3-3 muy pero que muy definido. Darle la pelota al rival en campo propio, presionar de forma asfixiante cuando la pelota estuviera en el centro del campo y salir en apenas tres toques para iniciar transiciones fueron sus principales premisas en los primeros partidos. Nadie imaginaría su brutal inicio de temporada, mediante el cual consiguió tres victorias en sus tres primeros partidos (1-0 ante el OGC Nice, 1-0 ante el SM Caen y 1-0 ante el Amiens) sin encajar un solo gol y realizando un fútbol pragmático, muy rápido en transiciones y con una solidez defensiva que sorprendía. Jonathan Bamba, que volvía de cesión en el Angers, se erigió como el goleador ante la falta de delanteros en el club, Diousse parecía que funcionaba en el medio, Cabella comenzaba a despuntar en una posición liberada en la mediapunta y Perrin seguía siendo un líder en defensa.

El primer gran partido para Óscar García llegó en la cuarta jornada, cuando el ASSE visitó al PSG con el liderato en juego. La primera parte dejó muy claro que Óscar García es un técnico maravilloso, pues el marcaje mixto (individual, pero en zona a la vez) en la banda derecha con Pierre-Gabriel y Janko sobre Neymar dejaron en muchas dificultades al PSG en la primera mitad. A pesar del resultado (perdió 3-0), el ASSE miró a la cara a un equipo que, por plantilla, era muy superior. Sin embargo, las buenas sensaciones ante el PSG no servirían de mucho en las jornadas posteriores.

En el apartado táctico, Óscar García seguía sin conseguir la brújula en el ASSE. Su inicial 4-3-3, que llegó a transformarse en un 3-5-2, pasando a jugar con laterales muy largos en el que replegaba con cuatro defensas para que uno de sus laterales (ya fuera Gabriel Silva, que llegó del Granada o Janko-Pierre Gabriel) subiera con mucha contundencia y eso generara espacios para abrir las defensas, no convencería en los posteriores partidos. Dos victorias de los ocho encuentros siguientes dejaban en evidencia que la plantilla era bastante limitada para todo lo que proponía el técnico. Pero no todo se reducía en el campo, los problemas deportivos se extrapolaban a la ciudad deportiva, donde el técnico catalán intentó implantar unos métodos que ni la directiva ni el presidente decidieron ejecutar, considerando absurda la propuesta de su empleado.

Óscar García comenzó a tener problemas con la directiva del Saint-Étienne nada más pedir una cámara. Sí, una simple cámara para grabar sus entrenamientos, poder verlos repetidos y así variar algunas decisiones en base a los entrenamientos. Romeyer, que le pidió muchísimas explicaciones en base a esta petición, acabaría cediendo, pero los problemas acababan de comenzar. García pidió mejorar las instalaciones de la ciudad deportiva del Saint-Étienne también. El césped en el que se entrenaba el equipo no estaba en las mejores condiciones y eso impedía a Óscar entrenar automatismos de cara al fútbol que quería practicar los fines de semana en Francia. Todo se le puso en su contra y su primer derbi como entrenador del Saint-Étienne fue la crónica de una muerte anunciada.

El técnico catalán Óscar García Junyent (© Panini).

A pesar de la mala relación con la directiva y de los malos resultados, el Saint-Étienne seguía ocupando las seis primeras posiciones de la tabla

de la Ligue 1 Conforama y su posición en la tabla no se correspondía en absolutamente nada con la plantilla del equipo. Óscar García llegaba a quizás el partido más importante hasta el momento como técnico del equipo vert, nada más y nada menos que un Derby du Rhône, uno de los derbis con más historia del fútbol francés y con mayor rivalidad en los últimos años. Saint-Étienne representa el trabajo, el barrio obrero y el sudor en el barro mientras que Lyon, símbolo del capitalismo francés, representa la ciudad lujosa, rica, en la que nada se ensucia, sino que se prefiere el glamour antes que el sudor. Sin duda, todo lo que no fuera ganar al Lyon iba a ser malas noticias para el ex técnico del juvenil del Barcelona.

ASSE y Lyon se enfrentarían en un partido frenético. El partido empezó por retraso debido al brutal ambiente en la grada, en el cual la niebla provocada por la pirotecnia no permitía visibilidad a los jugadores. Tras un inicio muy fuerte del ASSE, un error tremendo en un córner de Hamouma -el cual se lesionaría a los 3 minutos y lastraría muchísimo al equipo- provocaría el 1-0 de Memphis Depay. A partir de ahí, todo fue de mal en peor para el ASSE. Nabil Fékir, desatado, marcó un golazo que dejó muy tocados a los de Óscar García. Para más inri, tras el 2-0 del descanso, una brutal entrada sin sentido de Lacroix, central suizo del ASSE, dejó a los suyos con un jugador menos, lo que provocaría una hemorragia que no se cerraría nunca durante toda la noche. Mariano Díaz y Bertrand Traoré marcarían el 4-0 y la puntilla llegaría con Nabil Fékir, quien, tras marcar su segundo gol de la noche, provocaría a la afición del Saint-Étienne celebrado su gol a lo Leo Messi en el Clásico, en el cual enseñó su camiseta al público rival. La celebración desató la rabia de los ultras del ASSE, no solo por la humillación, sino porque el equipo estaba en una situación límite. Ultras bajaron al terreno de juego a pegar a los aficionados del OL y hasta alguno salió a reprochar a los jugadores del Saint-Étienne su esfuerzo. Se reanudaría el partido tras el 5-0 para jugar los cinco minutos restantes del partido. Óscar, hundido, se negó a decir si iba a continuar o no en el equipo. Pero todos sabíamos que esa derrota provocó el punto y final de su etapa como entrenador del Saint-Étienne.

El 14 de noviembre de 2017, Óscar García presentó su dimisión como técnico del Saint-Étienne. La situación con los jugadores también había llegado a un momento límite, pues muchos de ellos no entendían algunos métodos (*made in Barça*) que había intentado imponer en el equipo. Su mala relación con la directiva, la cual tampoco entendía las peticiones de Óscar, y las críticas continuas de la prensa, conocida su animadversión hacia cualquier técnico de no habla francesa, terminaron de dejarle a la deriva en el fútbol francés. Eso sí, su trabajo fue impecable, al saber sacarle rédito a una plantilla con unos recursos muy limitados.

Los dos años de Unai Emery en París

"En cada club debes saber qué papel juegas y qué rol le asignas al resto del grupo. Mi opinión es que en el PSG el líder se llama Neymar. O más exactamente, el líder se llamará Neymar, porque él se está convirtiendo en eso. Neymar llegó al PSG para ser el líder, para vivir el proceso necesario para convertirse en el número 1 del mundo. Este es un proceso que aún falta un poco de tiempo para consolidarse. En el Manchester City, el jefe es Pep. En el PSG, el líder debe ser Neymar", afirmaba Emery a la revista *The Tactical Room* al hacer balance de cómo lidiar en el vestuario con un crack como Neymar nada más salir del PSG. La gestión de los egos, las individualidades y los caprichos de algunos futbolistas terminaron por dinamitar sus dos temporadas en el banquillo parisino, en el que nunca tuvo el apoyo fiel del vestuario ni tampoco de la directiva del PSG.

El 28 de junio de 2016, Unai Emery era oficializado como nuevo técnico del PSG. La era de Laurent Blanc al frente del equipo había sido magnífica pero no perfecta, pues el entrenador que llega en los últimos años al conjunto capitalino es consciente de que poco importa lo que haga en el ámbito nacional, ya que todo lo que no sea ganar la Champions League se es considerado un fracaso. Blanc, que realizó un fútbol de toque, de posición y con la pelota como protagonista, fue durante varias temporadas una apisonadora. Ganó en sus años como técnico del PSG todos los títulos a nivel nacional y no dejó ni respirar a sus competidores. Solo le faltó ser más contundente en la competición europea, en la cual siempre llegó a cuartos de final, pero nunca pasó de dicha ronda. Partidos como el del Chelsea en 2014, en el cual decidió defender antes de marcar un gol, o su última eliminatoria de Champions ante el Manchester City, en la cual jugó con un esquema de tres defensas que no había utilizado hasta entonces, fueron varias de las pegas que se le pueden poner a su exitoso paso por el PSG. Por tanto, Emery no iba a tener una papeleta sencilla con Blanc, pues por mucho que dominara en Francia lo importante se iba a ceñir a la Champions League.

"Estoy muy orgulloso ante esta oportunidad que me brinda el PSG. El club se ha convertido en uno de los más grandes de Europa durante las últimas temporadas, por lo que me siento feliz y es un honor poder contribuir a que sus grandes ambiciones se hagan realidad", declaraba Unai Emery en su presentación como técnico del PSG. Su primer problema con el que lidiar iba a ser el de sustituir a Zlatan Ibrahimovic. El gigante sueco fue un abusón en la Ligue 1 durante todo su periplo en la misma y su salida provocaba una baja prácticamente insustituible para Emery, el cual pidió varios refuerzos "no tan mediáticos" para equilibrar al equipo con la baja de su estrella. Así llegarían Kryrchowiak,

al cual Emery había tenido en el Sevilla y que había sido decisivo en una de las tres Europa League consecutivas que ganó al frente del club hispalense; Ben Arfa, el cual venía de recuperar su mejor nivel en el OGC Nice; Jesé, al cual Emery pidió para intentar recuperar el nivel del de antes de su lesión en el Real Madrid; Meunier, uno de los laterales con más proyección de Europa y que venía de una Euro fantástica en Francia, y Lo Celso, una de las mayores promesas del fútbol argentino y al que Emery le daría protagonismo paulatinamente. Fichajes que no dieron el salto cualitativo que Emery hubiera deseado.

Emery comenzó en París su andadura cambiando el sistema de Laurent Blanc. El técnico vasco jugaría sus primeros partidos con un 4-2-3-1, caracterizado por la profundidad en las bandas y la presión intensa tras pérdida del rival. El 4-3-3 de Blanc, que hacía mucho más hincapié en el juego de transición pasando por el centro del campo, se evaporó en un equipo que era mucho más directo, sobre todo por las bandas que formaban Aurier y Kurzawa. Los laterales, como a lo largo de toda su carrera, fueron también un puntal importante para Emery en el PSG. Tal fue así que Emery se llevó su primer título como entrenador tras un destrozo por 4-1 al Olympique Lyonnais, provocando una euforia que se iría reduciendo con el paso del tiempo.

Tras debutar con victoria en la difícil Córcega (1-0 ante el SC Bastia) y un triunfo por 3-0 ante el Metz, Emery tendría ya su primera final de la temporada en Mónaco. El equipo de Jardim, principal rival del PSG en la lucha por el título, tenía un equipo muy fortalecido y estaba ya preludiando que podía pelear por el título. El Mónaco le dio el primer susto a Emery tras ganar por 3-1. Lo peor no fue el resultado, sino las sensaciones negativas que el equipo parisino había demostrado en el campo. Poca actitud, poco fútbol y un repaso táctico de Jardim a Emery que recordó el poco rédito que había tenido Emery a lo largo de su carrera en España en los partidos importantes. El susto no se quedó ahí, ya que, en la jornada siguiente, el PSG empató ante el Saint-Étienne (1-1) con un gol de Beric en el último minuto y empezó a desatar las primeras dudas respecto al técnico español.

Los problemas deportivos comenzaron a trasladarse al vestuario. Muchos jugadores se quejaron del sistema del técnico y pidieron volver al 4-3-3 de Blanc, que Emery no tardó en utilizar ante los malos resultados. Los problemas seguían acumulándose con varios jugadores como Hatem Ben Arfa. El ex del Nice rechazó una oferta del Sevilla para ser titularísimo para jugar en el PSG. Sus problemas con Unai Emery le llevaron a Ben Arfa a no ser convocado por decisión técnica y a tener un protagonismo nulo con el PSG. También, la revista *France Football*, en una edición del mes de octubre de 2016, le dedicaba las siguientes palabras a Emery: "Unai Emery es un pirómano. Intransigente, empecinado, provocador y seductor, al entrenador del

PSG le gusta revolucionar los hombres y los códigos. Incluso, a veces, prende el fuego. Un método asumido... Y que puede resultar ganador", relataba la revista francesa cuestionando los métodos de Emery.

El entrenador vasco Unai Emery (© Panini).

Otra derrota en Toulouse en la jornada 6 (2-0) volvió a poner en entredicho a Emery. Su toma de decisiones no estaba siendo correcta y no solo eso, sino que ante resultados adversos no sabía cómo reaccionar. Su obsesión con dominar todos los detalles en un partido le llevó a realizar decisiones bastantes extrañas, como la de colocar a Matuidi de extremo en el Emirates ante el Arsenal para seguir la marca de Bellerín o la de terminar con dos laterales con resultado a favor y dominando el encuentro, algo que ya hacía en Sevilla con el famoso Coke-Mariano. Aun así, en Europa, pese a no ganar al Arsenal, iba a llegar a la última jornada dependiendo de sí mismo para ser líder de grupo.

Los dos últimos meses de 2016 volvieron a dejar evidenciado que Emery no se encontraba del todo a gusto en París. Tras encadenar cinco victorias consecutivas y estar peleando ya de tú a tú la Ligue 1 contra AS Mónaco y OGC Nice (la revelación hasta marzo de la Ligue 1, con permiso del AS Mónaco), Emery volvería a dejar dudas en los partidos clave. En Ligue 1 perdió ante el Montpellier en su peor derrota como entrenador del PSG en liga (3-0), empató ante el Nice tras los de Favre darle un repaso en los primeros 45' (salvado por dos goles de Cavani para el 2-2) y perdió 2-1 ante el modesto EA Guingamp en otro partido en el que los problemas defensivos, sobre todo en portería, en la que Aréola encajaba gol por cada disparo a puerta recibido.

Pero la gota que colmó el vaso llegó en Champions. El PSG dependía de sí mismo en la última jornada para ser primero de grupo y el rival

invitaba al optimismo. El Ludogorets visitaba el Parque de los Príncipes con el único aliciente de poder clasificarse para la Europa League. Emery se mostró confiado, pero lo que no sabía es que dicho encuentro le iba a lastrar durante toda su estancia en el PSG. El PSG no pasó del 2-2, con un gol de Di María en el último minuto y confirmaría lo que nadie quería oír: sería segundo de grupo y su rival sería el Barcelona en los octavos de final. En Ligue 1, el equipo terminaría tercero la primera vuelta por detrás de AS Mónaco y OGC Nice.

El inicio de 2017 fue el mejor tramo de fútbol del PSG de Emery en su primera temporada. El 4-3-3, que recordó y mucho al de Blanc, se había asentado como el once del equipo. El foco de atención se centraría en el partido de Champions ante el Barcelona, al cual Emery no había ganado todavía como entrenador. La oda al fútbol que se vivió en París fue uno de los mejores partidos de la historia del PSG. El Barcelona no supo cómo atacar al PSG y recibió un correctivo por 4-0. Rabiot, de pivote defensivo, realizó un partido memorable, así como el joven Kimpembe, que mostró una serenidad increíble como defensa. Di María recordó al mejor Di María de la etapa del Real Madrid (doblete y partidazo) y Draxler, fichaje de invierno junto a Guedes, le dio la noche a Sergi Roberto. Muchos se atrevieron a pronosticar al PSG como favorito a ganar la Champions y muchos fueron tan ingenuos de dar ya al PSG como cuartofinalista del torneo.

Antes de la vuelta en el Camp Nou, los jugadores del PSG mostraron en un vídeo una falta de ambición importante en un equipo que quiere ganar una competición europea. En este, Verratti salía comiendo pizza con Meunier o Matuidi, entre otros, y el italiano juró en la misma mesa que perder por 5-1 en el Camp Nou era motivo de felicidad simplemente porque el equipo iba a estar clasificado. ¿Se imaginan a un aficionado firmando una goleada en contra simplemente para pasar de ronda de una competición? Difícil de pensar.

El partido del PSG en el Camp Nou no pudo ser más caótico. Emery planteó un partido para defender con una plantilla hecha y moldeada para ser protagonista. En el post-partido, la prensa especuló (sobre todo *L'Équipe*) con que Thiago Silva le había recriminado a Emery en el vestuario el planteamiento. Además, en Francia afirmaron que Emery había planteado un partido de repliegue, pero de no encerrarse y que los jugadores entendieron que el partido se tenía que jugar en el área del PSG todo el rato. Sin ser una oda al fútbol, el Barcelona se llevó un 2-0 al descanso en dos errores del PSG. El primero, tras una media salida de Trapp en la que Suárez aprovechó la inocencia parisina, y el segundo, tras un error defensivo en el área pequeña que Iniesta aprovechó y Kurzawa se marcó en propia puerta.

La segunda mitad comenzó con polémica. Meunier cometió un penalti muy dubitativo sobre Neymar que Leo Messi transformaría.

Cavani, en una jugada a balón parado, daba respiro al PSG. Con 3-1, el Barcelona necesitaba tres goles para pasar de eliminatoria, algo prácticamente imposible, pero la sensación que dio el PSG en el campo era la de seguir renqueando y dudando de su pase a la siguiente ronda. Por ello, cuando en el minuto 88 Neymar marcó de falta, los fantasmas se transformaron. Desde el 3-1 del PSG, el equipo de Emery apenas dio cuatro pases en combinación y, tal como dijo Verratti al finalizar el partido, el escenario se les comió y no podían ver ni una pelota para robarla. Neymar, tras otro penalti algo dudoso de Marquinhos sobre Suárez, puso el 5-1. Antes, Mascherano -que lo reconocería en rueda de prensa- cometió un penalti sobre Di María no señalado en un uno contra uno del argentino ante Ter Stegen que habría sido la sentencia de la eliminatoria.

Marco Verratti, el mismo que había firmado un 5-1 en contra comiendo pizza días antes del partido de vuelta, cometió una falta absurda sobre Ter Stegen en el último minuto de la prolongación. Lo que sucedió a dicha falta fue una catástrofe. Un centro tras segunda jugada en la falta fue rematado por Sergi Roberto. Aurier, que ya estaba en otra dimensión, decidió no seguir la marca. El 6-1 fue un ridículo histórico tras el 4-0 de la ida para el PSG. Aun así, Emery se excusó en rueda de prensa, desviando responsabilidades hacia el árbitro del partido -que tuvo incidencia, pero no toda de la derrota del PSG- y, aunque todos los aficionados le pidieron dimitir, Nasser Al-Khelaïfi decidió darle una oportunidad.

La eliminación del Barcelona en Champions truncó prácticamente toda la temporada del PSG. No había partido en Francia en el que a Emery en rueda de prensa no le recordaran el partido y poco importó que ganara dos Copas -la Coupe de la Ligue con una exhibición por 4-1 ante el AS Mónaco y la Coupe de France ante el Angers en el último minuto por 1-0-, ya que en Ligue 1 volvió a dejar las mismas dudas en los partidos importantes. El AS Mónaco, rival a batir que estaba intratable tanto en Ligue 1 como en Europa -pisaría semifinales-, le empató 2-2 en París con un gol de Bernardo Silva en el último minuto. Las críticas en portería se sucedían, ya que Areola no daba el nivel esperado y Trapp era una incógnita. El Mónaco no cedería más en toda la Ligue 1 y el PSG se dejaría otra vez puntos en partido clave ante el OM (0-0 en casa) y en Niza (derrota 3-1; Emery decidió que Matuidi jugara de lateral izquierdo en la segunda parte, banda por las que llegaron los goles del Nice), para perder la primera Ligue 1 del jeque desde la que ganó en 2012 el Montpellier en su primera temporada. El balance, a pesar de los tres títulos, no era satisfecho para Emery.

El verano de 2017 del PSG fue el más explosivo de la era Al-Khelaïfi. Lo que comenzó como un intento del Barcelona de fichar a Verratti se terminó con una contrajugada maestra del jeque. El Barcelona fue

a por Verratti a París pero se quedó con la negativa del jeque, que golpearía como venganza de la eliminación de Champions yendo a por Neymar a Barcelona. El deseo del brasileño de no estar a la sombra de Leo Messi, de ser el líder de un equipo con aspiración a ganar la Champions y la posibilidad de cobrar mucho más que en el Camp Nou llevó a Neymar aceptar la oferta del PSG y a convertirse en el fichaje más caro de la historia del fútbol por 220 millones de euros. Además, el PSG le robaría al Real Madrid a la mayor perla del fútbol europeo: Kylian Mbappé llegaba del Mónaco con 18 años tras meter al equipo en unas semifinales de la Champions League y arrebatarle la Ligue 1 al PSG de Emery.

También llegaría el lateral izquierdo de la Real Sociedad, Yuri Berchiche y un jugador que podría aportar la experiencia suficiente al equipo en Europa: Dani Alves. El PSG ya no tendría excusa en la Champions League. La llegada de Neymar suponía una auténtica revolución en París. El brasileño, al que Emery siempre intentó hacerle feliz, tendría que ser ese futbolista que por fin le diera una Copa de Europa a la capital de Francia. Pero como todo proyecto de dinero en el que los automatismos no están tan claros, no todo es coser y cantar.

La Ligue 1 para Emery esta vez sí fue un paseo. El AS Mónaco, con Kylian Mbappé en el conjunto parisino, no fue rival durante toda la temporada para el PSG. La victoria por 2-1 en el Louis II con un Neymar desatado confirmó los presagios de la superioridad del equipo en el fútbol francés. Tácticamente, el PSG ganó mucha riqueza en cuanto a variedad de jugadas a balón parado -sello absoluto de Emery y quizás junto a la influencia de los laterales lo más destacado de su etapa en París- y se mostró mucho más sólido en defensa. En ataque, Cavani, Neymar y Mbappé formaban un tridente demoledor que conseguiría en Europa el récord de goles en fase de grupos con 22. Destrozar a Celtic y Anderlecht con goleadas ridículas y también al Bayern le mandó el primer mensaje de que iban en serio en Europa: venció 3-0 a los alemanes en París. Aun así, Emery volvió a dejar muchas dudas con su derrota 3-1 en Alemania debido a la falta de recursos para volver a sacar adelante un partido. La mala noticia de quedar primeros de grupo fue la de enfrentarse al Real Madrid, campeón de las dos últimas Copas de Europa, en los octavos de final. Otro año, el sorteo le había puesto en un aprieto a Emery.

En un equipo de estrellas, lo complicado es mantener a todas contentas. El primer problema con Neymar llegaría en un PSG-Olympique Lyonnais en septiembre de 2017. El partido fue muy duro para el PSG, aunque finalmente acabaría ganando 2-0. Hasta ahí todo bien. En el minuto 74, Kylian Mbappé provocó un penalti y ahí es donde comenzaron los problemas. Neymar y Cavani intercambiaron varias palabras: el uruguayo, que era quien disparaba los penaltis antes de la llegada del brasileño, no se lo pensó dos veces para lanzarlo. Neymar le lanzó varias miradas desafiantes y la tensión aumentó cuando Cavani falló el penalti. La situación era idónea para la prensa, quien aseguró y dejó entrever que las relaciones entre ambos no eran fructíferas. Emery se encargó de tranquilizar a los aficionados al decir que ambos podían tirar los penaltis de forma repartida y que era normal que quisieran marcar gol en esta situación porque eran dos ganadores.

Neymar, el fichaje más caro de la historia del PSG (© Panini).

Con viento en popa y a toda vela en la Ligue 1, la eliminatoria de octavos de final del PSG iba a marcar el futuro de Emery. El entrenador, días antes de la misma, afirmó en *Universo Valdano* que estaba convencido de que el PSG iba a pasar de ronda. "Estamos mejor preparados que el año pasado ante el Barcelona. Hemos aprendido de los errores y espero que si el PSG gana su primera Champions sea conmigo en el banquillo", afirmó con rotundidad. Parecía en aquella entrevista que el entrenador no iba a caer en los mismos errores que en los octavos de final de 2017 en el Camp Nou.

Emery estaba realizando varias pruebas de cara al partido previo ante el Real Madrid. Rabiot, conocido por su floja mentalidad, había pedido al técnico que quería jugar por delante del pivote defensivo y no como tal. Emery, con tal de no generar perturbaciones en el vestuario, accedió a la petición y empezó a jugar con Lo Celso de mediocentro defensivo para mejorar la salida de balón del equipo. El experimento en Ligue 1 funcionaba a trompicones, pero en el Bernabéu se vio que no era un jugador capacitado para ejercer como tal.

Emery dio la primera sorpresa en el Bernabéu: Thiago Silva, capitán del club, iba a ser suplente. La prensa, como siempre, rumoreó con que el brasileño se había negado a entrenarse con los suplentes ante tal decisión. Con respecto a lo demás, la inclusión de Lo Celso de pivote en un escenario tan importante sorprendió también. El Real Madrid, que tenía ya la Liga perdida y que estaba eliminado de la Copa, aunó todos sus esfuerzos en la Champions League. Pese al gol inicial del citado Rabiot y, ante un PSG que se mostró muy seguro de sí mismo, el Real Madrid empataría antes del descanso en un penalti muy dudoso de Lo Celso -superado por el escenario- sobre Kroos que transformó Cristiano Ronaldo. En la segunda parte, el PSG siguió bastante fiable, acorralando al Real Madrid pero sin conseguir hacer daño. Emery, otra vez fiel a sí mismo, quitó a Cavani para meter a Meunier y terminar con dos laterales ante el Real Madrid. Para su colmo, el Madrid marcaría dos goles en los minutos finales por la banda en la que Emery se había reforzado. En rueda de prensa posterior al partido, Emery se quejó del árbitro para intentar volver a dejar claro que la responsabilidad no había sido suya. No sacar ni un minuto a Di María en el mejor momento de la temporada para el argentino fue objeto de muchísimas críticas por parte de la prensa francesa.

Las malas noticias seguían en París. Neymar Jr., jugador al que se había aferrado en redes sociales el PSG con el famoso lema *Dream Bigger*, se lesionaba de gravedad en su pie derecho en un partido ante el Olympique de Marsella. Neymar, a pesar de que se rumoreó que podía infiltrarse para el partido, no jugaría en toda la temporada para reservarse de cara al Mundial de Rusia. Para Emery, la noticia era la peor de todas las posibles, pues perdía a su jugador más desequilibrante en una parcela importante del campo.

El PSG volvió a ser el mismo equipo de siempre ante el Real Madrid. Nunca dio la sensación de poder remontar ante un rival en el que la experiencia en esta competición le sale por los costados. El triunfo por 2-1 volvió a reflejar que en la Champions de poco sirve tener a los mejores jugadores si no tienes esa picardía y experiencia necesaria en la competición. Emery volvió a salir muy castigado, firmó su sentencia como entrenador y tuvo que meter a Lass con 1-2 para no encajar más goles, debido a que Marco Verratti se autoexpulsó en la segunda parte ante el Real Madrid. Todo el trabajo de la fase de grupos se tiró por la borda y el PSG prácticamente dijo adiós a la temporada.

Al-Khelaïfi decidió aguantar con Emery a final de temporada, aunque estuvo pronto de destituirlo para meter como interino a algún ex jugador del equipo -Camará y Maxwell sonaron para sustituirlo a final de temporada-, pero la realidad era la que era: Emery no iba a seguir al frente del banquillo hiciera lo que hiciera en el panorama nacional. Ni la Ligue 1 ni las dos Copas (Coupe de la Ligue y Coupe de France) le sirvieron para continuar en París. Se fue quizás injusto con él, porque trabajó muy bien con los jóvenes, dejó su sello a balón parado y supo darle solidez táctica al equipo, pero en el PSG, si no llegas lejos en Champions a día de hoy, es sinónimo de no seguir como entrenador.

Capítulo 5.

Personalidades del balompié francés

El deporte rey en Francia comenzó a popularizarse y extenderse por todo el país a finales del siglo XIX procedente de Inglaterra. La Federación nació en 1919 y con ella los campeonatos nacionales, primero en una etapa amateur y ya en la década de los 30 de forma profesional. Desde entonces numerosas personalidades han trabajado por el bien del fútbol y su desarrollo en territorio galo, ya sea en la parcela técnica, deportiva, administrativa o como grandes gestores.

Presidente de la FFF y de la FIFA

Jules Rimet es probablemente el dirigente de mayor prestigio de la historia del fútbol a nivel federativo. Un hombre que impulsó el Mundial y que popularizó el deporte rey a casi todos los puntos del planeta.

Apasionado del balompié, no lo practicó en demasía y su primer contacto con este deporte lo tiene en 1897, fecha en la que junto a su amigo Modest y varios amigos fundase el mítico club Red Star FC de Saint-Ouen, una comuna localizada al norte de París. Unos años más tarde presidiría la entidad desde 1904 a 1910 al suceder a Jean de Piessac.

A principios del siglo XX también ostenta la dirección de la USFSA (Unión de Sociedades Francesas de Deportes Atléticos), una organización que ayuda en la fundación de la FIFA en 1904. El dirigente francés, cuatro años más tarde, tuvo además gran responsabilidad en la organización del torneo futbolístico de los JJ.OO. de Londres 1908, en el que jugaron futbolistas aficionados.

En la siguiente década, y justo antes del estallido de la Primera Guerra Mundial, fue elegido por la CFI (Comité Francés Interfederal) como su representante en la FIFA. En el conflicto bélico serviría como capitán de caballería y fue galardonado con una Cruz de Guerra. En 1919, al concluir la guerra, se fundó la Federación Francesa de Fútbol (FFF) y él

fue designado el primer presidente. Pronto se convertiría en uno de los mayores defensores del profesionalismo en el balompié y apostó por introducir en el deporte rey a futbolistas de clases menos acomodadas.

Un total de 23 años interrumpidos estaría gestionando la Federación de su país hasta que fue sucedido por Henri Jevain. La razón de su marcha fue como protesta por unas medidas impuestas por la Comisión General de Educación y Deportes, entre las que se incluían restricciones al profesionalismo del fútbol. Dos años más tarde, sin embargo, regresaría hasta 1949, momento en el que se apartó de la Federación tras el caso Sarre. Rimet quería que el Saarbrück compitiese en la Division National del balompié galo, pero una brecha en la comisión en la que se escogió la presencia del Girondins de Burdeos por delante de la del cuadro sarrense pesó de sobremanera en su decisión. Finalmente, el Saarbrück disputaría la Bundesliga y estaría incluido de forma oficial en el fútbol germano.

Jules Rimet, uno de los hombres más importantes del fútbol francés en el siglo XX (Fuente: Bibliothèque Nationale de France).

Pero si por algo se ganó Rimet su fama internacional y legendaria en el fútbol fue por comandar el máximo organismo mundial, la FIFA. Llegó como tercer presidente tras ser elegido en 1921. Por entonces, la organización estaba dividida y, por ejemplo, países muy fuertes en lo deportivo, como los británicos, Brasil o Uruguay, no tenían ninguna presencia.

La primera polémica con la que tuvo que lidiar fue con la proposición de Gran Bretaña de excluir del fútbol a todos aquellos países derrotados en la Primera Guerra Mundial. Además, los británicos también eran muy fuertes opositores del profesionalismo en el balompié, una opinión muy contraria a la Rimet. El francés quería unir y aunar en la organización a todos los países, para remar en la misma corriente y que la FIFA fuese una gran familia del fútbol.

En 1928, y después del éxito del torneo de fútbol en los Juegos Olímpicos de París en 1924 y Ámsterdam ese año, Rimet aboga por crear un Mundial de fútbol apoyado en su amigo y secretario de la FFF, Henry Delaunay. En la capital neerlandesa se celebra el Congreso de la FIFA y el proyecto sale tan respaldado que se selecciona a Uruguay como primera sede del campeonato para el año 1930. El torneo cumple a nivel organizativo y comercial gracias a la labor de Uruguay, pero Rimet no consigue el apoyo de los países europeos como él esperaba. Apenas son cuatro los participantes pese a los esfuerzos de Rimet: franceses, belgas, rumanos y yugoslavos viajaron juntos en barco y portando el primer trofeo de la historia de la competición.

El segundo Mundial en Italia de 1934 crece a nivel mediático y es el primero que cubre la radio. Sin embargo, hubo gran controversia al mezclar política y fútbol, algo que Rimet siempre quiso desligar. Fue un Mundial polémico: los italianos vivían bajo la dictadura fascista de Mussolini. Además, sufrió el boicot de Uruguay, campeona del mundo, que se negó a viajar.

El último campeonato del mundo antes de la guerra fue el de 1938 y en el país que vio nacer a Rimet: Francia. Los sudamericanos, con Uruguay y Argentina, volvieron a ser baja en un Mundial marcado por el clima de tensión que recorría toda Europa. Los austriacos, clasificados, no participaron debido a la invasión de la Alemania nazi y los teutones en sus partidos saludaban con el brazo en alto en un discurso demasiado politizado.

Pese a todos los problemas y tras no poder celebrarse ni en 1942 ni en 1946, el Mundial sobrevivió a la Segunda Guerra Mundial. Fue precisamente en 1946 cuando se cambió la denominación oficial y pasó a llamarse Copa del Mundo tras el Congreso de la FIFA con sede en Luxemburgo. Además, otro cambio fue renombrar el trofeo a Jules Rimet (una estatuilla de oro conocida como la Victoria del Ala Dorada) en honor al actual presidente el organismo y entregar dicho título en propiedad al primer país en conquistarlo en tres ocasiones (sería Brasil en 1970).

El cuarto Mundial tuvo como sede Brasil, en 1950, y por primera vez contaría con países británicos entre sus participantes. Tres años antes, Jules Rimet, tras arduas negociaciones con miembros de la FA, consiguió que las federaciones británicas regresaran tras décadas de ausencia a formar parte de la FIFA. Otros dos países que continuaron compitiendo de forma internacional fueron Italia y Alemania, derrotados en la Segunda Guerra Mundial y vetados por el resto de federaciones pero que no consiguieron influir en la decisión de Rimet.

El de Brasil fue el último Mundial con el dirigente francés como presidente pese a que continuó cuatro años más en el cargo. Con todo cerrado y organizado al mínimo detalle, Rimet, en la víspera del Mundial de Suiza, se retiró de la FIFA y de cualquier labor como dirigente futbolístico. En su etapa que duró 33 años (el presidente que más tiempo ha ostentado el cargo), la FIFA pasó de doce a 85 miembros y la creación de las confederaciones continentales estaba a punto de explotar (entre 1954 y 1961 nacieron la UEFA, AFC, CAF y CONCACAF).

Nombrado por sus colegas como presidente honorario, llegó a estar nominado para el Nobel de la Paz aunque finalmente el jurado rechazó su candidatura en 1956 y dejó el premio desierto. Ese año, el 16 de octubre, fallecería en Suresnes a la edad de 83 años recién cumplidos, siendo enterrado en el cementerio de Bagneus de la capital gala.

El primer seleccionador bleu

Gaston Barreau fue un centrocampista que desarrolló su carrera deportiva durante casi dos décadas en el Levallois, Standard A.C. y el Club Français. Su buen desempeño además le llegó a ser un fijo de la selección en el trienio que va desde 1911 a 1914, cuando acumuló 12 internacionalidades y portando en dos de ellas el brazalete de capitán.

Nada más retirarse comenzó a ser una persona muy influyente en el fútbol francés en las siguientes cuatro décadas. Con la creación de la FFF (Federación Francesa de Fútbol) y tras el final de la Primera Guerra Mundial se volvió a imponer en el combinado bleu un comité de selección que sería el encargado de guiar y llevar todo lo concerniente al equipo nacional galo. Compuesto por Achille Duchenne, Gabriel Jardin, Eugène Plagnes y Maurice Wuillaume, a Barreau se le otorgó el puesto de manager técnico y era la persona que se encontraba a pie de césped dirigiendo a la selección.

Hombre tímido, muy reservado y de pocas palabras. Cuando lo hace, siempre es escuchado y venerado por los que le rodean. En su papel de manager permanece hasta 1922, habitualmente acompañado por un entrenador de origen inglés en una norma impuesta por la Federación. A partir de esta fecha es la persona elegida para liderar el comité de selección de los Bleus los siguientes 14 años. En ese tiempo, Francia empieza a crecer en su fútbol y por ejemplo derrota en partidos amistosos a Bélgica, Portugal, Suiza o Yugoslavia y es uno de los cuatro equipos europeos que cruza el Atlántico para participar en el Mundial de fútbol de Uruguay 1930.

Sin embargo, una razón profesional impide a Barreau viajar hasta Uruguay. El manager ejerce en la Academia de Música y no le conceden la libertad de sus obligaciones para poder asistir al país sudamericano.

En su lugar, la cabeza visible es Raoul Caudron en un torneo en el que Francia gana en el debut a México pero pierde con Argentina y Chile cayendo eliminada.

Cuatro años después, en Italia, el encargado de dirigir al equipo elegido por el comité de selección es el inglés George Kimpton, un antiguo ariete del Southampton con un gran bagaje en su papel como técnico en Polonia, Inglaterra y también en Francia (en Le Havre). Es en 1936 cuando llega el gran momento de la vida de Barreau, al ser escogido para ser el primer seleccionador único del combinado bleu.

Un total de nueve años permanece en el puesto incluyendo el largo periodo de la Segunda Guerra Mundial. Da la alternativa en la selección a históricos jugadores como los arqueros Julien Darui y Laurent di Lorto, los defensas François Bourbotte y Hector Cazenave o los centrocampistas Auguste Jordan y Oscar Heisserer, y logra vencer entre otras a Suecia, Yugoslavia, Portugal, los Países Bajos en Ámsterdam o Polonia. El gran desafío se produce en 1938 cuando Francia organiza el tercer Mundial de fútbol de la historia. El público galo esperaba que su selección levantara la Copa y pese a empezar con gran pie superando a Bélgica, en su camino se cruza la vigente campeona Italia que los elimina en Colombes por 3-1.

Tras concluir el terrible conflicto bélico que sacude todo el planeta, Barreau deja de ser seleccionador y vuelve a sus funciones de manager durante otros ocho años. Gabriel Hanot le sucede primero y luego es Paul Nicolas el que toma las riendas. Pero en diciembre de 1953, Barreau retorna al puesto durante nueve meses con Pierre Pibarot ejerciendo de técnico. Vive en persona el Mundial de Suiza de 1954, en el que los Bleus no pasan de la fase de grupos (suman una derrota ante Yugoslavia y una victoria contra México), y un año después finaliza su labor en la Federación tras 36 años y unas estadísticas de 197 partidos siendo el responsable de la selección.

Barreau fallecería en 1958, el mismo día en el que Francia se midió a Yugoslavia en el Mundial de Suecia.

Jugador, entrenador, periodista e innovador

Gabriel Hanot fue un notable defensa que llegó a ser internacional en 12 ocasiones con la selección francesa, la mayoría de ellas antes de la Primera Guerra Mundial (debutó en 1908 contra Suiza). Tras el conflicto bélico jugaría una vez más y como capitán bleu en un choque frente a Bélgica. Su trayectoria futbolística, que duró más de una década, la desarrolló en el US Tourcoing, el BFC Preussen alemán y el AS Francilienne. Sin embargo, un accidente aéreo le obligó con 30 años a colgar las botas y hacerse periodista.

Entró a trabajar en el prestigioso diario *L'Équipe* y en 1945 la Federación Francesa de Fútbol le eligió como entrenador del equipo nacional francés a la vez que seguía ejerciendo de periodista. Se mantuvo cuatro años en el combinado galo hasta que cayó derrotado de manera muy dura en junio de 1949 por España en Colombes por 5-1.

Hanot escribía editoriales en *L'Équipe* y tras aquel partido criticó con dureza a sus futbolistas en un texto que no firmó con su nombre. Las críticas se sucedieron y posteriormente escribió otro también anónimo en el que pedía la dimisión del seleccionador. Días más tarde y tras meditarlo, ofreció la renuncia de su puesto al presidente de la Federación que la aceptó.

En la década siguiente, Hanot innovó desde su puesto en el periódico y con la ayuda de sus fieles amigos y compañeros de redacción Jacques Ferran, Jacques Goddet y Jacques de Ryswick. En Sudamérica existía el campeonato Sudamericano de campeones, un torneo precursor de la Copa Libertadores y a los cuatro se les ocurrió fomentarlo en Europa. Todo ello junto a una serie de partidos en Inglaterra entre el Wolverhampton, el Honved y Spartak de Moscú dio con el germen de la Copa de Europa. Los tabloides británicos proclamaron a los Wolves como el mejor equipo de Europa y Hanot quiso que lo demostraran en un torneo con lo mejor del panorama continental.

Los inicios no fueron fáciles y tras varias reuniones en París más el apoyo de dirigentes como Santiago Bernabéu la competición se inició en 1955 con un Partizán de Belgrado contra el Sporting Club de Portugal. Atrás quedaban la Copa Mitropa con enorme prestigio en los años 30 o la Copa Latina que llevaba celebrándose desde finales de los años 40 con los campeones de España, Portugal, Italia y Francia como participantes.

La Copa de Europa no fue el único invento de Hanot, ya que poco después de que comenzase la competición ideó un premio para coronar al mejor futbolista del continente. En un deporte colectivo se premiaría anualmente al jugador más destacado elegido por la revista *France Football* que empezó a dirigir el propio Hanot en 1955 (la revista se fundó en 1946). El jurado estaba compuesto por los redactores más prestigiosos de varios diarios deportivos de todo el continente, que enviarían sus votos con su elección predilecta. Así nacía el Balón de Oro cuyo primer ganador en el año 1956 fue el inglés Stanley Matthews, jugador del Blackpool.

Hanot, un gran visionario (Fuente: Le Miroir des Sports).

El impulsor de la Eurocopa de naciones

Henri Delaunay comenzó su idilio con el balompié en los terrenos de juego en el modesto Étoile des Deux Lacs parisino. Posteriormente fue árbitro hasta que lo dejó debido a un incidente en un partido. En un duelo entre el AF Garenne-Colombes y el ES Bienfaisance, el esférico le golpeó en el rostro de forma accidental tras un tiro libre: se tragó el silbato y se rompió dos dientes. Después de aquello terminó su papel como trencilla.

A continuación, se dirigió al mundo de los despachos, una posición en la que se mantendría el resto de su vida. Fue presidente del Etoile des Deux Lacs sucediendo a Charles Simon y en 1908 entró a formar parte como secretario general del comité interfederal francés, una organización precursora de la Federación Francesa de Fútbol.

Justo antes del inicio de la Segunda Guerra Mundial asume el cargo de secretario general de la FGSPF (Federación de Gimnasia y Deportes del Patronato de Francia), una federación para el mecenazgo en deportes como el fútbol, el baloncesto o la gimnasia. Y es poco después, concretamente en 1917, cuando ayuda de forma inestimable a Paul Michaux y a Jules Rimet para que el proyecto de la Coupe de France saliera adelante y se disputase por primera vez en el curso 1917-1918.

La Federación Francesa de Fútbol nació en 1919 y en ese momento Delaunay se convirtió en su primer secretario general. Con ese puesto accedió de manera directa a la FIFA en su junta directiva como delegado

desde 1924 a 1928, ayudando a Rimet en la organización del Mundial de Uruguay. Además, a Delaunay ya le rondaba la idea de crear una competición continental para todas las naciones, a diferencia de la Copa Internacional de la Europa Central que se disputó a finales de los 20 y los años 30 con los equipos nacionales de Italia, Suiza, Yugoslavia, Hungría, Austria y Checoslovaquia.

Sin embargo, la propuesta no llegará a buen puerto hasta casi tres décadas más tarde. La UEFA fundada en junio de 1954 le nombra secretario general y ahí se mantiene hasta que le sorprende la muerte por una enfermedad incurable en 1955 a los 72 años de edad. Su hijo Pierre será su sucesor y con él la idea de la Eurocopa verá la luz de forma oficial con la primera edición celebrada en 1960 y la fase final con sede en Francia.

La UEFA, al ser el gran impulsor de la idea del torneo, decidió bautizar el título entregado como Trofeo Henri Delaunay en su honor. Ya en 2008 se renovó el diseño del cetro pero el nombre aún se mantiene. Además en 1927 también recibió la distinción de Caballero de Legión de Honor al ser el secretario general de la FFF.

Delaunay, el autor de la idea de una Eurocopa de naciones
(Fuente: L'Auto-vélo).

Un líder en el césped y en los despachos

Paul Nicolas fue un personaje muy importante en Francia durante la primera mitad del siglo XX. Empezó como jugador siendo un futbolista fantástico y más tarde dirigió la Liga de Fútbol Profesional y también ejerció como director técnico de la selección bleu.

Delantero oportunista y gran cazagoles inició su carrera en el Saint-Mandé y el Gallia Club mas también perteneció durante tres años al Amiens SC, pero fue en el Red Star donde completó los mejores años de su vida desde 1920 a 1931. En el cuadro capitalino fue uno de los líderes del equipo que guió al conjunto de París al triunfo en tres campeonatos de París-Ile de France en 1920, 1922 y 1924 y cuatro Copas francesas en 1921, 1922, 1923 y 1928. Nicolas fue decisivo sobre todo en el segundo entorchado copero que midió al Red Star con el Stade Rennais en el estadio de Pershing con un notable tanto que abrió la senda de la victoria.

Además, su trayectoria internacional fue sobresaliente siendo un delantero básico en la selección en todos los años 20. Un total de 35 partidos (elevada cifra en la época) disputó el ariete en los que logró 20 dianas. Acudió a tres JJ.OO., los de Amberes 1920, París 1924 y Ámsterdam 1928, pero se quedó fuera de la lista del primer Mundial de la historia en Uruguay 1930.

En su vida posterior a los terrenos de juego siguió ligado al fútbol en varios puestos. En 1949, la Federación francesa le designó como director técnico de la selección en sustitución de Gabriel Hanot. En ese cargo permaneció hasta 1953 con Paul Baron primero y Pierre Pibatot en segundo lugar como entrenadores. Francia venció por ejemplo a Checoslovaquia, Países Bajos, Austria, Alemania Occidental o Bélgica en duelos de carácter amistoso y en la fase de clasificación para el Mundial de Suiza de 1954 obtuvo el billete en una liguilla por delante de Eire y Luxemburgo.

La calificación fue el último periodo de Nicolas en la selección, ya que en diciembre de 1953 inició su labor al frente de la LFP (Liga de Fútbol Profesional). Un puesto que ostentó tres años, hasta 1956, momento en el que decidió marcharse después de que la junta que presidía rechazara su proposición de reducir el número de clubes en la D1.

Poco tiempo después regresó a la selección para ser director técnico otra vez. En esta segunda etapa contó con Jules Bigot y el mítico Albert Batteux como técnicos. Su papel fue clave en el Mundial de Suecia de 1958 al ser junto a Batteux las dos personas que diseñaron una fantástica lista con Abbes o Colonna en portería, Merche, Jonquet y Penverne en la defensa, Marcel en el medio y Kopa, Piantoni, Vincent y Wisnieski como atacantes. Francia tuvo un papel sensacional y terminó en tercera posición del campeonato, su mejor puesto hasta esa fecha.

Un año después, aun ejerciendo de director técnico, falleció en un accidente de tráfico cuando regresaba de presenciar un amistoso entre Francia y Bélgica en el estadio de Colombes.

El arquitecto del Stade de Reims, Francia 58 y el AS Saint-Étienne

Albert Batteux, antes de ser un formidable técnico, sobresalió en los campos de toda Francia vistiendo la camiseta del Stade de Reims. Comenzó su vida deportiva con los albores de la Segunda Guerra Mundial y se mantuvo hasta 1952 en el cuadro rojiblanco. Casi trece años en los que pudo alzar grandes títulos nacionales como el campeonato de Liga de la temporada 1948-49 y la Coupe de France de 1950, en la que era el capitán de un plantel en el que figuraba Robert Jonquet además de Roger Marche, Armand Penverne o Francis Méano.

Además también tuvo la oportunidad de ser internacional con Francia en 11 partidos celebrados entre 1948 y 1949. Debutó con derrota frente a Bélgica en Bruselas y tras marcar en la victoria contra Checoslovaquia y participar del triunfo ante Suiza en Colombes, dijo adiós después de caer frente a España por 5-1 en la derrota que le costó el puesto a Gabriel Hanot.

Justo después de proclamarse campeón de Copa y en la noche de la celebración, Batteux se hizo con los mandos del Stade de Reims. Aún continuaría dos años en activo como futbolista pero una lesión le obligó a colgar las botas en 1952. De este modo comenzaría la época dorada de la historia del cuadro rojiblanco que se extendería durante una década.

Los inicios nunca son fáciles y para Batteux no fue menos. En su primera temporada, el Stade de Reims termina cuarto pero descubre a una estrella en el Angers de nombre Raymond Kopa. Convence al presidente para pagar una gran cantidad de dinero por su traspaso y convierte al Pequeño Napoleón en la piedra angular de su proyecto. El plan tarda un par de cursos en cuajar, pero con la llegada en 1953 de Glovacki todas las piezas encajan. El Stade de Reims conquista la Liga en 1953 y además obtiene la Copa Latina frente al AC Milan.

Dos años después vuelve a levantar otro campeonato francés y participa en la recién creada Copa de Europa en la que cuaja un sensacional papel eliminando al Aarhus, el Voros Lobogo y el Hibernian, y poniendo contra las cuerdas al Real Madrid en la final, en la que cae por 4-3 en el Parque de los Príncipes. Sin embargo, en verano ve partir a su jugador franquicia Kopa al Real Madrid y muchos esperan la caída del Stade de Reims de lo más alto del fútbol galo. Pero Batteux es un entrenador formidable que forma equipos de muy alto nivel y el conjunto rojiblanco sobrevive a la marcha del delantero y en 1958 consigue un extraordinario doblete de Liga y Copa. Continúan en el plantel hombres como Jonquet, Penverne o Vincent pero además aparecen de forma fulgurante Colonna, Roger Piantoni y Just Fontaine, en el mejor año de su vida.

El entrenador de Reims abogaba por un estilo ofensivo, creativo, técnico y rápido. Seguidor del juego en corto, preciso, con continuos movimientos pero también con pausa, fomentaba una preparación física fundamental para lo que quería plasmar en el campo tanto táctica como técnicamente. El jugador debía de estar en plenitud y enfocaba los ejercicios a la fuerza y la resistencia de manera muy intensa.

Batteux huía del llamado *hourra football* practicado por los ingleses, que buscaban provocar los errores del oponente. Él pretendía un equipo que confiase en sus cualidades, que fuese capaz de crear un futbol atractivo y espectacular. Uno de los aspectos básicos de su librillo era el regate y el desborde para causar desequilibrio en las defensas rivales y conseguir superioridad numérica en el ataque. Para ello contaba con Kopa, al que siempre le insistía "que buscase el *dribbling*". Así nació a finales de los 50 el "fútbol champagne" para gloria y alegría de los aficionados del Stade de Reims que veían en el campo y desenvolviéndose a la vez a Muller, Fontaine, Kopa, Piantoni y Vincent en el ataque.

En 1959, Kopa regresó al Stade de Reims y el binomio con Batteux funcionó hasta 1962 con la obtención de otros dos entorchados ligueros (1960 y 1962). Pero Fontaine sí cuelga las botas y las decepcionantes participaciones en la Copa de Europa son un signo inequívoco de desgaste y etapa concluida. En 1963, en una reunión con el presidente Henri Germain se le decide no renovar el contrato por razones presupuestarias y la época de Batteux en el Stade de Reims concluye.

A la vez que dirige al Stade de Reims, Batteux aceptó la propuesta para entrenar a la selección francesa en 1955 después del mal Mundial cosechado en Suiza 1954. Su debut se produce frente a España y todo el país galo es derrotista en cuanto al resultado. El choque empieza mal al encajar un tanto de Gaínza, pero el cambio táctico realizado por el nuevo técnico al cambiar de posición a Kopa cambia las tornas del encuentro que se llevan los Bleus por 2-1.

Pronto empieza a dotar al equipo nacional de una identidad de juego característica al igual que había hecho con el Stade de Reims y las buenas actuaciones y grandes resultados son una constante. Se clasifican para el Mundial de Suecia al imponerse en la calificación a Bélgica e Islandia y en tierras escandinavas se plantan en semifinales tras un torneo majestuoso con Kopa como líder y Fontaine como ejecutor con 13 dianas. Brasil es la única que puede parar a los galos, que finalmente se alzarían con el tercer puesto del campeonato.

En 1960, en la primera Eurocopa de naciones acceden a la fase final al superar a griegos y austriacos. En su país eran los favoritos. El duelo contra Yugoslavia es magnífico durante 62 minutos cuando dominan el marcador por 4-2. Pero una reacción plavi les lleva a encajar tres goles en cuatro minutos (del 75 al 79) y fue la mayor decepción hasta

la fecha del combinado nacional que se queda fuera de la final. El golpe psicológico fue muy duro y afectó también para la clasificación del Mundial de Chile, donde fracasaron después de caer ante Bulgaria en un desempate y no obtener el billete. En verano de 1962 y tras los malos resultados, Batteux sería sustituido por Henri Guérin al frente del equipo bleu.

Batteux en el centro de la imagen junto a Fontaine y Kopa
(© Panini).

Su siguiente club es el modesto Grenoble de la D2, al que entrena durante cuatro temporadas pero con el que no alcanza el deseado ascenso a la máxima categoría. En 1967 termina su periodo allí y aparece en el horizonte el AS Saint-Étienne tras la marcha de su amigo Jean Snella del club verde. Batteux se reunió con el presidente Roger Rocher y en cuestión de minutos llegaron a un acuerdo para que sea el nuevo patrón del equipo desde el banquillo.

Su aterrizaje produjo cambios de inmediato en el vestuario, como el brazalete de capitán que pasa a manos de Robert Herbin en lugar de Rachid Mekloufi por decisión suya. Además guía a un icono y leyenda de la entidad como Salif Keita que explota todo su potencial.

Los éxitos para el AS Saint-Étienne llegan en cascada con cuatro años memorables en cuanto a juego y títulos. Cuatro campeonatos de Liga consecutivos aderezados con dos Copas en 1968 y 1970 marcan una etapa gloriosa para los verdes con Batteux. En la Copa de Europa se busca el primer título continental para un cuadro francés pero pese a hazañas enormes como una remontada histórica frente al Bayern en 1969 no se levanta el título.

Con el inicio de la década de los 70 y algunos problemas internos como el caso Carnus-Bosquier (ambos jugadores declaran su intención de marcharse al Olympique de Marsella y Roger Roche les despide), el idilio entre presidente y entrenador se rompe de manera definitiva en 1972 al no renovarle su contrato.

Después de varios años inactivo, Batteux volvió al banquillo en el Avignon en la D2 en la temporada 1976-1977 y sus dos últimas aventuras tuvieron lugar en el Niza con 19 partidos en 1979 y en el Olympique de Marsella, al que entrenó en la campaña 1980-81. Así se retiró siendo el hombre con más campeonatos de Francia hasta el día de hoy con ocho títulos, cinco con el Stade de Reims y tres con el AS Saint-Étienne.

Técnico de gran calado en el fútbol francés muchos jugadores se rindieron ante sus métodos y sus prestaciones. Para Fontaine "fue el mejor entrenador que tuvo". George Carnus, portero en el AS Saint-Étienne, dijo que "era un gran hombre que sabía de fútbol, sabía cómo hablar con los jugadores". Kopa comentó en una ocasión que "fue un hombre esencial en su carrera, me permitió jugar bien y progresar rápidamente". Otro que quedó prendado de Batteux fue Platini, que confesó que "era amable, adorable y un amante del fútbol. Todos lo escuchábamos hablar sobre el fútbol y sus experiencias de una manera extraordinaria". Por último, Aimé Jacquet declaró que "fue un entrenador extremadamente brillante, que marcó una era del fútbol francés y especialmente de todos aquellos que tuvieron la oportunidad de evolucionar bajo su mando".

Una leyenda de los banquillos

Guy Roux es toda una institución de los banquillos en Francia y Europa por su extenso bagaje en el Auxerre, al que dirigió durante cuatro décadas y 36 años de manera consecutiva. Esos datos le llevaron a ser el técnico que más partidos ha entrenado en la historia de la D1 con 894 encuentros.

Roux, alsaciano de nacimiento, tuvo una modesta carrera como futbolista amateur a finales de los 50 y comienzos de los 60. Perteneció durante tres temporadas al AJ Auxerre y luego también pasó por el Stade Poivetin, un breve *stage* en el Crystal Palace (con Arthur Rowe como entrenador), al ganar un concurso con su proyecto y el Limoges FC hasta 1961. Ese año vuelve a Auxerre para presenciar un amistoso entre el cuadro de la Borgoña y los ingleses del Crewe Alexandra. En el descanso hace de intérprete entre los dos clubes al solicitar los ingleses dos sustitutos de jugadores lesionados y es el propio Roux

uno de los elegidos para disputar la segunda mitad. Al término del duelo, el presidente del Auxerre le ofrece volver a jugar en el equipo y Roux le contraoferta aceptando el cargo de entrenador-jugador. Tenía 21 años y eso echó para atrás al mandatario. Roux entonces regresa unos meses al Limoges.

Poco después, el alsaciano escribe al Auxerre postulándose exponiendo su proyecto en una carta. El equipo auxerroix duda pero finalmente acepta sus condiciones y le firma como entrenador-jugador al ser el más barato de todas las opciones posibles. En su primer año, el Auxerre figura en división de honor y en 1962 se ve obligado a renunciar para cumplir con el servicio militar que realiza en Alemania. Su retorno se produce dos años más tarde en los que el Auxerre ha sufrido en ambas temporadas quedando cerca del descenso. Comenzará una etapa legendaria para Roux y el Auxerre.

El gran salto llega a partir de la temporada 1969-70, en la que el Auxerre asciende a la llamada Division 3. Tras este éxito, Roux aparta definitivamente las botas y se centra en la labor técnica al regresar de México donde asiste al Mundial. Durante tres cursos, el equipo adquiere un gran nivel y lucha por subir quedando tercero en dos ocasiones y quinto en una. Lo logra en 1974: queda cuarto, pero como los equipos reservas del OL, el OM y el AS Saint-Étienne fueron los que se ubicaron por delante (no pueden ascender), tomó ese privilegio.

El 1979 es otro gran año en la historia de Roux y el Auxerre. El equipo, con el arquero internacional polaco Szeja, el defensa Lucien Denis, el medio Dominique Cuperly y el goleador André Truffaut, brilla en la Coupe de France eliminando al Lille y Estrasburgo de la D1 y alcanzando la final en la que pierde con el Nantes por 4-1 en París. Pero ese año da luz a un gran proyecto que consiste en la creación de un centro de formación propio del club. La primera generación tendrá lugar tras la inauguración en 1982 y contará con futuras leyendas como Eric Cantona, Basile Boli, Roger Boli o Pascal Vahirua.

El último y más importante ascenso del Auxerre se produce en 1980, con Roux ejerciendo también ya de manager general. En la última jornada de la D2, el equipo *auxerrois* vence al AS Cannes y logra llegar a la élite del fútbol galo. Serán dos décadas de buenos resultados, alegrías y títulos. En primer lugar, participan en Europa: en 1983 debutan en la Copa de la UEFA frente al Sporting de Portugal y en 1993 derrotan al Ajax y alcanzan la semifinal en la que caen contra el Borussia de Dortmund.

El primer gran título nacional tiene lugar en 1994, con la conquista de la Coupe de France. En un torneo en el que únicamente les pone en algo de apuros el Racing 92 en cuartos de final, apabullaron de forma clara en la final al Montpellier por 3-0 en el Parque de los Príncipes con dianas de Moussa Saib, Gérald Baticle y Corentin Martins.

**Martins, una de las estrellas del gran Auxerre
de mediados de los 90** (© Panini).

Y tres años después, en 1996, el Auxerre vive su momento álgido con un histórico doblete de Liga y Copa. En el campeonato galo aventajaron en cuatro puntos a sus más inmediatos perseguidores, el PSG y el Mónaco, mientras que en la Copa superaron al Nimes por 2-1 con un tanto decisivo a última hora de Laslandes. Es un plantel de leyenda con fantásticos jugadores como Laurent Blanc, Bernard Dioméde, Sabri Lamouchi, Corentin Martins, Taribo West o Stéphane Guivarc´h, que años más tarde probarán suerte en varios de los mejores clubes del continente. En el curso posterior participaron en la Champions League pero de nuevo el cuadro alemán del Borussia fue su bestia negra.

La primera etapa de Roux finalizó en el año 2000, debido a la fatiga del puesto y el cansancio de tantos años en primera plana. En 1998, además, fue uno de los candidatos a suceder a Aimé Jacquet como seleccionador de Francia pero el presidente del Auxerre Jean-Claude Hamel se negó. Roux se quedó en el club como director deportivo y asesor presidencial pero pronto su descanso finalizó.

Una gran oferta del Bayer Leverkusen le tienta en 2001 y tiene visos de aceptarla hasta que Hamel llama a su puerta de nuevo tras quedarse sin técnico por la renuncia de Daniel Rolland. Roux no puede decir que no al club de su vida y toma las riendas del Auxerre tras declinar la propuesta germana. Sin embargo, a los pocos meses la salud le juega una mala pasada. En noviembre tiene que ser operado de manera urgente para instalarle un doble *bypass* y está dos meses alejado de los banquillos hasta su vuelta en enero de 2002. El Auxerre cuenta con una formidable plantilla en la que destacan Djibril Cisse, Olivier Kapo o Philippe Mexes y esa campaña terminan terceros de la Liga y se

clasifican para la Champions League del año siguiente, en la que dan la campanada en Highbury.

Los dos últimos trofeos de la carrera de Roux fueron dos Copas cosechadas en apenas dos años, la primera en 2003 y la segunda en 2005. En el primer entorchado sufrieron para vencer al Caen en la primera ronda y al AS Angouleme-Charente 92 de Division Nationale en cuartos (ganaron en los penaltis), pero en la final dieron buena cuenta de un PSG magnífico con Ronaldinho y dirigido por Luis Fernández. Marcaron Cissé y Boumsong para dar la vuelta al tanto de Hugo Leal. Por su parte, en 2005, el PSG volvió a hincar la rodilla en cuartos de final y en la finalísima superaron a un guerrero Sedan con una diana de Bonaventure Kalou en el minuto 94.

Al término del duelo hay rumores en toda la prensa de que Roux se marchará del Auxerre y el entrenador lo niega en la rueda de prensa. Pero horas más tarde, ya de madrugada, le comunica al presidente que pone fin a su carrera y lo anuncia en la cadena Telefoot. Roux, al igual que la vez anterior, permanecerá en el club como vicepresidente de asuntos deportivos y supervisando el centro de formación del Auxerre.

Sin embargo, en 2007, le vuelve a entrar el gusanillo por los banquillos y tras entablar negociaciones con Mónaco y Girondins de Burdeos, firma por el Lens que busca acceder a la Champions League. Su edad es un problema, ya que la Liga no permite dirigir a personas mayores de 65 años, pero tras recibir el apoyo del presidente la de República, Nicolas Sarkozy, y del Comité Nacional Olímpico Francés, la LFP le otorga el permiso. En Lens, su llegada provoca euforia con récord de abonados y en sus primeras semanas clasifica al equipo a la Copa de la UEFA vía Intertoto. La aventura que parece que va a ser exitosa se vuelve oscura casi negra y tras apenas cinco jornadas de Liga, Guy Roux deja el puesto por los malos resultados y por un problema de edad. Ya no volverá a sentarse más en un banquillo y dedicará su vida a descansar y disfrutar de la jubilación.

Roux, un mito del Auxerre (© Panini).

El inventor del *carré magique*

Míchel Hidalgo fue el primer seleccionador galo que aupó a los Bleus a ganar un gran título internacional, la Eurocopa de 1984. Anteriormente había destacado como jugador en el formidable Stade de Reims de los 50 o el Mónaco, y en su legado como técnico dejó para siempre el célebre *carré magique*.

De origen normando, Hidalgo fue campeón de su región en 1952 con el US Normande, equipo que le sirvió de trampolín para fichar por el Le Havre unos meses más tarde. En el cuadro rojiblanco permaneció dos temporadas hasta que el Stade de Reims le contrató para jugar en la banda derecha. Su trayectoria con los de Reims fue notable, logrando un título de Liga y un subcampeonato de Europa en la primera edición de la Copa de Europa. Hidalgo cumplió con nota en la final ante el Real Madrid y llegó a anotar tras rematar un centro de Kopa, uno de los tantos de su equipo, pero finalmente los franceses sucumbieron por 4-3 en París ante los merengues.

En 1957 abandonó el Stade de Reims con destino el Mónaco, donde pasaría casi una década defendiendo los colores monegascos. El equipo del Principado fue un conjunto muy potente en Francia con la llegada de los años 60, juntando en el vestuario a futbolistas de la talla de Yvon Douis, Henri Biancheri, Lucien Cossou, Marcel Artelesa o el togolés Karimou Djibrill más Lucien Leduc como entrenador. Hidalgo completó su palmarés con dos Ligas más y con dos Copas de Francia,

la última en 1963 redondeando un histórico doblete para el club con el campeonato doméstico.

Su retirada se produjo en 1966, cuando llevaba ya dos años presidiendo el UNFP, el sindicato francés de jugadores de fútbol. En cuanto abandonó el césped, inició su carrera como técnico siendo su primera experiencia en el segundo equipo del Mónaco. Tras un breve paréntesis en el Menton, donde también se vistió de corto para algún partido, regresó al Mónaco en su anterior puesto y de ahí pasó a la selección francesa como asistente.

Los malos resultados y las ausencias de Francia en los mundiales de México 1970 y Alemania 1974 obligaron a la Federación a realizar un cambio de rumbo y piensan en Hidalgo para sustituir al célebre Stefan Kovacs en noviembre de 1975. El entrenador normando impone un estilo preciosista, ofensivo y da paso a una joven generación de futbolistas franceses con hambre y gran calidad que lidera Michel Platini junto a Rocheteau, Maxime Bossis, Patrick Battiston o Didier Six.

El primer repunte de los Bleus llega para el Mundial de Argentina de 1978, en el que logran la clasificación en un grupo con Bulgaria y Eire tras la renuncia de Albania. Y justo antes de partir a tierras argentinas, Hidalgo junto a su mujer pasan uno de los momentos más terroríficos de su vida con un intento de secuestro. El matrimonio iba en su coche por la Gironda, cerca de Burdeos, cuando otro vehículo se interpuso en su camino y un hombre armado indicó al seleccionador que le acompañase a la vez que un cómplice se acercaba a su esposa. En un forcejeo, Hidalgo desarmó al secuestrador y sus esbirros huyeron corriendo en cuanto presenciaron dicha escena. El incidente se quedó ahí y más tarde se supo que era un grupo opositor a la celebración de la Copa del Mundo en Argentina que vivía bajo la dictadura de Videla.

En el torneo, Francia queda encuadrada en un grupo durísimo con Argentina, Hungría e Italia y, pese a un juego de enormes kilates, queda apeada en la primera fase. Tras el Mundial fracasan en el intento de acudir a la Eurocopa de 1980 en tierras transalpinas, pero es a partir de entonces cuando el equipo nacional va a vivir unos años excepcionales con la incorporación vital de Alain Giresse y Jean Tiganá. En la calificación para el Mundial de España deben pelear por una de las dos plazas que dan el billete ante selecciones de gran calibre como Bélgica, Eire o los Países Bajos. Un fantástico Platini lidera a Francia y en la penúltima jornada los galos reciben la visita de los neerlandeses en el Parque de los Príncipes. Los Bleus venían de caer en Dublín un mes antes y todo lo que no fuesen dos victorias en las dos últimas jornadas les dejaba fuera de la Copa del Mundo. En París, el diez cuaja una sensacional actuación y allana la clasificación con un tanto en la segunda mitad. A poco del final, Six firma el segundo y con el triunfo en diciembre de 1981 por 4-0 frente a la débil Chipre, los galos superan a Eire y a los Países Bajos en la tabla y obtienen el pasaporte mundialista.

El sorteo les depara un grupo con Inglaterra, Kuwait y Checoslovaquia. Se empieza cayendo con los ingleses pero Francia comienza a demostrar un juego bonito, veloz, rápido y de combinaciones extraordinarias. Una evolución del fútbol champagne que Hidalgo conoció de primera mano con Batteux en el Stade de Reims. Después del debut superaron a los asiáticos e igualaron con los checoslovacos y en la segunda fase no tienen piedad de Irlanda del Norte y de Austria (sin su estrella Platini en el césped por lesión). De esta forma, ocuparon el primer puesto del grupo D y en semifinales se vieron las caras con Alemania en uno de los partidos memorables de la historia de los mundiales. Hidalgo, valiente y osado, organizó un equipo sin un *stopper* en la media que fue a por los teutones desde el primer minuto. La historia es conocida. A la conclusión de los 90 minutos, el marcador es de 1-1 y en la prórroga los galos avasallan a los germanos y se ponen 3-1. Sin embargo, el espíritu de invencibles de los alemanes florece y el empate lleva el choque a los penaltis. Six y Bossis fallaron y Francia perdió en Sevilla la primera gran ocasión de ganar un Mundial.

Dos años más tarde, en casa y ante su público, lograron el hito de la primera Eurocopa para el fútbol galo. Hidalgo construyó el *carré magique*, un centro del campo primoroso formado por cuatro hombres que aunaba el dinamismo de Luis Fernández, el poderío físico y el recorrido de Tiganá, la elegancia de Giresse y la magia de Platini. Los Bleus completaron un torneo espectacular con un nivel de fútbol extraordinario en cada partido. Sufrieron contra Portugal en las semifinales pero pasaron por encima antes a Dinamarca, Bélgica y Yugoslavia, y en la final fueron superiores a España pese a que el primer tanto llegase en forma de error de bulto por parte de Arconada. París y toda Francia se rindieron a Hidalgo y sus chicos. El 27 de junio de 1984 conquistaron el trofeo continental con todo un país extasiado de alegría.

Tras el gran éxito, Laurent Fabius, primer ministro galo, le ofreció la cartera de Deportes en su gobierno pero Hidalgo con poco tiempo para tomar una decisión decidió descartar la proposición. En la dirección del cuadro bleu pasó tras el verano el testigo a Henri Míchel como seleccionador y él continuó dos años más (lo hacía desde 1982) desempeñando su labor de director técnico nacional. En 1986 dejó la Federación tras más de diez años y fichó por el Olympique de Marsella de Bernard Tapie como director deportivo. En el club marsellés permaneció un lustro en el que se ganó la admiración de los hinchas que aún lo consideran un ídolo. Su presencia en la Costa Azul se mantuvo hasta 1991, cuando se apartó definitivamente del balompié.

Años más tarde sería condenado por el caso de las cuentas del OM a una cuantiosa multa y a un tiempo en prisión que no cumpliría.

Su idilio con el fútbol continuó pero desde un segundo plano participando en programas o tertulias futbolísticas de la TMC (Televisión de Monte-Carlo) y en ocasiones como comentarista.

Una carrera deslumbrante coronada con el Mundial

Aimé Jacquet entró en el Olimpo del fútbol francés y en el corazón de todos los galos el 12 de julio de 1998 cuando la selección bleu conquistó su primer Mundial en casa. Ese glorioso título fue el colofón para una gran trayectoria en los banquillos que precisamente terminó aquel día.

Jacquet fue un buen centrocampista de carácter defensivo que militó en el fabuloso AS Saint-Étienne de los años 60. Con el cuadro verde y junto a compañeros como Georges Carnus, Bernard Bosquier, Robert Herbin, Vladimir Durkovic, Georges Bereta, Salif Keita o Hervé Revelli levantó un total de cinco campeonatos de Liga entre 1964 y 1970 y también añadió a su palmarés tres Copas de Francia. Un total de doce años vistió la camiseta del conjunto del Loira hasta que en 1973 firmó por el eterno rival, el Olympique de Lyon, donde colgaría las botas dos cursos más tarde a la edad de 33 años. Además, su notable desempeño futbolístico le llevó a ser internacional en dos ocasiones con el equipo francés en el año 1968, primero en un encuentro ante Alemania Occidental y posteriormente en otro contra España.

Su etapa como entrenador comienza en el equipo lionés y entre sus innovaciones están la modernización de los servicios médicos a los que adecúa para un club de fútbol. Sin embargo, nada más aterrizar en la parcela técnica, el Lyon inicia una serie de grandes problemas financieros que le obligan a vender a sus mejores jugadores como Raymond Domenech o Bernard Lacombe. Todo influye en la trayectoria de la escuadra durante varias temporadas en las que no tienen opción alguna para el título o los puestos europeos y están más cerca del descenso que de las posiciones de privilegio. Por ello, y después de cuatro temporadas, Jacquet firma por el Girondins de Burdeos donde alcanzará unos resultados extraordinarios.

Casi una década pasará en la ciudad del Ródano llevando al equipo a cotas altísimas con la conquista de títulos muy importantes. Jacquet se aprovechó del gran trabajo realizado por el célebre Raymond Goethals y con los enormes refuerzos conseguidos formó una plantilla demoledora. A Rene Girard y Marius Trésor, se sumó en 1981 Jean Tigana, uno de los mejores futbolistas de la historia de la entidad. El Girondins era prácticamente media selección francesa, con extranjeros como Dieter Müller o los yugoslavos gemelos Vujovic, y en el 4-4-2 que dispone Jacquet todo gira en torno a Alain Giresse, un centrocampista bajito pero lleno de talento, clase y capacidad para liderar y guiar el juego.

A mediados de los años 80 logran una hegemonía en el balompié francés con la consecución de dos Ligas consecutivas en 1984 y 1985 y otra en 1987. Además, a estos dos trofeos se une la victoria en dos Copas en 1986 y 1987 después de derrotar en ambas finales al Olympique de Marsella. El único sitio que queda por conquistar es Europa, pero pese a los intentos lo más que se alcanza son las semifinales. En 1985, la Juventus les apea tras un global de 3-2, al vencer el cuadro juventino en el Comunale por 3-0 y no lograr la remontada el Girondins en el Parc Lescure pese a registrar la mejor cifra de espectadores hasta la fecha. Un curso después no pasa de la primera ronda ante el Fenerbahce turco y en 1988 llega a cuartos, instancia en la que lo elimina al PSV, futuro campeón.

Los éxitos concluyeron ese año con una generación envejecida y castigada por el paso del tiempo. Tras dos temporadas discretas, el presidente Claude Bez despidió a Aimé Jacquet en 1989. Las ofertas le llueven del cielo a Jacquet, que acepta la propuesta del Montpellier que cuenta en sus filas con un prometedor colombiano llamado Carlos Valderrama y con un joven rebelde delantero marsellés, Eric Cantona. Sin embargo, el asunto no cuaja demasiado bien y el cuadro de la Occitania no consigue salir de los últimos puestos, a lo que hay que añadir problemas en el vestuario con incluso alguna pelea entre compañeros. A mitad de campaña Jacquet es despedido y el siguiente curso entrena al Nancy, al que deja en el puesto 14 de la tabla de la D1.

Es 1991 y la Federación francesa llama a la puerta de Jacquet para que sea el director técnico nacional. En el puesto permanece un año hasta que en 1992 es nombrado asistente del seleccionador Gerard Houllier. El siguiente objetivo de Francia es meterse en el Mundial de Estados Unidos de 1994, pero el fracaso es estrepitoso. Dos durísimas derrotas ante Israel y Bulgaria la dejan fuera del torneo y la Federación despide a Houllier y coloca provisionalmente a Jacquet.

Jacquet, el primer seleccionador galo campeón del mundo
(© Panini).

Dirige al equipo con buenos resultados en varios encuentros amistosos como contra Italia, a la que vence en Nápoles, y esto lleva a la Federación a confiar en él y darle confianza para el futuro. Francia se clasifica para la Eurocopa de 1996 tras superar en la calificación a Polonia, Eslovaquia e Israel, y Jacquet inicia un cambio generacional apartando del combinado bleu a Papin, Ginola o Cantona y da confianza entre otros a Deschamps, Zidane, Blanc, Thuram o Djorkaeff. En el torneo continental no realizan un juego que enamore, más bien lo contrario, lo que le supone grandes críticas en Francia, pero la selección llega a semifinales: sólo los penaltis ante República Checa le apartan de la final.

Restan dos años para el Mundial que Francia va a organizar y la preparación se basará en duelos amistosos. La prensa en el país es dura con Jacquet y su sistema de juego. Le critican un esquema muy defensivo, con un sistema antiguo casi paleolítico y poca vocación ofensiva que ilusione al espectador. En 1997 se decide organizar un torneo no oficial pero con grandes selecciones como Brasil, Italia e Inglaterra para medir el nivel de Francia. Los Bleus decepcionan con mal juego y resultados. La crisis y las críticas arrecian contra el seleccionador.

Ya en el año del Mundial inauguran en enero el estadio de Saint-Denis contra España, a la que derrotan con un tanto de Zidane y los ánimos se calman con una tregua para el seleccionador y los jugadores. Jacquet entrega una lista con 28 jugadores preseleccionados de los que se caerán para el Mundial: Letizi, Djetou, Ibrahim Ba, Lamouchi, Laigle y Nicolas Anelka. El equipo lo lidera Barthez en portería, Blanc y Desailly en la defensa, Deschamps, Zidane y Djorkaeff en el mediocampo, mientras que arriba el titular será Guivarc`h con los jóvenes Henry y Trezeguet esperando su oportunidad en el banquillo. Un equipo multirracial, con únicamente ocho jugadores franceses puros (de padre y madre francesa).

Francia completó una notable primera fase con buen fútbol, en la que logró tres triunfos aunque con el sabor amargo de la expulsión de Zidane, que le dejará fuera del choque de octavos. Jacquet fomentó el sistema de las rotaciones y le salió de maravilla. Todos los jugadores estaban involucrados y en un estado físico magnífico cuando les tocaba actuar. Además fue pragmático y flexible con su sistema y en ocasiones apartó el 4-4-2 para jugar con un 4-3-2-1 y un único jugador en punta.

En octavos, un gol de oro salvó a Francia ante Paraguay, mientras que en cuartos fueron los penaltis contra Italia los que le dieron el pase a semifinales. Allí Croacia no les puso las cosas fáciles y el héroe inesperado fue el potente lateral Thuram con dos dianas. Brasil era el rival a batir en la final, el choque donde Francia desarrolló su mejor juego durante todo el torneo. Dios tocó con una varita mágica a Zidane como él mismo resumió y con dos testarazos puso franca la final para los Bleus en la primera parte. En la segunda se dedicaron a controlar los esfuerzos brasileños por recortar en el marcador y en el minuto 93 llegó el éxtasis a las gradas con el tercer tanto de Petit y Jacques Chirac, presidente de la República, en pie para celebrar el gol del mediocampista galo.

Nada más lograr el título, Jacquet anunció que dejaba el cargo de seleccionador nacional ya que además su contrato terminaba tras el Mundial y su asistente Roger Lemerre le sustituyó. El ex técnico se trasladó a los despachos para tomar el mando de la dirección técnica nacional, puesto al que llegó en 1991. Su objetivo fue seguir formando a las nuevas generaciones de futbolistas y entrenadores franceses. También era el encargado de tomar las decisiones importantes en todo lo concerniente a la selección. Un total de nueve años estuvo en el cargo no exento de polémicas o desacuerdos con la propia Federación, hasta que en 2007 puso punto final a su labor al expirar su compromiso contractual.

CAPÍTULO 6.

PARÍS Y SUS EQUIPOS

París es una de las ciudades más bonitas del mundo. Además de ser la más visitada año tras año por los millones de turistas, la capital francesa tiene también una fuerte atracción actualmente por su equipo de fútbol principal, el Paris-Saint Germain. Desde la llegada de los jeques han sido numerosas estrellas las que han llegado a París para incrementar el atractivo de la ciudad, incrementar las miradas hacia la Ligue 1 y, sobre todo, monopolizar el fútbol francés.

Resulta curioso que una de las ciudades con mayor potencial económico, cultural y turístico de la última década no cuente en su haber con una Champions League. A pesar de los esfuerzos de Nasser Al-Khelaïfi en los últimos años por conseguir la ansiada Orejona, el PSG no ha podido luchar contra algo que no se consigue con dinero: la historia. Aunque parezca mentira, el conjunto parisino no fue el pionero en inaugurar la ciudad en cuanto a fútbol se refiere. De hecho, hasta el año 1970, no teníamos dato alguno de su existencia. Hubo otros equipos que, antes del PSG, sí forjaron su propia historia y no tienen hoy en día tanto nombre como el PSG. En este capítulo, vamos a repasar a dichos equipos que existieron en la capital francesa y que no son el PSG.

El primer campeón de la Coupe de France

El Olympique fue un club de fútbol fundado en 1908 en Pantin, en los límites de la ciudad de París. Apenas tuvo una vida de tres lustros al fusionarse con el Red Star Club en 1926, pero fue un equipo bastante prestigioso en la ciudad durante la Primera Guerra Mundial y en los años posteriores.

Sus primeros éxitos llegaron con el torneo Desafío de la Fama organizado por el periódico *L'Intransigeant* a partir de 1915. Durante las tres primeras ediciones conquista el desafío por delante de Red Star AC y el CA París, y con ello logra clasificarse para el Trophée de France de 1916.

Será la última edición de este torneo que es calificado como un campeonato de guerra al estar el país sumido en el primer conflicto bélico mundial del siglo. Sus dos rivales son el Vie au Grand Air du Médoc de Burdeos y el Étoile des Deux Lacs también parisino. En la semifinal derrotan al Vie por la mínima y en la gran final ganan por 3-0 a sus vecinos con mil asistentes en las gradas del Stade de Paris en Saint-Ouen.

Pero es en 1918 cuando alcanzan la gloria alzando la primera Coupe de France. Un torneo en el que baten al Lyon OU en octavos de final, al Club Français en cuartos tras una prórroga, al CA Société Générale en semifinales y al FC Lyon en la final. Un partido con mucha historia que se disputa el 5 de mayo de 1918 en el estadio Olivier-de-Serres en París. La guerra deja sin arquero a los de Lyon, ya que el charrúa Carlos Mutti es voluntario de la Legión Extranjera y es llamado a filas, con lo que el delantero Weber es el que se ubica bajo palos. Por su parte, el Olympique, que juega con cuatro soldados belgas en sus filas, se queda con diez muy pronto al ser expulsado su arquero Decoux por agresión a un contrario. Sin embargo, el capitán del Lyon con cero a cero en el marcador convence al árbitro de que readmita al guardameta y finalmente el Olympique se impone por 3-0 con dos goles de Fiévet y uno de internacional bleu Louis Darques.

Después de levantar el título copero su futuro queda ligado al estadio de Bergeyre, propiedad de un famoso club de rugby de la época, el Sporting Club de Vaugirard. Su presidente, Gaston Sigrand, un hombre adinerado dueño de varias grandes tiendas de ropa, fue el encargado de levantar el estadio entre 1914 y 1918. El Olympique absorbió al SC Vaugirard y además empezó a usar el verde como equitación principal.

En el curso de 1918-19 defendió su trofeo de Copa del año anterior al llegar a la final ante el Club Athlétique des Sports Généraux, pero en esta ocasión no pudo celebrar el éxito de 12 meses antes. Fue la última edición de Copa organizada por el comité interfederal francés antes de que la FFF tomase las riendas de la competición a partir del año siguiente.

Con la llegada de los años 20 inicia una fuerte rivalidad por la hegemonía del fútbol parisino con el Red Star Club. Sus encuentros son todo un *boom* en la capital francesa, cuyos aficionados esperan con ansia enfrentarse a su eterno rival. En la Copa, el Olympique busca reeditar el título de 1918, pero en varias ocasiones como en la final de 1921 o la semifinal de 1923 se queda a las puertas.

Una gran crisis afecta al club desde 1924 debido al caro mantenimiento de su estadio Bergeyre, que ya no puede financiar. El presidente agobiado por las deudas y la crisis inmobiliaria de la época vende en 1926 las tierras donde se ubica el estadio y el promotor que la compra decide demoler el campo de juego. El Red Star Club, gran rival, llevaba dos años preparando la redención del Olympique y el 28 de abril de 1926 anunció su fusión con lo que quedaba de la entidad nacida en Pantin. De este modo varios grandes jugadores del Olympique como Paul Baron, Louis Darques o Georges Stuttier pasaron a las filas del Red Star.

El Olympique ponía punto final a su corta existencia, en la que llegó a ser un club de dimensión mundial, puesto que era frecuente verle jugar partidos amistosos con enormes conjuntos europeos entonces de la talla del Brujas, el Anderlecht, el Real Unión, el Grasshopper o el Torino.

Choque entre Olympique y el Red Star en 1921 en el estadio de Bergeyre (Fuente: Biblioteca Nacional de Francia, Wikipedia).

Los generales parisinos y sus dos entorchados

El Athletic Club for General Sports fue un club que vistió los colores blanco y azul cielo desde 1903, año de fundación, hasta 1951, fecha en la que desapareció.

Conocido como Los Banqueros o Los Generales, la idea partió de Louis Dorizon, un financiero francés que creó una entidad deportiva auspiciada por la Société Générale, uno de los bancos más antiguos e importantes de Francia. El conjunto parisino se estableció en las tierras que hoy ocupa Roland Garros, cerca del Parque de los Príncipes, y sus primeros grandes resultados llegaron durante la Gran Guerra. Liderados por el delantero Just Brouzes, que jugó en el equipo nacional, consiguieron tres Copas Nacionales de la USFSA y también dos Copas Aliadas entre los años 1915 y 1917.

En 1919 participaron en la segunda edición de la Coupe de France y conquistaron un título histórico. En la plantilla había internacionales que actuaron con el equipo bleu en amistosos durante la Primera Guerra Mundial como Bard, Carrier, Barillete o Devicq y además se incorporan para dar más calidad al equipo los ingleses Hatzfeld, Hadden y Mentha. Disputan la final ante el Olympique, que defendía cetro, y le vencen en la prórroga. Al término de los 90 minutos el tanteo indica empate a uno pero en el tiempo extra dos dianas de Hatzfeld otorgan el título a Los Banqueros.

Ese mismo año además cambian de denominación y se inscriben en los torneos como Club Athlétique des Sports Généraux. Y es con ese nombre con el que levantaran otra Copa seis años más tarde. En el camino, varias decepciones sin pasar los cuartos de final. En 1925 es el FC Rouen el que hinca la rodilla en la gran final tras un partido de desempate. En el primer enfrentamiento celebrado en Colombes igualan a uno y en el segundo en la misma sede pero tres semanas más tarde los parisinos ganan por 3-2. Soika, Barville y Lienert anotan los tantos de un equipo en el que brillan precisamente el capitán y zaguero Pierre Lienert o el centrocampista André Caillet.

En la década posterior, con la explosión del profesionalismo, el CASG decide no seguir el movimiento al que se adhieren la mayoría de clubes y prefiere continuar en el amateurismo. Así gana el campeonato de la ciudad de París y su decisión romántica le hace ganarse gran amistad entre muchos aficionados del país. Sin embargo, su futuro no es demasiado próspero y en 1951 la entidad desaparece tras unirse al Union Athlétique de la capital.

El Stade Français, un modesto de la capital

Los primeros orígenes del Stade Français tienen lugar en 1883 cuando se funda como club de atletismo. No es hasta 1900 cuando además nace la sección de fútbol gracias a Étienne Delavault. En primer lugar, disputan sus partidos en Becon para más tarde hacerlo en el Velódromo de la Seine y por último en el área de Saint-Cloud, concretamente en La Faisanderie.

Los mejores momentos de la entidad llegan en ambas etapas de la posguerra, tras la Primera y la Segunda Guerra Mundial. En los años 20 levantan en tres ocasiones el campeonato de París (1925, 1926 y 1928), pero es el campeonato de Francia de la edición de 1928 su mayor éxito.

El torneo es todavía de carácter amateur pero fue el primero organizado por la Federación Francesa de Fútbol. Los participantes son los campeones de cada liga regional que además se dividen en dos divisiones, la llamada de excelencia y la de nonor. El Stade Français quedó encuadrado en el grupo 1 de la división excelencia en el que se vio las caras con el Montpellier y el Le Havre. Tras un partido fuera ante los ciel et marine y uno en su casa frente a los montpellerinos obtuvo el liderato definitivo y con ello se clasificó para la gran final del campeonato. Su rival fue la US Tourquennoise, que se deshizo a su vez del Bastidian y el US Belfortaine en el otro grupo. El choque se celebró en Colombes y los parisinos vencieron por 2-0. En su plantilla de entonces se podía ver entre otros a figuras nacionales como Henri Pavillard, Jules Monsallier, Robert Dauphin o Jacques Wild.

En 1942, en plena Segunda Guerra Mundial, lograron el status de club profesional y 1945 fue un año histórico al quedar subcampeones del grupo norte de la Ligue 2 y conseguir el ascenso a la máxima categoría. En ese momento ya jugaba el mejor jugador de la historia del club, el franco-marroquí Larbi Ben Barek, un delantero con un físico y una técnica privilegiada, excelente dominio de ambas piernas y un disparo demoledor. Además en el banquillo estaba el ex jugador Helenio Herrera, que daba sus primeros pasos como entrenador, puesto que le encumbraría a los altares del balompié.

Ben Barek, la gran estrella histórica del Stade Français
(Fuente: pari et gagne.com).

Dos quintos puestos fueron los mejores resultados del club en 1947 y 1948 antes de descender en 1951 y regresar un año después para disputar dos ligas más con los mejores del país. Sin embargo, a mediados de los 50 volvieron a los infiernos de la Ligue 2 durante un lustro. Todo cambió con la llegada de los años 60 cuando cosecharon su última etapa en la élite, que incluyó participar en competiciones europeas.

En ese período figuraban en el club otros importantes futbolistas como el histórico guardameta George Carnus, el *killer* yugoslavo Milos Milutinovic, el delantero Raymond Bellot, los medios Édouard Stako y Antoine Bonifaci o su gran figura, el defensa internacional ex del Lyon, André Lerond. El equipo por entonces disputó dos Copa de Ferias consecutivas en 1965 y 1966. Únicamente pasaron una eliminatoria en la primera edición, pero fue ante un buen conjunto español de la época como el Real Betis. Luego la Juventus y al año siguiente en la primera ronda el Oporto les impidieron llegar más lejos en el torneo.

En 1967 ocuparon el puesto vigésimo de la Ligue 1 con el consiguiente descenso y un año después el cataclismo fue superior al ser decimonovenos en la Division Interregional y bajar a la tercera categoría del fútbol galo. Desde entonces no han vuelto a saborear las mieles del éxito. El club quedó registrado en la Liga de Paris Ile-de-France desde 1990 y los últimos años varios proyectos ambiciosos intentan a colocar al equipo de nuevo en divisiones superiores y vivir de nuevo años gloriosos como en la década de los 40 y los 60.

El Cercle Athlétique de Paris, un referente a principios del siglo XX

El Cercle Athlétique de Paris fue un club francés fundado a finales del siglo XIX, concretamente en 1896, aunque entonces bajo la denominación de Nationale de Saint-Mandé. No es hasta 1905 cuando adquiere su nombre definitivo, en unas fechas en las que se muda a jugar al estadio Charentonneau, en una localidad cercana a la capital perteneciente al departamento del Sena.

El equipo de fútbol se convertirá pronto en uno de los mejores de la ciudad y de todo el país viviendo su época de oro en las tres primeras décadas del nuevo siglo XX. Sus primeros éxitos tienen lugar en el campeonato francés de la USFSA (Unión de Sociedades Deportivas de Deportes Francesas), alcanzando la final en 1906 y 1909 pero cayendo derrotado ante el RC Roubaix y el SH Marsella, respectivamente.

En la década de los 10 inaugura su palmarés con dos entorchados del prestigioso Trophée de France. El primer título lo conquista en 1911 al imponerse en semifinales al JA Saint-Ouen y en la final al Étoile des Deux Lacs por la mínima con un tanto del defensa internacional *bleu* Ernest Gravier. El segundo se produce en 1913, en lo que es considerado como el primer gran campeón del país al participar en aquella edición los equipos de las cuatro federaciones existentes. Esta vez es en semifinales cuando apea al Étoile des Deux Lacs al ganar por 4-2 y en la final derrota al Vie au Grand Air du Médoc. El duelo se celebra en

Burdeos y no en Colombes como estaba previsto y Les Capistes ganan por 2-1.

Partido entre el CA Paris y el SH Marsella en 1909
(Fuente: Bibliothèque nationale de France).

El estallido de la Primera Guerra Mundial paraliza la actividad del club durante un tiempo pero en 1917 regresa al funcionamiento para disputar la Coupe Charles Simon o Coupe de France. No pasaron de cuartos en las dos primeras ediciones pero en 1920 el resultado fue muy distinto. Con gran solvencia van pasando rondas dejando en el camino al RC Roubaix, el Billancourt, el Romillonne o el Sevranaise hasta que en cuartos toca un hueso duro, el Red Star. El primer partido se juega en el estadio de Bergeyre y concluye en empate tras el tiempo extra, lo que hace obligatorio un desempate. Ese encuentro con la Rue Olivier-de-Serres como sede lo gana el Cercle por 2-0 y accede así a semifinales, instancia en la que derrota al VGA Médoc.

La final se juega de nuevo en el campo de Bergeyre y Les Capistes tienen como rival al Le Havre. Ambos conjuntos, según crónicas de la época, funcionan bajo el sistema del ataque W con un delantero centro típico y dos extremos en las bandas. El Cercle cuenta con parte del esqueleto de la selección francesa y tiene a siete internacionales en sus filas: Henri Bard, Marcel Vanco, Maurice Bigue, Andre Allègre, Andre Poullain, Ernest Gravier y Louis Mesnier, que debutó con la selección en 1904. Además el plantel lo completan dos jugadores suizos de gran nivel, el portero Dreyfus y Robert Pache. El partido fue bastante igualado y el Le Havre se adelantó en el marcador pero Bard, apodado

Bébé Cadum por su cara de niño, hizo dos tantos (uno de penalti) y dio la vuelta al resultado para dar la Copa a los capitalinos.

El éxito del Cercle, sin embargo, se torna rápidamente en negro a corto plazo. La desbandada de jugadores fue terrible y de la plantilla campeona apenas quedan un par de jugadores unos meses después. La operación renovación dura más de un lustro y en ese tiempo el Cercle pierde el status de mejor equipo parisino de la época en favor del Red Star. El año 1927 resulta clave al obtener de nuevo el título de campeón de París, lo que le otorga jugar la Copa con las semifinales como tope del equipo. El poderoso Olympique de Marsella les derrotó por 6-0 en Lyon y se esfumó el sueño de llegar a la final.

Pero la revancha ante los marselleses se producirá antes de lo previsto. La Federación francesa organizó al final de la temporada un torneo con los campeones de las ligas regionales e invita al Cercle como campeón capitalino a participar. En la división excelencia comparte grupo con el Amiens, el OM, el Bastidian y el FC Rouen: Les Capistes se coronan liderando la tabla con 10 puntos al sumar dos partidos ganados y dos empatados. De esta forma obtiene el campeonato y es el vencedor del certamen amateur de Francia. El plantel que ha ido progresando en los últimos años cuenta con jugadores de gran calidad y que visten la elástica nacional como Jean Fidon, Albert Ottavis, Jean Laurent, Lucien Laurent (autor del primer gol en un Mundial en 1930) o Marcel Langiller, el gran emblema histórico del club y su mejor futbolista.

La siguiente campaña será la última a gran nivel de la entidad. En el torneo regional caen en la última jornada frente al Stade Français, que se lleva el título, mientras que en la Coupe de France vuelven a llegar a la final después de ocho años. En su recorrido eliminan al Le Havre, el Olympique lillois y el FC Mulhouse hasta verse las caras con el temible Red Star en la final. Sus vecinos cuentan con gente más experimentada como el fenomenal Paul Nicolas o Just Brouzes y en Les Capistes la lozanía y juventud se nota demasiado en los hermanos Laurent o el propio Langiller. El partido es igualado pero el Red Star acaba imponiéndose por 3-1 bajo la atenta mirada del presidente de la República, Gaston Doumergue.

El inicio de los años 30 supuso un duro revés para el club que vivió una crisis gravísima de la que jamás se recuperó. El inicio de ese proceso tuvo mucho que ver con las marchas de sus jugadores franquicia: primero Langiller firmó por el Roubaix Excelsior y más tarde los hermanos Laurent ficharon por el Sochaux. La entidad capitalina se adhiere al profesionalismo en 1932 y participa en las dos primeras ediciones de la Liga. En el primer curso de 1932-33, el rendimiento del equipo es notable y finaliza en mitad de la tabla del grupo B. Curiosamente su estrella es un portero húngaro Karoly Mayer, que además es el especialista en el equipo en los lanzamientos de penalti. Por su parte, en la campaña 1933-34, empieza liderando la clasificación al ganar en la primera jornada al AS Cannes por 5-1 pero a partir de ese momento caerán en 21 de los 25 choques siguientes. El equipo terminará en el último puesto de la tabla y es relegado a la categoría de plata.

Sin estadio propio y teniendo que mendigar cada semana para encontrar un campo en el que jugar, en 1937 se instalan en Saint-Ouen en el distrito de Saint-Denis durante una temporada. Tras la guerra, el lugar del conjunto parisino será la Ligue 2 donde pasarán los siguientes tres lustros. En los 40 obtienen buenos resultados con alguna esperanza de volver a la élite del fútbol galo pero a principios de los 50 coquetean con los últimos puestos de la clasificación. Por su parte, en la Copa apenas dan alegrías a sus hinchas y no pasan en ninguna edición hasta 1951 de dieciseisavos de final.

Marcel Langiller, la gran estrella de los años 20 y retirado en 1938, toma las riendas del club como presidente tras la Segunda Guerra Mundial. Cada año el antiguo atacante debe realizar esfuerzos sobrehumanos para que el club siguiera existiendo pero en 1963 con el equipo en división regional arrojó la toalla. En unas declaraciones en la época comentó que "tuvimos el mérito de mantenernos durante mucho tiempo. Cuando era joven pensé que la situación mejoraría al año siguiente pero finalmente llegó lo inevitable". El Cercle proseguía sin tener un lugar fijo en el que jugar y esta perpetua trashumancia condenó a un club histórico en París y Francia durante 30 años. En octubre la institución se fusionó con el Stade Olympique Charenton para formar lo que hoy en día es el CAP-Charenton.

El Club Français, la primera entidad fundada por franceses

En la última década del siglo XIX llegó a Francia el *boom* del fútbol procedente de Gran Bretaña. Muchos jóvenes franceses se marcharon a estudiar a Inglaterra y allí conocieron un nuevo deporte que les apasionaría tanto que al regreso a su país lo dieron a conocer entre sus amigos y conocidos. En los primeros clubes que se fundaron en suelo galo había influencia británica y algunos de los fundadores eran originario de las islas. Sin embargo, el Club Français pasó a la historia por ser el primero en el que los miembros fundadores eran todos franceses.

La institución con sede en París surgió en 1892 de la mano de Eugene Fraysse y Charles Bernat, estudiantes de la universidad Chaptal que con asiduidad viajaban a Inglaterra y Escocia para estudiar inglés. El

club se establece cerca del Bosque de Bolonia en un campo conocido entonces como La Liga.

Sus primeros encuentros durante dos años son de carácter amistoso y en varios de ellos sus rivales son británicos. No es hasta 1894 cuando entra a competir en el campeonato de la USFSA y estrenan su curiosa equipación rosada y negra. En su debut en el torneo caen en semifinales contra el The White Rovers y, dos años más tarde, en 1896, conquistan el primer título de su corta historia. La competición la disputan equipos parisinos y de los suburbios y el Club Français termina la Liga de manera invicta con ocho victorias en ocho partidos. El alirón se produce el 15 de marzo después de un formidable triunfo ante el Standard por 4-1. El conjunto rosado ya forma habitualmente en un 1-2-3-5, donde destaca el arquero Lucien Huteau, el fundador del club y capitán Fraysse en la media o los delanteros Garnier y Peltier que disputaron los JJ.OO. de 1900 y 1904, respectivamente.

En el campeonato de la USFSA en las temporadas posteriores obtendrán dos subcampeonatos en 1899 y 1900 y será en dos torneos coperos como la Copa Dewar y la Copa Manier donde alcanzarán varios éxitos. La Copa Dewar es una competición de eliminación directa en exclusiva disputada por cuadros capitalinos. La Copa además es donada por un industrial irlandés de apellido Dewar que delega la organización en las USFSA. El Club Français conquistó la segunda edición en el año 1900, una temporada donde brillaron con la consecución de un triplete al cosechar el campeonato de París y la Copa Manier. Esta competición se creó en 1897 y tenía la norma impuesta en la que no se podían alinear a más de tres jugadores extranjeros. El equipo rosado fue el gran dominador durante los primeros años de existencia y venció ininterrumpidamente desde 1897 a 1901, época hegemónica donde derrotó al Le Havre, al Red Star o al RC Roubaix. Posteriormente, y tras un triunfo del Nacional St-Mandé, también alzaría el trofeo en 1903.

Hasta el estallido de la Gran Guerra no vuelven a conocer una victoria de prestigio en una gran competición. La sequía finaliza en 1918 al proclamarse ganadores del Desafío de la Fama, un torneo organizado por la LFA (Liga de Fútbol Asociación) desde 1914. Además, a partir de 1918, comienzan su participación en la Coupe de France, la competición que hará tocar la gloria al club años más tarde. En el campeonato de París vencen en 1929 y 1930, y en el Nacional del 1929 rozan una victoria extraordinaria pero en la final sucumben contra el Olympique de Marsella. En el equipo rosado ya destacan los internacionales franceses Marcel Bertrand y Robert Mercier más el inglés Arthur Parkes.

En 1931 inician como cada año la disputa de la Coupe de France con gran ilusión. Sin embargo, hasta ese momento no es un torneo en el que hayan logrado un papel descollante. Era habitual que cayesen en las primeras rondas y su mejor bagaje era los cuartos de final en tres ocasiones.

Empezaron su recorrido en octavos de final frente a una de sus bestias negras: el OM. La eliminatoria tendría de todo y se decidió tras cuatro partidos. En el primero, en Marsella, empataron 1-1 pero en el segundo con sede en Montrouge los marselleses ganaron por 1-0. Pero la alineación del OM tenía al alemán Vernicke sin ficha y aunque pudo ser descalificado, se decidió que se disputase otro encuentro. Dicho choque en Séte volvió a terminar en tablas y el duelo definitivo se trasladó a Colombes el 22 de marzo de 1931. El OM se adelantó y Mercier puso el 1-1 en los 90 minutos de juego. En la prórroga apareció el húngaro Miklos Boros para colocar el 2-1 final y apear a los marselleses. En cuartos y semifinales los capitalinos se deshicieron del Excelsior Roubaix, por la mínima, y el OGC Niza, por 6-1 en una tarde mágica en Colombes.

La final fue en el estadio olímpico contra el Montpellier el 3 de mayo de 1931. El técnico del cuadro naranja (un año antes cambiaron el color del uniforme), Fischer ordenó a sus chicos una salida en tromba desde el minuto uno y al descanso la final ya estaba decidida. El húngaro Boros, el británico Parkes y la estrella Mercier batieron en tres oportunidades al arquero André Guillard. El marcador ya no se movería más. El Club Français y su capitán Huvier levantaron la Copa al cielo de París en el instante más importante de la historia del club. La celebración, según las crónicas de entonces, fue de una euforia incontenible.

Sin embargo, de lo más alto pasaron a los bajos fondos en apenas cuatro años. En 1932-33 participaron en la primera edición del campeonato de fútbol francés profesional, aunque el rendimiento no fue el idóneo y descendieron de categoría tras finalizar en octava posición del Grupo A. Las deudas también hicieron mella en el club y el estoque final fue caer eliminado de la Coupe de France en 1935 contra el modesto Auvergnats de Moulins. Después de este duro varapalo, el presidente Bedel dio por terminada la actividad del club y pasó a fusionarse con el Football Club Athlétique Dionysien.

Huvier recibe la Copa de manos de Gaston Doumergue, presidente de la República
(Fuente: http://uneautrehistoiredufoot.blog.lequipe
.frwp-contentuploads201305huvier1931.jpg).

Racing Matra, un sueño que acabó de la peor manera posible

El actual Racing Club de France Football Colombes 92 es uno de los equipos más antiguos de la historia del fútbol francés. Los Pingouins, como se les ha conocido normalmente, fueron fundados en 1896, pero para ser una sección del Racing Club de France, un club deportivo fundado por varios estudiantes franceses para mejorar la afición a los deportes en la capital francesa. El Racing Club de France nació en 1882 y el Racing Club de France Football Colombes 92 vería a la luz catorce años después.

Sus primeros años en la élite no fueron para nada sencillos. La falta de fondos económicos por parte del ayuntamiento a los deportes en París y la poca profesionalización con la que empezó el Racing puso en entredicho la creación del equipo de fútbol, que sobrevive como puede sus primeros años en el campeonato local. Aun así, en estas épocas en Francia todavía no se contaban como profesionales los torneos que se disputaban en París y la situación era prácticamente similar en el ámbito nacional, por lo que se tuvo que esperar hasta la década de los 30 para comenzar a divisar los primeros éxitos de la escuadra parisina.

Tras la Primera Guerra Mundial, lo poco que sobrevivía al fútbol francés se evaporó en cuestión de segundos. Sin apenas ayudas exteriores, los jugadores y casi todos los clubes coincidieron en que había que hacer una profesionalización de todas las instituciones francesas relacionadas con el fútbol. No era posible que los clubes dependieran de fondos exteriores que nunca llegaban o, que en caso de tal, eran mínimos, resquicios o "sobras" tal como afirma en una entrevista a *L'Équipe* en 1936 el presidente Jean-Bernard Levy.

Hablemos de Jean-Bernard Levy. Nos encontramos en 1929, en los felices años 20, de máximo apogeo. Los jóvenes emprendedores, los empresarios ricachones que saborean las herencias de sus padres y las fortunas en Europa comienzan a establecer una auténtica hegemonía en el panorama económico. Francia se convirtió en el punto de mirar de muchos empresarios, ya que los clubes, sin tener un valor económico alto, suponían una fuente de ingresos atractiva para cualquier empresario. Jean Bernard-Levy pensó en adquirir el Racing Club de France y no solo eso, sino que fue uno de los principales promotores para que la conocida actualmente como LFP de Francia se convirtiera en algo profesional.

Nada más llegar a la presidencia del equipo, Levy llevó al Racing Club de France del anonimato a la élite. Consiguió traer a los mejores futbolistas que había disponibles por un precio razonable y el equipo empezó a experimentar una ascensión inigualable. Durante su estancia, el Racing Club de France consiguió tres Coupe de France y, además, el título más importante que ostenta en la actualidad: la Ligue 1 de 1936, con Rene Couard y el mito inglés Frederick Kennedy haciendo una de las parejas más letales de aquella década en el fútbol francés. Por desgracia, Levy fallecería en 1940 cuando fue obligado a ir al frente de batalla para luchar por Francia en la Segunda Guerra Mundial y la contienda dejó resquicios en el conjunto parisino.

El legado de Levy no iba a ser sencillo de recoger. Fue entonces cuando André Dehaye, amigo íntimo de Levy y también una persona activa en el mundo del fútbol, se hace con la presidencia. Dehaye era una persona de ideas bastante frescas y directas, por lo que fue el instigador, o al menos uno de ellos tal como cuentan en "Allez-Racing Foot"[15], de los partidos nocturnos. Debido al excesivo calor que hacía en los meses de agosto, septiembre y mayo, en Francia solo se disputaban partidos con la luz del día puesta. Dehaye, junto a varios miembros, decidió jugar partidos nocturnos para intentar sofocar los calores insoportables que se producían en el país galo. Con él, el Racing Club de France roza la Ligue 1 durante varias temporadas, pero no consigue finalmente ganarla, aun estando debilitado por muchísimos jugadores

---

15 Blog dedicado exclusivamente al Racing Club de France, con datos y estadísticas contrastadas.

en la guerra. El torneo más importante que se recuerda con Dehaye fue, sin duda, la Coupe de France de 1949. El Lille quería su quinta Coupe de France consecutiva y era el máximo favorito para el título. Aun así, los parisinos confirmaron su buen juego derrotando al LOSC por un contundente 5-2. Fue el último torneo "grande" que ganaría el Racing, que viviría una crisis financiera en 1967 que le obligaría a estar en el ostracismo durante muchísimas temporadas. No sin antes ser invitado a la Copa de las Ciudades Justas en 1963, predecesor de la Copa de la UEFA, además de fusionarse en el 1966 con el actual CS Sedan Ardennes, club que llegó a denominarse Racing Club de France Sedan con el objetivo de mejorar las situaciones económicas de ambos clubes.

Aunque muchos piensan que sí, el PSG no fue el primer equipo rico de la ciudad de París. Sumergido en varias crisis, el Racing Club de France resurgió en 1982 de las cenizas poco a poco. Los empresarios seguían considerando que el fútbol era una vía para ganar fama, ventajas personales y, sobre todo, mucho dinero. Jean-Luc Lagardère era uno de este selecto grupo de personas. En ese momento ya era una persona imperial en Francia. CEO de Matra y una persona ilustrísima dentro de las 24 horas de Le Mans, intentó comprar el París FC antes de hacerlo con el Racing Club de France. Lagardère necesitaba apoyos y quería instalarse en el equipo más comprar el color azul y blanco. Era un obseso del color del cielo, decía que la felicidad le venía cuando miraba al azul que tenia encima de su frente. Finalmente, con el Racing Club de France en Ligue 2, consiguió comprarlo y aunar en él también las categorías juveniles e inferiores del club, que no tenía por problemas económicos. El equipo pronto respondió a la inversión ascendiendo a la Ligue 1, división que hacía más de 15 años que no pisaba. Rabah Madjer, futbolista que anotaría un auténtico golazo en la final de la Copa de Europa de 1987, fue la primera inversión de Lagardère. Alain De Martigny, una leyenda del Brest, comparó en 2017 dicho fichaje como el de Neymar por el PSG, por el impacto que un jugador argelino de tanta calidad decidiera recalar en la Ligue 2, cuando era una liga semi desconocida.

Tal como relatan varias personas cercanas a Lagardère en un reportaje de Canal + France sobre el equipo, el empresario quiso en un momento arrebatarle el Parque de los Príncipes al PSG a medio plazo para convertir dicha zona en uno de los estadios más espectaculares del mundo. Su idea llegó, pero no como contemplaba, pues el Racing tuvo que compartir estadio con el PSG en este periplo.

A pesar del ascenso, una temporada después del mismo, el Racing desciende a Ligue 2. Fue entonces cuando Lagardère comenzó su locura particular. Tras ser un hombre de éxitos y motor, él quería resultados inmediatos. Cuanta menor especulación, mejor, por lo que comenzó a desembolsar su bolsillo para intentar hacer un equipo de antaño a su Racing Club de France. De Martigny confesó que el nombre de Lagardère significaba éxito. En su cabeza, el fracaso no existía. Tal como recalca Sergio Vilariño en el artículo *Racing de París, ambición* de *Ecos del Balón*, Laragdère tuvo el fallo de querer ser el primer equipo de Francia antes que de París, ya que en 1985-86, con el Racing en Ligue 2, el PSG se proclamaba por primera vez campeón de la Ligue 1. Los problemas seguían rondando la cabeza del empresario.

Ese verano, el Racing Matra consiguió una revolución en materia de fichajes. Enzo Francescoli, leyenda de River Plate y uno de los futbolistas del momento, fichaba por el club. Le seguía su compañero Rubén Paz y el talentoso alemán, Pierre Littbarski. Además, otra leyenda como Luis Fernández dejaba al enemigo financiero y rival de aquella época, el PSG, para sumergirse en el Racing Club. En los banquillos, Lagardère tampoco se corta. Artur Jorge, campeón de la Copa de Europa con el Porto, es elegido como entrenador en la 1987-88. Siguen los fichajes y, tal como afirma el propio Littbarski en una entrevista al *NY Times*, había ¡13 internacionales en el equipo! Siguiendo con su revolución, el Racing Club de France pasa a llamarse Racing Matra. La expansión de la marca había comenzado.

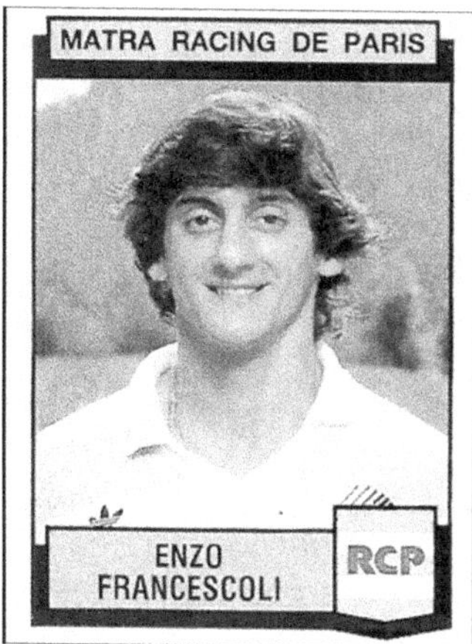

**Francescoli y Luis Fernández, dos de las figuras
del Racing en los 80** (© Panini).

La primera temporada del "Super-Racing", como lo denominaban en París, no fue del todo como se esperaba. Una 13ª posición bastante pobre, con las estrellas sin adaptarse y con un Francescoli más como marca mediática que como estrella en el campo. Luis Fernández es de los pocos que se salvan por rendimiento y el objetivo prioritario, que era terminar por delante del PSG (acabó 7º), se esfuma por completo.

La segunda temporada en Ligue 1 se salda con un más que interesante séptimo puesto. El "trofeo" para el equipo fue el de terminar por encima del PSG. Aun así, a pesar de que la plantilla cuenta por nombre con uno de los planteles más completos de Francia, no puede hacer frente a la gestión de egos que hay en el vestuario. Todos quieren ser la estrella y marca del equipo. Por ello, es muy complicado para Artur Jorge llevar las riendas del club. Esto provocaría que el técnico portugués tuviera que abandonar a mitad de la siguiente temporada el equipo por muchísimos problemas con la plantilla -Ginola explicó que en cada partido, muchas estrellas no eran titulares por la calidad del equipo y eso les enfurecía-. En aquel equipo, un joven David Ginola empieza a dar sus primeros coletazos en la élite.

Lagardère no puede más. Su poca paciencia termina de acabar por dejar de invertir en el club. Las marcas que él había traído para ser un equipo puntero desertan. Francescoli no aguanta y, junto a Luis Fernández, deja al equipo huérfanos de calidad. Aun así, y contra todo pronóstico, el Racing juega la final de la Coupe de France de 1990 ante el Montpellier de Blanc, un joven Cantona y el Pibe Valderrama. La pierde 2-1 y deja un anhelo de éxito que nunca se produjo en medio de su inversión millonaria.

Fue la última gesta de un Racing Matra que cambió de nombre por diversas fusiones que se vio obligado a hacer tras la deuda que dejó Lagardère en el club. Desde 1990, el club ha ido decayendo hasta un ostracismo que, en la actualidad, se traduce en la quinta división francesa. Un equipo histórico que vivió una historia de ensueño que se quedó en la nada.

Red Star, el equipo obrero de París

"Cuando voy a ver un partido del PSG, voy a ver un espectáculo, como si fuera al circo. Cuando voy a ver un partido del Red Star, voy a ver fútbol, a disfrutar de lo que es el deporte en su máxima esencia", así de tajante se mostró Tonifara Boto (nombre de pila) en una entrevista que tuvimos el placer de hacerle en el verano de 2018, con motivo de una visita a París. El hombre, abonado del Red Star desde que tiene uso de razón, menosprecia el fútbol moderno actual, convertido en dinero, en poca atención al aficionado y sin ayudas a su equipo, que, a pesar de jugar en un barrio de París, no es considerado como tal para el ayuntamiento, que prefiere invertir en el París FC dándole un estadio enorme -Stade Sebastian Charlety- en el que las gradas están vacías semana a semana.

El Red Star tiene más de un siglo de antigüedad y es uno de los clubes más emblemáticos de la historia del fútbol francés. En 1897, Jules

Rimet, hijo de granjeros que sufrieron la crisis agrícola de 1880, decide juntarse con una serie de jóvenes y fundar el club. Rimet, firme defensor de la política social a través del deporte, decide crear la estrella roja en el club para que las familias más pobres de Francia pudieran llevar a sus hijos sin coste alguno al equipo. Aun así, oficialmente la estrella roja es en honor a William Cody, "Bufallo-Bill", cazador de bisontes y showman que llevaba una estrella roja siempre consigo, por lo que el mito se convirtió en realidad, según nos confirmó Tonifara Boto en París. Aunque muchos son los que asocian la estrella al comunismo, no es cierto. Rimet además, sería uno de los promotores del Mundial que conocemos hoy en día y presidente de la FIFA en la década de los años 20.

El Red Star nunca ha querido mudarse de su mítico estadio en los más de 100 años que lleva en la élite del fútbol. El Stade Bauer, que sigue teniendo hoy en día gradas de cemento sin renovar, ha sido un símbolo para reivindicaciones políticas, culturales y raciales a lo largo de toda su historia. Tal como nos dijo Tonifara, en el estadio es normal llevar banderas de diferentes culturas. Desde banderas de Kurdistán, pasando por la feminista, por la comunista, por la del Che Guevara o, incluso, por la bandera del orgullo, son varias de las premisas que se ven cada fin de semana en el estadio. Allí, los aficionados van a disfrutar del ambiente más que del resultado. Boto confirma que cuando fue por primera vez al Stade Bauer, no conocía nada del club. Tal fue el ambiente que se hizo hincha desde el primer minuto que vivió en el campo y equipara dicha sensación a haberse casado. De hecho, tal es el obrerismo del estadio, que siempre que el equipo asciende a la Ligue 2, le obligan a irse a jugar a 90 kilómetros del barrio, concretamente a Beauvais -donde está el aeropuerto también-, pero poco importa eso a los aficionados, que recorren los kilómetros que sean con tal de alentar a su equipo. En el Bauer se pueden ver cánticos como el Bella Ciao o el famoso *Flic, arbitre ou militaire, qu'est-ce qu'on ne ferait pas pour un salaire*, que no hace falta ni traducir.

En lo futbolístico, el Red Star vive en sus primeros años buenos resultados. Gana cuatro Coupes de France hasta la Segunda Guerra Mundial y se consolida como uno de los equipos punteros de París. Eso sí, las portadas de los periódicos de la zona nunca hablaban de fútbol, sino del buen ambiente que se vivía en las gradas del estadio para apoyar a su equipo. La Segunda Guerra Mundial lastra al club y renace la figura de Rino Della Negra, jugador del club en 1942, campeón de la Coupe de France y un miembro activo de la resistencia francesa en la Segunda Guerra Mundial, inscrito en el grupo del armenio Missak Manouchian. Tal como confirma Tonifara Boto, la grada del estadio donde están los hinchas que más siguen al club, lleva el nombre de Rino Della Negra, que representa por encima de todo la resistencia

antifascista. Su nombre recuerda a Jean-Claude Bauer, un médico, declarado comunista que durante el régimen colaboracionista de Vichy se enfrentó a los nazis y terminó ejecutado.

El Red Star campeón de Copa en 1922 con Paul Nicolas y Pierre Chayriguès como estandartes (Fuente: http://gallica.bnf.fr).

"Seine-Saint Denis es uno de los barrios con más inmigración de Francia. En estos barrios, aunque parezca mentira, las familias blancas no llevan a sus hijos al fútbol por miedo a que el físico de las razas africanas se coma a sus hijos en el campo. El físico se ha impuesto en Saint-Ouen", confirma Tonifara. Seine-Saint Denis, el departamento de Saint-Ouen que está a 6 millas del estadio del PSG y que para el ayuntamiento sigue sin ser considerado parte de la ciudad, es el barrio donde juega el Red Star desde 1909, cuando tuvo que dejar su anterior zona por la burbuja inmobiliaria. Aquí creció y pasó durante mucho tiempo de su infancia el ex presidente de la República francesa, François Hollande. De hecho, Hollande volvió a poner de moda el Red Star visitando el estadio en varias ocasiones, poniendo de ejemplo al club como modelo de la República y de sus valores y apoyando a un equipo que lleva en su corazón, aunque el tirón mediático se lo impidiese. La Francia diversa y multicultural es una de las premisas de la República. Son insistentes los aficionados del Red Star cuando afirman que el dinero no lo es todo cada fin de semana que su equipo disputa un partido en el Bauer. El Ayuntamiento de París ha sido siempre un enemigo para el club, ya que el propio distrito parisino financió en su día la fusión del París FC con el FC Sedan Ardennes para que la ciudad tuviera un equipo más ambicioso, como menospreciando la filosofía vanguardista y luchadora contra la aristocracia del conjunto de Saint Denis. Además, también financió la fusión que provocaría el nacimiento del PSG en las élites mundiales.

"Aunque la prensa intente insistir con que somos comunistas, no todas las personas que van al estadio tienen que estar obligadas a tener una ideología de izquierdas. Pero aunque llegaran capitalistas para hacerse hinchas del club, lo que prima aquí son los respetos hacia los valores por los que un día nació el equipo", rescata Tonifara Boto.

Y es que, en su día, Haddad, presidente del consejo de administración del club, intentó realizar una revolución que no tuvo la acogida esperada en el seno del club. El empresario trajo fichajes interesantes, como el del ex delantero del Manchester United, David Bellion, al que nombraría tras su retirada director creativo del equipo, una posición absurda, inédita y que jamás se había visto antes en el fútbol, tal como explica Tonifara. Además, su proyecto para poder jugar en un nuevo estadio de inversión de más de 200 millones unió a burgueses y antifascistas en las gradas del Bauer para movilizarse e impedir que una consigna tan valiosa como el Stade Bauer, que representa mucho más que un estadio, sino un lugar de culto a la resistencia francesa, fuera demolida por un estadio moderno. Por ello, hay que tener en cuenta que en las gradas del Red Star tienen cabidas personas de todas las clases sociales, siempre y cuando respeten la política e identidad del club.

Cuando le preguntamos a Carlos -pseudónimo, no nos dejó poner su nombre en el libro-, sobre la afición al fútbol en París, él respondió tajante: "Cuando yo iba a mi trabajo, solo se hablaba de fútbol cuando jugaba el PSG única y exclusivamente a la hora del partido. Después, el fútbol no existía en las ciudades lujosas de la capital francesa. Recuerdo que en mi trabajo había más aficionados de otros equipos que del PSG. Cuando preguntaba yo, incrédulo, sobre esta razón, todos afirmaban que el verdadero equipo de París es el Red Star".

El aficionado del Red Star tiene el valor suficiente como para reconocer que son absolutos pioneros en el fútbol francés. El verdadero equipo parisino es el Red Star, no el PSG. Ningún aficionado del Red Star responde ante las preguntas sobre el equipo de Saint-Germain, debido a que ellos no quieren ser una alternativa ni mucho menos al PSG. Son un equipo *underground*, nacido por y para representar al fútbol de verdad, y todo lo que no sea hablar de lo que se cuece futbolísticamente hablando o políticamente en su zona importa más bien poco. Como bien hemos explicado, el ayuntamiento no considera este barrio como opción para ser financiada en motivos futbolísticos, por lo que podemos afirmar que Saint-Ouen es un estado independiente de París, para ser más concretos.

En *The Guardian*, en 2017, mostraron lo que verdaderamente es el Red Star. El equipo ayuda a otros proyectos como Rocket París, Hotel Radio

París y se promocionan gracias a fotógrafos de renombre que muestran en blanco y negro la humildad con la que el equipo sale a disputar un partido jornada tras jornada. Un club amigo de sus aficionados, que organiza comidas para fomentar la conciliación entre club-hincha y nunca ha subido el precio de las entradas por necesidades económicas para hacer saber que el equipo es tanto de los dirigentes como de los aficionados.

En cuanto a sus categorías inferiores, el Red Star es un equipo tan humilde que no cuenta con una cantera a nivel profesional. Los chicos del barrio, que sueñan algún día con llegar a ser futbolistas, pueden vestir las camisetas de sus ídolos. Steve Marlet, mítico ex jugador francés y que es presidente del club, nos confirmó en una entrevista que si tú quieres entrar a formar parte de las categorías inferiores del equipo, no hay más dificultad que la de apuntarse. No hay un período de pruebas como en todo equipo al que un chaval intenta apuntarse. Eso fideliza aun más a los chicos del barrio con el equipo.

Todos coinciden en que el Red Star, el cual no pisa la Ligue 1 desde 1975 y ha vivido en los últimos años una ascensión importante de jugadores -Sliti, Chavalerin, Jeanvier o Danilson Da Cruz casi logran ascender al equipo en 2015 contra todo pronóstico-, es el equipo que ha mantenido siempre su ideología y su entidad a lo largo de su historia. Nunca fue un producto de marketing y la normalidad que hay en Saint-Ouen, en la cual esperan desde el lunes para que llegue el fin de semana como si no hubiera un mañana, debería ser un barrio emblemático no solo de París, sino de Francia.

París FC, el ogro de las fusiones

Como ya hemos destacado en el inicio del capítulo del Red Star, el París FC juega sus partidos actualmente en el Stade Sebastién Charlety, con capacidad para 20.000 espectadores y año tras año no alberga ni una cuarta parte del estadio. Peor era la situación cuando el equipo militaba en National, equivalente a la segunda división B española y que veía cómo el Charlety tenía encuentros en los que no se alcanzaban ni las 50 personas. Solo en el famoso derbi ante el Red Star era cuando más gente había en el estadio, pero muchos coinciden en que el París FC es uno de los equipos más fantasmas del fútbol francés. Todos saben que existe, pero nadie te sabe decir un hito que haya marcado su historia para siempre en la élite.

"El problema del París FC es que es un estadio muchísimo más grande que el club. Es un estadio que tiene una capacidad muchísimo más proporcional a la cantidad de aficionados que tiene el París FC. No es como el Red Star o el PSG, que sí tienen sus estadios acordes el número de aficionados que tiene el equipo. Yo cuando trabajaba en comunicación había mucha publicidad que no compensaba por lo mal que se veía el estadio cuando el equipo jugaba", comenta Lamia El Hanbali, jefa de comunicación del club durante la 2017-18. No es que el equipo no tuviera aspiraciones, sino que la poca masa social del club ha podido con el intento de Pierre Ferracci de hacer el París FC el segundo equipo de la ciudad y un equipo importante en la Ligue 1.

Pierre Ferracci es una persona de culto en París. Su padre, Albert Ferracci, tuvo fuertes vínculos con el Frente de Liberación corso -del que hemos hablado en el capítulo del SC Bastia y que aúna en sus entrañas numerosos atentados- y el partido comunista corso, por lo que Albert, empresario innovador, quiso huir de los ejemplos de su padre y pronto abandonaría la isla de Córcega para probar suerte fuera. En 1983, Ferracci creó el Alpha Group, uno de los principales grupos inversores del París FC y ligado al crecimiento en el mundo de la consultoría en Francia. Su buen hacer en el mundo de la gestión también le valió para fomentar la formación profesional en Francia. Exitoso, en 2014 fue nombrado presidente del Consejo Nacional de Educación. Llegó al París FC en 2012.

"El problema de Ferracci es que concibe el club como una empresa. Lo monopoliza todo. Cree que un equipo de fútbol tiene que codearse con las élites para mejorar sus resultados. Y, por mucho que obtenga patrocinadores e intente expandirse, lo que hay que hacer es invertir más en cantera y dejar tantos patrocinios de cara a la galería", explica François Monet, hincha del equipo desde 1990 y que considera que Ferracci, más que un presidente, es un empresario. Ferracci cerró en 2017 un acuerdo con Vinci, empresa pionera y una de las más importantes en concesiones y construcciones, para iniciar la escalada hacia un posible ascenso a la Ligue 1.

Aun así, Ferracci está teniendo un plan muy inteligente en relación al París FC. Los problemas que nos comentaba Lamia en relación a su floja visión para equilibrar la masa social, los está solventando con un plan educativo para la Academia París FC. En París, el problema viene de lejos en las canteras. Los chicos quieren llegar a ser profesionales antes de haber sido juveniles y, por ello, casi todos acaban en el ostracismo. Ferraci lo sabe y en los últimos años ha impulsado un modelo socio económico y educativo para mejorar las infraestructuras y el *status* del equipo. Obviamente, son muchos los que se aventuran a asegurar que hay corrupción dentro de este entramado. Ferraci es corso, y, como bien sabéis, en Córcega la mayoría de los empresarios que se han vinculado al fútbol tienen detrás un sinfín de casos de corrupción. Sus halagos recientes al ayuntamiento por las ayudas económicas y las dudas que deja el estadio son varias de las cuestiones que se siguen preguntando los aficionados. De hecho, es común que un partido de Champions del

PSG femenino o de los juveniles del PSG en la Youth League doble la entrada a un partido del París FC en la Ligue 2 o National.

Respecto a su financiación, Lamia nos afirma que es el presidente el único que financia al club: "Es el Grupo Alpha, que lleva el presidente, el único que financia al club. No hay mucho dinero, el club se mantiene con las ventas en traspasos y el Grupo Alpha. Y también con el dinero del ayuntamiento para financiar el estadio".

El París FC tiene un derbi muy caliente ante el Red Star, pero su rival a mirar es el PSG. Quiere convertirse en el segundo equipo de la ciudad de París cuanto antes y por ello su rivalidad con el PSG ha estado siempre presente. El París FC se fundó en 1969 para relanzar el fútbol parisino, que había perdido sus mejores años y necesitaba un renacer cuanto antes. Un año después de su fundación, el París FC se fusionó con el Stade Germain para formar el PSG. Por lo que el París FC fue el PSG durante dos temporadas, con matices, pero fue el primer equipo que jugó bajo dicha nomenclatura.

En 1972, el París FC decidió separarse en una sola entidad para seguir jugando al máximo nivel. Por aquella época, Lagardère, el hombre que compraría el Racing Club, buscaba un equipo parisino en el que expandir su figura y su imagen. El París FC pudo ser su destino, pero el color azul marino que siempre ha caracterizado al equipo quería ser cambiado por el azul claro y blanco que tanto fascinaba al magnate. El París FC rechazó y, aunque la historia podía haber sido otra, comenzó su decadencia en el fútbol profesional. Tres temporadas en Ligue 1, bastantes en Ligue 2, pero un equipo que buscó alzarse con el trono de la capital durante varias temporadas con un interesante juego y sin mucho dinero. De 1983 a 2015 no pisaría más el fútbol profesional, pero con Ferracci el equipo ha pegado una mejoría tremenda mediante un modelo más que futbolístico, deportivamente muy amplio y ejemplo ya de varias canteras.

"El PSG ha sido el rival histórico del París FC, por cómo nacieron ambos equipos por la supremacía de la capital francesa y por cómo se fraguó su fusión. Aun así, hoy en día, el París FC no puede mirarle de tú a tú al PSG y su máximo rival es el Red Star. Los hinchas del Red Star consideran al París el pequeño PSG porque el ayuntamiento lo está financiando y ha crecido de la mano de un buen empresario", afirma Lamia cuando la preguntamos por la actual rivalidad del equipo.

Beltramini, máximo goleador histórico del club (© Panini).

En los últimos años, el París FC ha estado muy cerca de ascender a la Ligue 1. En la 2017-18, el equipo había descendido a National, confeccionó un equipo para jugar en tercera división francesa y, por el descenso administrativo del SC Bastia, terminaría jugando la Ligue 2 y, con Mercadal, un entrenador maravilloso tácticamente, estuvo a un paso del ascenso. Durante todo el año fue el 3º en la clasificación, con un equipo talentoso con jugadores como Dylan Saint-Louis, promesa del Saint-Étienne; Lalaina Nomenjanahary, un futbolista que en el Lens prometía muchísimo, y otros como Mammilone o Mandouki, hicieron soñar al Charlety durante toda la temporada, aunque finalmente terminaría deshinchándose y sin jugar el playoff de ascenso a Ligue 1.

Ferraci ya había conseguido lo más complicado: aumentar en cifras altísimas la afluencia del equipo al estadio. De hecho, el club cuenta actualmente con dos grupos de ultras, lo que dice que la gestión del equipo desde los despachos y mejorando sobre todo la cantera está siendo eficiente. Actualmente, es evidente que el París FC, por nivel y por lo demostrado en los últimos años, es el segundo equipo de París. El sueño de volver a la Ligue 1 está cada vez más cerca.

Capítulo 7.

Los torneos internacionales en Francia

Francia se ha distinguido como un lugar perfecto a la hora de acoger distintos torneos internacionales de fútbol. En dos ocasiones ha organizado un Mundial, la fase final de la Eurocopa y el torneo futbolístico de unos Juegos Olímpicos, siendo considerado el segundo de ellos en 1924 como el campeonato Mundial oficioso.

Míticos jugadores y leyendas del balompié de distintas generaciones dejaron su huella en suelo galo y varias fueron las figuras que emergieron o se consolidaron con su juego y sus goles en los grandes campos franceses de la época.

En orden cronológico, el primer gran evento fue los Juegos Olímpicos de París en 1900 y también los celebrados en la misma ciudad en 1924, apenas una década más tarde se disputó el Mundial en 1938, luego en 1960 la primera edición de la fase final de la Eurocopa de naciones y más recientemente, otra Eurocopa en 1984, el Mundial en 1998 y la última Eurocopa celebrada hasta la fecha en 2016.

JJ.OO. París 1900

El primer torneo olímpico de fútbol se celebró en la capital francesa en los segundos Juegos de la era moderna. En un principio se esperaba la participación de cinco selecciones, los anfitriones bleu, Suiza, Bélgica, Alemania y Reino Unido, pero finalmente se tuvo que cambiar la fórmula. Suizos y germanos renunciaron; se optó porque participasen clubes.

El método de selección fue por invitación y representando a Francia actuó el Club Français, por Reino Unido el Upton Park y por Bélgica el Racing Club de Bruxelles. A última hora, el Racing rechazó la invitación y la Asociación belga improvisó una selección con estudiantes de la Universidad de Bruselas y varios jugadores de equipos de la capital, que incluía dos extranjeros, un holandés y un británico que residían allí.

El calendario contó con dos partidos en el programa oficial aunque los choques se distribuyeron por separado y no formando parte de un torneo. El COI por tanto asignó oficialmente las medallas a las naciones y comités olímpicos que representaban cada conjunto.

Los dos duelos tuvieron como escenario el Velódromo de Vincennes sin gran afluencia de público (entre 500 y 1.500 espectadores). El primero de ellos midió al Club Français con el Upton Park, duelo que los británicos se impusieron con claridad por 4-0 y con John Nicholas como estrella con un doblete. Tres días más tarde, los galos derrotaron y avasallaron a la ULB belga por 6-2, con Gaston Peltier brillando en los anfitriones.

De este modo, a Reino Unido se le otorgó la presea de oro, a Francia la medalla de plata y Bélgica se colgó el bronce.

JJ.OO. París 1924

Los Juegos Olímpicos de París fueron los terceros de la historia en los que estaba incluida la disciplina del fútbol reconocida oficialmente por la FIFA. Sin embargo, el profesionalismo comenzó a surgir en buena parte de Europa y el Reino Unido declinó participar por su descontento con la FIFA que dejaba a cada federación la posibilidad de jugar con amateurs o profesionales. Otra baja importante fue la del magnífico equipo danés por problemas económicos.

En total acudieron 22 países, la mayor congregación de escuadras hasta la fecha y que no sería superada en un torneo de fútbol internacional hasta el Mundial de España en 1982. Participaron 18 equipos europeos (Bélgica, Estonia, Lituania, Suecia, Bulgaria, Francia, Luxemburgo, Suiza, Checoslovaquia, Hungría, Países Bajos, Irlanda, Polonia, España, Italia, Rumania, Yugoslavia y Letonia) y además un americano (Estados Unidos), un euro-asiático (Turquía), un africano (Egipto) y un sudamericano (Uruguay). Los charrúas que se estrenaban en la competición se convertirían en un duro escollo a partir de entonces para todos los rivales del Viejo Continente.

Las cuatro sedes de la competición correspondieron al gran estadio Yves-du-Manoir, conocido popularmente como Colombes con una capacidad para 60.000 espectadores, el estadio Bergeyre con 10.455 asientos, el estadio Pershing con 8.110 butacas y el coqueto estadio de París con 5.145 localidades. El torneo dio su pistoletazo de salida el 25 de mayo con una ronda preliminar en la que se vieron las caras 12 selecciones.

La selección francesa en 1924
(Fuente: biblioteca.afa.org.arlibroslibro_66).

En uno de los choques del campeonato, Italia se deshizo de España en Colombes con un célebre e infausto autogol de Vallana que causó desazón en territorio español durante muchos años. Además, Hungría, la gran favorita para los europeos, eliminó a Polonia y Uruguay empezó a sorprender y a cautivar a todos con una sonora goleada contra Yugoslavia con dobletes de Petrone y Cea.

En la segunda ronda se incorporó el cuadro local liderado por Paul Nicolas y Édouard Crut, que apabulló a los letones, y también los Países Bajos, que batió con claridad a Rumania. La Celeste seguía con paso firme frente a Estados Unidos, pero Hungría cayó de forma muy sorprendente ante Egipto en el estadio de París.

En cuartos de final, el 1° de junio y con Colombes a reventar, se jugó el choque que todo el mundo esperaba: Francia contra Uruguay. La afición gala esperaba ver a su selección colgarse el oro pero enfrente estaba un conjunto que estaba maravillando por su juego y la calidad de muchos de sus hombres. La primera mitad estuvo competida aunque Uruguay se marchó al descanso con ventaja de 2-1, gracias a dos goles de Héctor Scarone, conocido como el Mago y un futbolista técnicamente excelente. En los siguientes 45 minutos, Uruguay sometió a los anfitriones y dos goles del gran ariete Petrone y uno de Romano hicieron hincar la rodilla a Francia.

Pedro Petrone, máximo goleador en los JJ.OO. 1924
(Fuente: www.atf-firenze.it).

Ese mismo día en el estadio de Pershing, Suecia desnudó las carencias de Egipto y al día siguiente los Países Bajos derrotó en la prórroga a Irlanda y Suiza superó a Italia por 2-1, con su joven estrella Max Abegglen a pleno rendimiento.

Las semifinales juntaron a suizos contra suecos y uruguayos frente a neerlandeses en lo que muchos comentaron que era la final anticipada. En Colombes, los centroeuropeos ganaron a los escandinavos por 2-1 con otras dos dianas de Abegglen, un *killer* sobresaliente que tenía el gol siempre en la cabeza. Mientras que en Colombes los uruguayos sufrieron para vencer a los Países Bajos. Los neerlandeses, con Kees Pijl como figura, se vieron por delante en el marcador y aguantaron hasta la segunda parte, cuando Cea firmó el empate y Scarone culminó la remontada con un tanto de penalti a poco del final.

En la lucha por el bronce se tuvieron que disputar dos choques tras terminar en tablas el primero de ellos. En Colombes, el 9 de junio, los suecos se impusieron a los Países Bajos por 3-1, con el formidable delantero Sven Rydell liderando a su selección, y se colgaron la presea.

La final se disputó a continuación con 40.000 espectadores en las gradas deseando seguir viendo a los charrúas. Y Uruguay no decepcionó. Con Mazali en portería, el gran defensa Nasazzi apodado el Gran Mariscal, La Maravilla Negra Andrade en la media, un auténtico portento físico y técnico, y la delantera que formaban Urdinarán, Scarone, Petrone, Cea y Romano, el cuadro charrúa desplegó un fútbol bonito, vistoso y eficaz que acabó con la resistencia de los suizos por 3-0, pese a los intentos de Abegglen y el ariete Dietrich de perforar el marco uruguayo.

La Celeste ganó el oro y además fue el inventor de la vuelta olímpica tras conquistar el metal, cuando todo el equipo recibió una gran ovación desde los graderíos y dio la vuelta a todo el terreno de juego para agradecer el cariño de los aficionados presentes aquella tarde en el coliseo de Colombes.

La campeona olímpica Uruguay en 1924 (Fuente: foto Wikipedia).

Mundial Francia 1938

En 1936 y en plenos Juegos Olímpicos de Berlín, el Comité de la FIFA reunido en la capital alemana concedió a Francia el tercer Mundial de fútbol tras los disputados en Uruguay en 1930 e Italia en 1934. Pocos meses antes del Mundial y ante el tenso clima que se vivía en Europa, Jules Rimet tuvo que salir al paso de las informaciones que hablaban de una posible cancelación del torneo.

Los graves problemas políticos causaron importantes ausencias como la de España que estaba inmersa en la Guerra Civil, o la de Austria (ya clasificada), tras la invasión nazi. Además también se borraron dos grandes potencias sudamericanas como Argentina, por no haber sido la candidata elegida para acoger el Mundial, o Uruguay, en venganza de los países europeos por no asistir al primer Mundial de la historia.

El Mundial contó con un nuevo esférico e innovador para la época que no llevaba tiento y permitía rematar con la cabeza sin sufrir ningún daño. El cuero lo inventaron tres argentinos y fue recibido gratamente por los jugadores.

Además, diez fueron los estadios elegidos: Colombes en París y el coliseo estrella del campeonato, el Parque de los Príncipes aún con un velódromo rosado a su alrededor, el estadio La Cavée Verte en Le Havre, el Victor Bouquey de Lille, el Vélodrome de Marsella con la mayor capacidad de todos (60.000 espectacores), el Fort Carré de Antibes, el Parc Lescure de Burdeos, el Vélodrome Municipal de Reims, La Meinau en Estrasburgo y el campo de Chapou en Toulouse, un templo del rugby galo.

Tras las correspondientes fases de clasificación, consiguieron el pase 13 países que se unieron a Francia e Italia, con la nueva norma impuesta por la FIFA, selecciones clasificadas de oficio por ser la anfitriona y la vigente campeona. El sorteo se llevó a cabo en la capital francesa y la mano inocente para agrupar los emparejamientos fue Yves Rimet, nieto del presidente de la FIFA Jules Rimet.

Los dos grandes alicientes de los octavos fueron los choques entre Suiza y Alemania y Brasil ante Polonia. Los helvéticos, apoyados masivamente en las gradas parisinas, forzaron el desempate contra los teutones, uno de los favoritos a alzar la copa. Karl Rappan experimentó con el *verrou* (cerrojo), una táctica en la que un tercer defensa jugaba por detrás de los dos habituales y esto desconcertó a los alemanes. En el segundo encuentro ganaron por 4-3, con un papel brillante de André Abegglen (hermano de Max, protagonista en los JJ.OO. de París) y Alfred Bickel.

Por su parte, el duelo entre Brasil y los polacos fue una oda al fútbol de ataque. Once goles se vieron en Estrasburgo para un 6-5 final favorable a los sudamericanos, en el que Leónidas empezó a fascinar a toda Europa y donde el delantero polaco Wilimowski se dio a conocer al panorama futbolístico con el primer póker de dianas de la historia de los mundiales.

Además, los anfitriones vencieron 3-1 a Bélgica con doblete de Jean Nicolas del FC Rouen y la presencia por primera vez de un jugador de color en los Bleus en el torneo: Raoul Diagne del RC París. Hungría aplastó a las Indias Orientales Neerlandesas por 6-0, con el guardameta asiático saltando al césped con una muñeca como amuleto; Cuba sorprendió a todos echando a Rumania en el segundo encuentro y con Juan Tuñas el Romperredes como estilete; Italia la gran campeona sufrió para doblegar a Noruega, selección que ya le hizo sufrir en los JJ.OO. de Berlin para alcanzar la final y Checoslovaquia se deshizo de los Países Bajos con el binomio formado por Antonin Puc y Oldrich Nejedly. Todas se unieron a Suecia, ya clasificada al estar Austria fuera del torneo.

Partido de cuartos entre Hungría y Suiza en Lille
(Fuente: Olympique Lillois. Sporting Club Fivois. Lille O.S.C.).

En los cuartos de final, toda Francia estaba expectante para la contienda ante la Azzurra en Colombes. La afición y la prensa local confiaban en batir a los campeones apoyándose en la calidad de Alfred Aston, Oscar Heisserer, Jean Nicolas o el fenomenal Edmond Delfour. Sin embargo, Pozzo y sus chicos dieron un golpe de autoridad y no permitieron la sorpresa ganando por 3-1, con dos goles del excelente Silvio Piola.

En Antibes, Suecia despachó son solvencia a Cuba por 8-0 con sendos tripletes de Gustav Wetterström y Harry Andersson, y en Lille una fortísima Hungría, que contaba con El Doctor Sarosi y Zsengeller, doblegó a los suizos del cerrojo por 2-0.

El otro encuentro de cuartos entre Brasil y Checoslovaquia fue muy igualado y emocionante con dos conjuntos de muchísimo nivel. El primer partido fue una auténtica batalla campal que acabó en tablas: Zezé Procopio, Machado y Jan Riha fueron expulsados, Nejedly terminó con una fractura de tobillo y Planicka, con la clavícula rota. Dos días más tarde, el seleccionador brasileño Ademar Pimenta sacó un equipo casi nuevo y fue lo que le dio la victoria en la segunda mitad al tener más frescura que el plantel centroeuropeo.

En semifinales, los húngaros jugaron ante los suecos e Italia se vio las caras contra Brasil en la final anticipada para la mayoría de espectadores. Los escandinavos se presentaron tras apabullar a Cuba y eran un rival muy peligroso para los magiares, sin embargo, 90 minutos más tarde la máquina húngara demostró un nivel excelso. Suecia marcó a los 35 segundos por medio de Nyberg y prendió la llama de Hungría, que pasó por encima de su rival el resto del partido. Fue 5-1, con un ataque demoledor dio el pase a la final al conjunto magiar.

En el otro choque, en Marsella, la Azzurra no las tenía todas consigo contra Brasil. Leonidas amenazaba a los campeones y Pozzo buscaba la fórmula de parar a la estrella sudamericana. Sin embargo, unas molestias musculares no permitieron a Pimenta contar con el Diamante Negro para el encuentro, lo que sumado a las suplencias de Brandao y Tim, hizo que Italia no desaprovechase la ocasión. Los transalpinos con un estilo eficaz y sencillo volvieron a demostrar su categoría y con tantos de Colaussi y Meazza de penalti vencieron por 2-1 (Romeu descontó en los instantes finales).

Para la lucha por la tercera plaza regresó Leonidas a lo grande con dos tantos y un papel excepcional, y Brasil se impuso por 4-2 a los suecos en el estadio Parc de Lescure de Burdeos.

La gran final se celebró en Colombes, el 19 de junio, con Italia buscando un histórico doblete y con Hungría en la primera final de su historia. Si los magiares rendían al mismo nivel que el resto del torneo tendrían posibilidades ante un conjunto de Pozzo que no enamoraba pero sí vencía con suficiencia. Sin embargo, Hungría bajó su rendimiento de las eliminatorias previas e Italia fue mejor y se coronó de nuevo campeona del mundo.

La figura fue el artillero del Lazio Silvio Piola, que anotó dos dianas, en gran colaboración con el magnífico extremo izquierdo de la Triestina Gino Colaussi, que también batió en dos ocasiones a Szabo.

Sarosi, líder magiar, no cumplió las expectativas pese a conseguir un tanto y Hungría claudicó frente a la solidez azzurri por 4-2. Italia, con un equipo menos técnico que el de 1934, volvía a triunfar ante las mejores selecciones del mundo y Vittorio Pozzo alcanzaba el hito de revalidar el título mundial, marca que no se ha repetido hasta la fecha.

Italia con la Copa Jules Rimet
(Fuente: Le Miroir des sports, 21 juin 1938).

Eurocopa 1960

La primera Eurocopa de naciones en 1960 tuvo como sede Francia, aunque no fue elegida en las primeras reuniones para crear la competición, sino que fue escogida por ser una de las cuatro selecciones clasificadas para semifinales, tal y como indicaba el reglamento.

Los otros tres países (URSS, Checoslovaquia y Yugoslavia) pertenecían al Telón de Acero y eso permitió que Francia fuese la seleccionada. Además, también fue un pequeño tributo para el creador de la competición que era galo, Henry Delaunay.

Todo surgió en 1957 cuando se aprobó en Bruselas el reglamento de la primera Eurocopa. Un año más tarde se procedió al sorteo en Estocolmo, en el que participaron 16 equipos. Tras una primera ronda y unos cuartos de final se plantaron en semis tanto franceses como checoslovacos, soviéticos y yugoslavos.

Los dos estadios elegidos fueron los de más capacidad en Francia: en París, el Parque de los Príncipes que podía alojar a 49.500 personas, y en Marsella, el Vélodrome con 60.031 butacas. Los choques se agruparon en apenas cuatro días en las dos ciudades.

La primera semifinal midió a los anfitriones contra el cuadro plavi en París. En Francia figuraban Robert Herbin, Lucien Muller, Maryan Wisnieski y Jean Vincent. Sin embargo, era baja su gran estrella: Raymond Kopa. Por su parte, Yugoslavia era un plantel potentísimo con Soskic en la meta, Zebec, Jusufi y los atacantes Sekularac, Galic y Jerkovic.

El partido fue fantástico y emocionante en cuanto a juego y goles. Yugoslavia venció por 5-4, pero para todo el público francés el gran culpable de la derrota fue el cancerbero Georges Lamia que militaba en el Niza.

En el otro lado del cuadro, la URSS y Checoslovaquia se vieron las caras en Marsella. El duelo tuvo poca historia por la gran superioridad de los soviéticos. Metreveli y Meshki fueron imparables para una defensa checoslovaca en la que estaban Popluhar y Novak más el guardameta Schroif. Yashin abortó alguna ocasión peligrosa de Masopust y la URSS ganó por 3-0 con un doblete del extraordinario Ivanov y una diana de Ponedelnik.

Tres días después, por la tercera plaza, apenas hubo expectación en Marsella. Ni 10.000 personas fueron al Vélodrome para ver a su selección poco motivada perder ante los checoslovacos. El estilo lento de los centroeuropeos se impuso a los galos que además jugaron con 10 los últimos minutos por lesión del medio Marcel. El tanteo fue de 2-0.

La final tuvo lugar el 10 de junio en el Parque de los Príncipes. Las crónicas hablan de una contienda muy equilibrada, dura y disputada. La primera mitad tuvo color azul y a pesar de que Yashin repelió varios ataques yugoslavos, no pudo detener a Galic en un mano a mano en el minuto 43. Así se llegó al intermedio y en la segunda parte la URSS se lanzó al ataque en busca de la igualada. En el 49, un disparo de Ivanov fue despejado por Vidinic y el rechace lo aprovechó Metreveli para empujar el cuero a la red.

El marcador no se movió hasta el 90 y en la prórroga la frescura y la fuerza de los soviéticos fue clave. Yashin se convirtió en un gigante y Netto, Ivanov y Ponedelnik llevaron las operaciones soviéticas en la organización del juego. Precisamente fue Ponedelnik, del SKA Rostov, el que en el minuto 113 anotó de cabeza tras un buen centro de Meshki y dio la victoria a su país.

El capitán soviético Igor Netto en un ambiente frío al contar la final con apenas 18.000 espectadores (la afición francesa estaba triste por la eliminación de los Bleus), fue el encargado de recoger el trofeo de manos del presidente de la UEFA, el danés Ebbe Schwartz.

Slava Metreveli, autor del primer gol soviético en la final
(Fuente: www.ebay.it).

Eurocopa 1984

El Comité Ejecutivo de la UEFA en su reunión del 10 de diciembre de 1981 decidió conceder a Francia la organización de la Eurocopa de 1984, a la que acudieron ocho selecciones y donde ya no se disputaría el duelo de consolación por el tercer lugar.

Siete fueron las sedes del torneo con el Parque de los Príncipes como estadio estrella. Además, también se disputaron partidos en Lyon, en el Vélodrome de Marsella, en el Felix Bollaert de Lens (se amplió hasta los 51.000 asientos), en La Beaujoire de Nantes (construido para la Euro), en el Geoffroy-Guichard de Saint-Étienne y La Meinau en Estrasburgo, renovado para el evento futbolístico.

La mascota elegida fue un gallo de nombre Peno, que vestía los colores de Francia con el número 84, y se jugó con el balón Tango Mundial, una versión parecida al Tango del Mundial de España, solo que esta vez las letras iban en color rojo.

En el plano deportivo un nombre asombró al mundo: Michel Platini. El galo fue de exhibición en exhibición y acumuló numerosos elogios en cada partido. Guió a Francia a la conquista de su primer gran título internacional y además lo hizo siendo el máximo goleador de la competición.

Tras la fase de clasificación, en la que se quedaron fuera Inglaterra, la URSS, los Países Bajos e Italia, los siete que alcanzaron un billete fueron Dinamarca, Bélgica y Yugoslavia, para formar parte del grupo

A con los anfitriones, y España, Portugal, Alemania Federal y Rumania integraron el grupo B.

Michel Platini fue la figura local y el crack de la Eurocopa
(Fuente: storiedicalcio.altervista.org).

En el grupo A, Francia pasó por encima de casi todos sus rivales con un Platini pletórico. El 10 galo marcó en el triunfo por la mínima ante los daneses y firmó dos *hat-trick* consecutivos contra belgas y yugoslavos. Además, ante los Diablos Rojos, superó a Fontaine como máximo goleador histórico de los Bleus y el 5-0 cosechado supuso hasta entonces el resultado más abultado en la fase final de la Eurocopa.

En la lucha por la segunda plaza, Dinamarca y Bélgica compitieron hasta el último partido, cuando en Estrasburgo los daneses con Laudrup y Elkjaer Larsen como estrellas derrotaron a los belgas por 3-2 y accedieron a semis.

En el otro grupo reinó la igualdad con España, Portugal y la RFA. Los españoles realizaron un campeonato de menos a más y tras empatar con Rumania en el debut y con Portugal en la segunda jornada, obtuvieron el pase a la siguiente ronda contra los germanos después de un agónico tanto de Maceda de cabeza en el minuto 90.

Alemania y Portugal, por su parte, hicieron tablas en su estreno en Estrasburgo pero luego los teutones vencieron a Rumania y los lusos empataron con España. De este modo todo se resolvió en la última jornada, en la que la derrota de los alemanes y un gol de Nené a poco del final ante Rumania les dio el pase a los hombres de Fernando Cabrita.

El primer choque de semifinales fue el que jugaron en Marsella franceses y portugueses. Fue el mejor encuentro del torneo y se tuvo que resolver en la prórroga. El trío formado por Platini, Giresse y Tiganá lideraba a los locales, que se las vieron tiesas con los Chalana, Sousa y Pacheco. Al término del tiempo reglamentario el marcador reflejó un 1-1 que dio paso al tiempo extra. En la prórroga, los arqueros Bento y Bats estuvieron a gran nivel pero encajaron dos y un tanto, respectivamente. Jordao, que hizo dos dianas, adelantó a Portugal y el defensa Domergue del Toulouse igualó también con otro doblete. Cuando todo indicaba que habría tanda de penaltis, surgió Platini que recibió un centro de Tiganá y con un toque se deshizo de dos zagueros lusos para colocar el cuero en la red portuguesa. Al día siguiente, fue la portada en todos los periódicos de tirada nacional y *L'Équipe* tituló "El Papa habita en Turín".

En la contienda entre Dinamarca y España, disputada en Lyon un día más tarde, sí hubo penaltis. Los daneses llevaron el ritmo y la iniciativa en la primera parte y pronto cobraron ventaja con un gol de Lerby. Arconada mantuvo a España en el partido y en la segunda mitad los españoles con energía y entrega consiguieron el empate con otro tanto salvador de Maceda. La prórroga no resolvió nada y en la tanda el fallo de la estrella Elkjaer Larsen y el acierto de Manu Sarabia permitieron al equipo nacional español viajar a París.

La final tuvo lugar el 27 de junio en el Parque de los Príncipes de París con 47.300 asistentes. El planteamiento de España fue muy eficaz durante una hora con marcajes pegajosos que impidieron a los galos desarrollar su juego. Además, gozaron de buenas oportunidades como un testarazo de Santillana que sacó en la línea el zaguero Battiston.

Sin embargo, en el minuto 57, el colegiado Vojtech Christov señaló una falta en la frontal del área española. Platini chutó al lado del portero y al guardameta vasco Arconada se le coló el balón bajo el cuerpo que entró de forma lenta en su marco. Ese gol mató a España, que se fue arriba por el empate sin remedio y sin cabeza. Francia aguantó las embestidas y en una contra, en el minuto 92, Bruno Bellone del Mónaco certificó el triunfo francés al batir por alto a Arconada en su salida.

Francia alzaba su primera Eurocopa con Platini como genio en el terreno de juego y con Michel Hidalgo, seleccionador galo y que se despidió aquel día de la selección, como gran baluarte en el banquillo. Un técnico al que de pequeño llamaban "El Españolito" por el origen español de su progenitor, pero que demostró ser un fantástico entrenador confeccionando un equipo muy creativo en la zona media del campo y duro a la hora de defender, aspecto que habían corregido tras el Mundial de España 1982.

El seleccionador galo campeón de Europa (© Panini).

Mundial Francia 1998

Sesenta años después de organizar el Mundial, Francia volvió a acoger el torneo más importante y prestigioso a nivel de selecciones. En esta ocasión, además, con la novedad de ser el más numeroso de la historia con 32 selecciones. Un total de 64 partidos y en los de la fase de eliminatorias con la introducción del Gol de Oro, es decir, marcando primero en la prórroga ganabas el encuentro.

Footix, un simpático gallo, fue la mascota oficial y como balón se utilizó el adidas Tricolore. Diez fueron las sedes, con el espectacular estadio de Saint Denis de París estrenado poco antes como la gran estrella. También acogieron partidos el Parc Lescure de Burdeos, el Félix Bollaert de Lens, Gerland en Lyon, el Vélodrome de Marsella, La Mosson en Montpellier, La Beaujoire de Nantes, el Parque de los Príncipes de París, el Geoffroy Guichard de Saint-Étienne y el Municipal de Toulouse.

El partido inaugural se celebró en St. Denis entre el vigente campeón del mundo Brasil y la selección escocesa. Los británicos dieron más guerra de la que se pensaba en un principio y los sudamericanos, pese a adelantarse pronto en el marcador, vieron cómo antes del descanso Collins empataba. Terminaron sentenciando el duelo hasta que restaban 17 minutos para la conclusión del mismo.

En ese grupo A también compitieron Noruega, con un excelso Flo, y Marruecos. Los noruegos, que ganaron a Brasil, alcanzaron el segundo puesto y la verdeamarela, con un Ronaldo, Rivaldo y Bebeto en punta, sumaron seis puntos para liderar la liguilla.

En el grupo B no hubo sorpresas e Italia y Chile consiguieron el pase por delante de austriacos y cameruneses. La Azzurra, con una defensa que lideraban Maldini, Cannavaro y Nesta y en ataque con Vieri y Roberto Baggio, empató frente a Chile y consiguieron sendos triunfos ante africanos y centroeuropeos. Mientras que en La Roja lo más destacable era el gran binomio que formaban Zamorano y Salas.

Los anfitriones galos quedaron encuadrados en el grupo C con daneses, sudafricanos y saudíes. Un grupo sencillo para alcanzar las tres victorias y los nueve puntos. Goleadas ante los dos conjuntos más débiles y una victoria por la mínima con suplentes contra Dinamarca, ya sin Zidane sancionado por pisar al saudí Fuad Amin y ver la tarjeta roja.

Zidane, héroe de Francia en su Mundial (© Panini).

Una de las grandes sorpresas del Mundial llegó en el grupo D. La España de Clemente empezó con fuerza en la primera mitad ante Nigeria para hundirse en la segunda y caer por 3-2. Más tarde un empate frente a Paraguay dejó en una posición muy complicada a los hispanos, que no pudieron corregir pese a golear a una envejecida Bulgaria de Stoichkov y Kostadinov. Los dos países que obtuvieron el billete para octavos fue la Nigeria de Finidi y Okocha más un combinado paraguayo excelente en defensa y con Chilavert defendiendo el arco guaraní.

En el grupo E se vio un gran fútbol ofensivo y espectacular por parte de Países Bajos y México, que lideraron con cinco puntos dejando fuera a Bélgica y Corea del Sur. Bergkamp era la gran estrella neerlandesa que también contaba con Davids, Overmars, Seedorf y los hermanos de Boer. Igualaron con belgas y aztecas, pero una estupenda goleada a los surcoreanos fue decisiva para su futuro. Mientras que México, con García Aspe, Hernández y Cuauhtémoc Blanco, también superó con

solvencia a los asiáticos y sacó un positivo empate frente a los Diablos Rojos tras empezar 0-2.

Alemania y Yugoslavia dejaron sensaciones muy diferentes en el grupo F, aunque ambas cosecharon el pasaporte a la siguiente fase. Los balcánicos gustaron en un equipo repleto de calidad con Mijatovic, Stojkovic y Mihajlovic, mientras que a los alemanes, con su eficacia, les bastó para conseguir el objetivo. En el partido entre ambas, Yugoslavia llegó a tener una ventaja de dos tantos que fue neutralizada al final del choque en un típico arreón teutón. Los otros dos contrincantes del grupo fueron Irán y EEUU, que para el recuerdo inmortalizaron juntos una imagen de paz en los prolegómenos de la contienda.

En el grupo G se encontraba la siempre candidata Inglaterra, con Rumania, Colombia y Túnez. Fueron los rumanos, capitaneados por Hagi, los que llegaron a siete puntos y derrotaron precisamente a los pross, que se quedaron en seis. Colombia, con la expulsión de Asprilla de la concentración y muchos problemas internos, no dio el nivel, mientras que Túnez mostró combatividad y llegó a igualar en su duelo contra Rumania.

Por último, en el grupo H, estaban encuadradas una Argentina sin Maradona; Croacia, que sería la gran sorpresa del Mundial; Japón y la exótica Jamaica. En el partido clave del grupo, la albiceleste derrotó por la mínima a Croacia para llegar al pleno de triunfos. Los croatas, con un Suker estelar, vencieron a jamaicanos y japoneses para ser segundos y en el duelo de cenicientas, Jamaica ganó su único partido en un Mundial gracias a Theodore Whitmore.

Los octavos ya estaban configurados con un fascinante Argentina-Inglaterra como gran protagonista. Antes, Francia tuvo que acudir al Gol de Oro con un tanto de Blanc ante Paraguay, que incomodó con su cerrojo defensivo a los galos durante más de 110 minutos. Italia, por su parte, venció a Noruega con gol de Vieri, y en Brasil apareció Ronaldo en toda su esencia para apabullar a Chile. Dinamarca mejoró sus prestaciones de la liguilla para imponerse con solvencia a Nigeria y Croacia con Suker de artillero dejó fuera a Rumania. Por su parte, Países Bajos en un final de infarto y con una diana de Davids apeó a Yugoslavia para siempre de los mundiales y Alemania sufrió ante México, pero dos goles de Klinsmann y Bierhoff en las postrimerías del duelo les certificó su presencia en cuartos. En el partido estrella de esta fase, Argentina e Inglaterra, tras un intenso partido, llegaron a los penaltis. En el bando inglés Owen brillaba, pero ya no estaba Beckham, que cayó en la trampa de Simeone para ser expulsado en la segunda mitad. En la tanda, Roa fue el héroe e Inglaterra dijo adiós.

En cuartos, con Zidane de vuelta (tras su sanción de dos encuentros), los anfitriones sufrieron en demasía, esta vez contra una Italia ramplona. El destino estaba en los once metros y una parada de Barthez y un disparo alto de Di Biagio aliviaron a los hinchas galos presentes en Saint-Denis. En Lyon, Croacia dio la sorpresa y aplastó a Alemania que se vino abajo al ver la roja Worns. Fue 3-0, con goles de Jarni, Vlaovic y Suker; los croatas hacían historia. Por su parte, Brasil tuvo que desplegar toda su magia con un Rivaldo excelso para imponerse a Dinamarca y despedir con todos los honores a Michael Laudrup. Por último, el mejor duelo se vivió en Marsella entre Países Bajos y Argentina. Una gran primera mitad que terminó empate dio paso a una segunda con dos expulsados y poco juego. Se acercaba la prórroga cuando Bergkamp pinchó un balón del cielo, dribló a Ayala y con clase batió a Roa. Ese gol era el número 36 con su país, superaba así a Wilkes y apeaba a la albiceleste.

Las semifinales tuvieron dos grandes héroes: el brasileño Taffarel y el francés Lilian Thuram. El primero, tras encajar un gol del neerlandés Kluivert a cinco minutos del final del partido cuando Brasil ganaba por 1-0, se sobrepuso en los penaltis. Paró los disparos de Cocu y Ronald de Boer, y la verdeamarela accedió a la final. Mientras que el lateral diestro galo sacó de un gran apuro a Francia con dos bonitos goles después de ir abajo en el tanteo contra Croacia.

En la lucha por el bronce, Croacia ganó por la mínima a los Países Bajos en el Parque de los Príncipes horas antes de la gran final y de un hecho que marcó el partido. En la concentración de Brasil todo marchaba bien hasta que una crisis convulsiva de Ronaldo en su habitación alteró a todo el equipo brasileño. El miedo y el susto tras el problema del Fenómeno invadieron a todos los jugadores que no estaban preparados mentalmente para afrontar un encuentro tan importante. En un principio se anunció la ausencia del nueve en la final, ya que no estaba en condiciones de jugar, pero finalmente Zagallo lo incluyó en el once.

Francia, comandada por un extraordinario Zidane, se puso dos goles arriba tras dos cabezazos justo antes del descanso. Brasil parecía sin alma y Ronaldo apenas intervenía. En la segunda mitad, Francia se quedó con diez por expulsión de Desailly pero ni siquiera así reaccionaron los sudamericanos. En el 90', y en una contra, Petit logró el tercero para alegría y algarabía de todo el estadio Nacional de Francia. Francia conquistaba su primer Mundial y lo hacía en casa.

Copa Confederaciones 2003

La Copa Confederaciones del 2003 fue la sexta edición de esta competición de la FIFA y la última en el que la sede fue elegida. Con los estadio de Gerland, Saint-Denis y el Geoffroy-Guichard como sedes compitieron ocho selecciones: la campeona mundial, la campeona de

cada conferencia de la FIFA (UEFA, CONMEBOL, CONCACAF, AFC, CAF y OFC) más Turquía, tercera en el Mundial de 2002 y país invitado.

En el grupo A quedaron encuadradas Francia, Colombia, Japón y Nueva Zelanda. Los galos no tuvieron demasiados problemas para liderar su grupo después de obtener tres victorias y ganar por la mínima al otro gran rival, Colombia. Los cafeteros, por su parte y tras caer con Francia, sumaron seis puntos y ya quedaron claros dos de los semifinalistas.

Mientras que en el B la decepción fue Brasil. Perdió por la mínima con Camerún y ya no pudo enderezar el rumbo pese a vencer a Estados Unidos y empatar con Turquía. Los africanos tuvieron un gran papel y alcanzaron el liderato con siete puntos. Por su parte, los turcos, aún de dulce después de su gran Mundial, coparon el segundo lugar gracias a su victoria contra los estadounidenses e igualar con Brasil en la última jornada.

Las semifinales tenían todos los componentes para ser una fiesta, pero en un segundo se tornaron en una tragedia. En Lyon, en el minuto 78, Camerún ganaba por 1-0 a Colombia cuando el mediocampista africano Foe cayó desplomado al suelo y falleció debido a una muerte súbita. El partido concluyó con ese triunfo por la mínima y sus compañeros le dedicaron la victoria. En el otro duelo, los franceses se desembarazaron de una peleona y aguerrida Turquía por 3-2, con Henry, Pires y Wiltord como artilleros.

El 28 de junio, los turcos alcanzaron el tercer lugar al vencer por 2-1 a Colombia en Saint-Étienne, mientras que la final quedó programada al día siguiente en Saint-Denis. Camerún, aún rota de dolor por lo sucedido por su compañero y amigo, sucumbió en un partido gris con Francia en la prórroga. Henry superó al arquero Kameni en el minuto 98 y con el cuarto gol del torneo (fue el máximo goleador), certificó el segundo título de la Confederaciones para su país, tras el obtenido dos años antes en Corea del Sur y Japón.

Henry, el hombre decisivo en los Bleus (© Panini).

Eurocopa Francia 2016

La Eurocopa 2016 ha sido el último evento internacional de importancia que se ha celebrado en suelo galo hasta la fecha. La UEFA escogió a Francia por delante de Italia y Turquía, y de ese modo organizó la tercera Euro de su historia tras la primera edición en 1960 y la séptima en 1984.

La gran novedad de la competición fue la ampliación de la participación, que pasó de 16 a 24 selecciones, divididas en seis grupos y la correspondiente inclusión de los octavos de final.

Para ello seleccionó diez estadios que fueron sede a lo largo del torneo. En París, los dos grandes coliseos de la ciudad, Saint-Denis y el Parque de los Príncipes; en Lyon el nuevo Parc Olympique Lyonnais inaugurado ese año; en Marsella el Vélodrome; en Lille el estadio Pierre-Mauroy; en Lens el Bollaert-Delelis; en Burdeos el campo Matmut Atlantique; en Saint-Étienne el mítico Geoffroy-Guichard; en Toulouse el estadio del mismo nombre, y en Niza el Allianz Riviera.

Los anfitriones y uno de los favoritos quedaron encuadrados en el grupo A y debutaron con triunfo frente a Rumania. Además, lo completaban Suiza, que ocupó el segundo lugar, y una sorprendente Albania. Los Bleus en la segunda jornada derrotaron a los albaneses y tras empatar con los suizos lideraron la tabla con siete puntos.

En el grupo B se vieron las caras galeses, ingleses, eslovacos y rusos. Los galeses, liderados por un gran Gareth Bale, terminaron primeros al vencer en su estreno a Eslovaquia, perder contra los pross y derrotar

a Rusia. Por su parte, Inglaterra se vio perjudicada por sendas tablas contra Eslovaquia y Rusia, y eso le relegó al segundo lugar. Por último, destacar que los eslovacos se clasificaron como uno de los mejores terceros de la competición.

Alemania y Polonia partían como favoritas en el grupo C y lo confirmaron quedando primera y segunda, respectivamente, al ganar dos partidos y empatar a cero ambas en París. Irlanda del Norte, que se clasificó a la Eurocopa como una de las cenicientas, puso en dificultades a las dos grandes y con su victoria frente a Polonia pasó a octavos en tercer lugar.

En el grupo D, España, que venía de un horrible Mundial en Brasil, volvió a dejar dudas con un segundo puesto. Croacia, con Modric, Rakitic y Perisic al mando, les derrotó en la tercera jornada en Burdeos y les arrebató el liderato del grupo. Turquía y la República Checa fueron los otros dos países del grupo, pero las dos selecciones quedaron eliminados con un pobre papel.

Italianos y belgas dominaron el grupo E con seis puntos en tres partidos aunque encajando una derrota. La Azzurra derrotó a los Diablos Rojos en Lyon y los italianos en la última jornada y con numerosas rotaciones perdieron por la mínima contra Eire, que a la postre y gracias a esos tres puntos accedió a octavos como una de las mejores terceras. Suecia decepcionó y se marchó a casa después de empatar contra los irlandeses y ser superada por la mínima ante Italia y Bélgica.

El último grupo el F estuvo repleto de emoción y de sorpresa. Hungría, que llevaba décadas sin acudir a una Eurocopa, e Islandia, que sumaba su primera participación, fueron las dos primeras con cinco puntos. En tercer lugar quedó Portugal con sólo tres puntos pero los suficientes para llegar a octavos. Austria fue el farolillo rojo con un triste empate. El cuadro luso no perdió ningún partido y empató los tres, pero vivió en el alambre sobre todo en la última jornada cuando caía por 2-1 ante los magiares y fue rescatada por Cristiano Ronaldo con dos goles en apenas 10 minutos. A destacar el papel de los islandeses que ante Austria lograron la primera victoria de su historia en la competición.

En octavos de final el choque más atractivo enfrentó a Italia y España en París, con triunfo para los transalpinos que de esta forma asestaron un duro golpe a los españoles tras su fiasco en Brasil. Además Polonia se impuso a Suiza por penaltis, Alemania superó con claridad a Eslovaquia por 3-0, Gales venció por la mínima a Irlanda del Norte y los belgas avasallaron a Hungría en Toulouse.

Por otro lado, Croacia, que dio señales muy positivas en el grupo, fue eliminada por una Portugal muy eficiente. En la prórroga, con una tremenda superioridad balcánica, un tanto de Quaresma a tres minutos del final dejó helados a todos los croatas. Mientras que en Lyon Antoine

Griezmann con un doblete dio el pase a Francia contra una correosa Irlanda y en Niza se produjo la gran sorpresa con la eliminación de Inglaterra por parte de una fantástica Islandia.

**El mejor jugador y máximo artillero del torneo
fue el galo Griezmann** (© Panini).

En cuartos de final aparecieron los penaltis en dos de los cuatro encuentros. Portugal de nuevo con un juego eficaz se topó con la Polonia de Lewandowski que solo hincó la rodilla tras un error de Kuba Blaszczykowski en el cuarto lanzamiento de la tanda. El otro choque que se decidió desde los once metros fue en Burdeos en una contienda clásica del fútbol europeo como el Alemania–Italia. Tras empatar 1-1 se llegó a los disparos desde los once metros donde hubo muchos errores. Un total de tres por parte de los teutones y cuatro de la *Azzurra*, uno de ellos muy recordado de Simone Zaza y el clave con la firma de Darmian.

Los otros dos duelos de esta fase fueron alegres, vistosos y con muchos goles. Francia eliminó a la cenicienta Islandia con un 5-2 en París, en una gran noche del ariete Giroud. Por último, Gales seguía soñando con hacer algo grande tras dejar en el camino a una potente Bélgica después de imponerse en Lille por 3-1.

En semifinales, y por primera vez en la competición, Portugal ganó un partido en el tiempo reglamentario y sin sufrir como en anteriores ocasiones. Cristiano Ronaldo y Nani consiguieron dos goles en apenas tres minutos y esa losa fue demasiado pesada para la Gales de Gareth Bale, que tocó techo en el torneo. En el otro partido, Alemania, vigente campeona del mundo, partía como favorita pero enfrente vio cómo el pequeño y hábil Griezmann se consolidaba con dos dianas fundamentales como uno de los mejores jugadores del mundo.

La gran final tuvo lugar el 10 de julio a las 21 horas en el estadio de Saint-Denis. Portugal, de menos a más en el torneo, debía derrotar a los anfitriones cargados de moral y ante su público para levantar el cetro continental por primera vez en su historia. Y a los pocos minutos del partido la primera en la frente para los lusos: la lesión de su estrella Cristiano Ronaldo tras una entrada de Payet. El encuentro continuó con un juego espeso y soso por parte de las dos selecciones y sin goles se llegó a la prórroga. En el tiempo extra no cambió en exceso el panorama, hasta que en el minuto 109 el espigado delantero portugués Eder enganchó un latigazo raso desde fuera del área que superó a Lloris. Francia se lanzó al ataque los últimos diez minutos pero no pudo abrir el muro portugués en defensa y de este modo Portugal consolidó como el mejor equipo europeo.

Capítulo 8.

Francia y el Mundial de Rusia 2018

"Es difícil el equilibro entre el caos y el exceso de orden", decía Albert Jacquard. Equilibrar un grupo de futbolistas es quizás una de las tareas más complicadas para el ser humano, y así se lo hicieron saber a Didier Deschamps cuando cogió el cargo de seleccionador francés en 2012. Con un estilo simplista, sin equilibrios, sin caos, sin exceso de orden, devolvió la ilusión a un país que estaba desolado tras los dos últimos entrenadores que había tenido el equipo. Y, con el pragmatismo bajo el brazo, consiguió un Mundial que nadie imaginaba cuando Deschamps llegó a Francia. Pero antes, contextualicemos todo.

Doménech y su condena con Nicolas Anelka

Raymond Domenech llegó al banquillo de Les Bleus en 2004. Francia, que había conseguido ser la primera selección en ganar Mundial-Eurocopa, necesitaba un cambio tras sendos fracasos posteriores en el Mundial 2002 y la eliminación a manos de Grecia en los cuartos de final de la Eurocopa de 2004. El humor, acercamiento y métodos innovadores de Domenech gustaron a la Federación, que no se lo pensaron dos veces para pensar en una leyenda como jugador del Olympique Lyon para recuperar la ilusión del país galo.

Tal como destacan en el documental, *Les Bleus, Autre Historie de France*, de Netflix, Domenech era un hombre peculiar. Daba clases de historia con sus jugadores, hacían teatro y buscaba potenciar el grupo antes que buscar los rendimientos de los futbolistas. Todo iba viento en popa, aunque muchos pensaron que sus métodos eran para desviar la atención del poco potencial francés. Zidane había anunciado que dejaba la selección y el relevo generacional era muy tardío en un equipo al que los atisbos de la veteranía ya dejaban huella en las fases finales.

"Quería luchar contra la incultura y la ignorancia. Quería mostrarles a mis jugadores qué era Francia realmente, que teníamos una historia detrás", afirmaba Domenech en medio del auge del Frente Nacional en Francia, los problemas de la inmigración en los deportes mayoritarios

del país y las polémicas de las mezclas de culturas y etnias en el equipo francés.

Contra todo pronóstico, Domenech consiguió convencer a Zidane para el Mundial de Alemania en 2006. La decisión sorprendió a más de uno, pero significó un antes y un después para el técnico. De origen argelino, a Zidane, sobre todo los sectores más radicales de la sociedad francesa, le criticaban su poco compromiso con Francia. Domenech, en su intentona de buscar el equilibrio entre culturas dentro del grupo, se sacó un as de la manga, pues ganar a Zidane para el Mundial significaría mucho a nivel de calidad y mandar un mensaje al mundo de que en Francia caben todos sin distinción. Thuram y Makelele también volvieron.

La carrera de Domenech, y de casi todos los entrenadores de Francia, estuvo marcado por el conflicto político-social. El técnico, en medio de una concentración de la selección en Las Antillas para fomentar la igualdad de los franceses sin distinción de género o raza, sufrió revueltas: hubo muchas protestas tras fallecer dos jóvenes de origen musulmán al escapar de la policía por electrocución. Sarkozy, primer ministro en aquel momento, calificó a los franceses que vivían en los suburbios de gentuza y varios integrantes de Francia, entre ellos Thuram, salieron a dar la cara por aquellas personas de raza que vivían alejados de la aristocracia francesa.

El Mundial de 2006 volvía a dejar las mismas dudas de juego en Francia que en los dos torneos anteriores. A pesar de que Domenech apostaba por las jerarquías, los empates ante Corea del Sur y Suiza dejaban muy malas sensaciones para el equipo galo, incapaz de encontrar un estilo definido y con las críticas constantes de la prensa a Zidane. Un Zidane que, tras haber vuelto a la selección, se retiraría del fútbol definitivamente tras el Mundial de Alemania. Tras ganar 2-0 a Togo, en octavos Francia jugaría ante España, que venía siendo una de las favoritas a alzarse con el título.

Previo al partido ante España, una portada de *MARCA* recorrió la vuelta al mundo. En la misma, el diario español afirmaba con rotundidad "Zidane, te vamos a jubilar". No era un Francia-España, sino un Zidane contra todos, pues ese podía ser su último partido con la selección francesa. Tras un inicio fuerte de España, comandado por un gol de David Villa, comenzó el show de Zidane, que continuaría a lo largo de todo el torneo. El astro del Real Madrid monopolizó el juego de su selección, marcando los tiempos del partido y machacando el centro del campo español. Ribéry, Vieira y Zidane, en el último minuto con un golazo antológico, certificaron el pase a cuartos. La prensa, por fin, comenzó a rendirse ante uno de los jugadores más criticados de los últimos años del conjunto bleu.

Si era difícil superar la exhibición ante España, Zidane cuajó una de las mayores actuaciones individuales que jamás se recuerdan ante Brasil en cuartos de final. Todo lo que tocó lo convirtió en oro, dejando a varios de sus rivales por los suelos en cada internada por el medio y asistiendo a Henry en el gol final. También marcaría el gol de las semifinales de penalti ante Portugal y metería a Francia en una final por segunda vez en los últimos tres mundiales.

La final ante Italia casi nos deja a un Zidane coronado en la cima del fútbol. Su gol a lo Panenka ya dejó claro la confianza con la que había disputado el Mundial. Sin embargo, tras el partido irse a la prórroga, Zidane volvió a perjudicarse a sí mismo. No era la primera vez que reaccionaba así en un partido de Francia -de hecho, son varias las expulsiones que tiene en su haber con Les Bleus-: su cabezazo a Materazzi empañó absolutamente su magnífico torneo. Italia ganó a Francia en los penaltis y todos los problemas que llegarían después comenzaron a partir de dicha final. Obviamente, todas las miradas se centraron en culpar a Zidane de la no consecución del título mundial, a pesar de que luego fue recibido como un héroe en París al celebrar el segundo puesto de Francia. La afición no olvidará nunca su torneo hasta la final, que fue impresionante.

La preparación para la Euro 2008 dejó una nueva generación francesa. La del 87, comandada por Nasri y Benzema, y seguida de Ben Arfa o Ménez, que se instauraba poco a poco en el equipo. Campeones de Europa sub 17 en 2004, Domenech intentaba dar entrada paulatinamente a la nueva generación para intentar combinar el talento y la veteranía en Austria y Suiza. Aun así, no hubo nunca cohesión entre jóvenes y veteranos, lo que ya evidenciaba que el vestuario no estaba unido.

"Nasri se sentó una vez en el sitio de Henry del autobús y se negó a cedérselo. Parece que no, pero estos detalles marcan", afirmaba Vincent Duluc, periodista de *L'Équipe* en el documental de Netflix.

Con tan solo un gol a favor en tres partidos y dos derrotas ante Italia y Países Bajos más un pobre empate ante Rumania, Francia quedó eliminada en primera fase. Lo primero que hizo Doménech tras la eliminación fue pedirle felizmente en rueda de prensa matrimonio a su novia tras estar en entredicho su continuidad. De su buen hacer en el Mundial de 2006, el público empezó a odiar al técnico francés. La generación dorada que llamaba la prensa se quedó inadvertida en el torneo. Tocaba mirar hacia Sudáfrica, que a la postre sería otro fiasco para Francia.

Francia tuvo que ir a la repesca para jugar el Mundial. Una fase previa flojísima, con muchas dudas en juego, volvió a rescatar las críticas hacia el combinado nacional y el poco compromiso de ciertos jugadores. El escándalo llegaría ya en la propia repesca, cuando en el partido disputado en París el 9 de noviembre de 2009, Francia se metía en el

Mundial por una mano clamorosa de Henry. Unos años después salió un escándalo en el que la UEFA pagó dinero a la Federación irlandesa para callar el mal arbitraje de aquel partido. Francia dio la vuelta al mundo por haber entrado en el torneo con tanta polémica.

Vestuario roto, críticas al seleccionador y una lista que dejó mucho que desear, en la que Benzema no entró siendo la gran esperanza francesa, fueron el preludio de lo que pasaría en Sudáfrica. Además, lo escándalos de Ribéry y Benzema con Zahia -luego fueron exculpados por la justicia francesa-, la famosa queja del lujo que había en el hotel de Sudáfrica para los jugadores por Rama Yade o el negar a verse con políticos de Sudáfrica por parte de los jugadores, alteró aún más el ambiente.

Benzema, fuente de polémica en Francia en los últimos años
(© Panini).

En lo futbolístico, Francia empató ante Uruguay y sufre un repaso total ante México. El equipo nota un exceso de jugadores veteranos, de un entrenador al que ya se le ha terminado el poco crédito que le quedaba y de un malestar enorme en el vestuario. Pero la gota que colmó el vaso sucedió ante México. Al descanso, Domenech comunicó a Anelka que iba a ser sustituido. El delantero francés le respondió con un tajante "sucio hijo de puta" que desató las alarmas en la portada de *L'Équipe* del día siguiente. Aun así, Doménech, en un reportaje de Canal Plus en 2008, suavizó las palabras y solo explicó que se quitó la bota y la tiró hacia una parte del vestuario, respondiendo eso sí con malas formas. Francia aparta a Anelka de la concentración, pero el error es que se queda un día más concentrado con el equipo, lo que provoca una escalada de tensión ascendente que supone el punto y final de todo.

Los jugadores se ponen por unanimidad del lado de Anelka. Tal como explicó Evra, el problema era que había un topo en el vestuario. Tras Anelka llegar a Francia, los jugadores se niegan a entrenarse y hacen una huelga que provoca la cólera de Domenech. Un Domenech que demostró su floja gestión de vestuario leyendo un comunicado a la prensa como si de un rehén se tratara. Fue un hazmerreír dentro de Francia, que prácticamente firmó su sentencia al frente del combinado nacional francés. La derrota ante Sudáfrica terminó con un Mundial nefasto, no sin antes convocarse una comisión para juzgar a la selección y a ciertos integrantes del equipo -Ribéry, Evra, los más acusados- como si del mal del país se tratara. Por supuesto, Domenech abandonó el cargo tras el Mundial.

Blanc, como puente para intentar solventar todos los males

Laurent Blanc era el técnico ideal para intentar darle otra cara a la selección francesa. Sumergido en una crisis, el técnico que venía avalado por su brutal trabajo en el Girondins Bordeaux, con el cual ganó la Ligue 1, rompió la hegemonía de siete ligas seguidas del Olympique Lyon y alcanzó cuartos de Champions. Su principal aliciente era el de devolver la calma al vestuario.

La polémica con Blanc no tardaría en llegar. El hecho de imponer medidas extradeportivas como la obligación de cantar el Himno vuelve a poner en entredicho al nuevo seleccionador francés. La sociedad no concibe el Himno como superioridad de patriotismo ni razón para ser mejor o mayor francés, por lo que Blanc tiene que lidiar muy pronto con problemas. Por ejemplo, Michel Platini, uno de los mejores jugadores franceses de la historia, nunca lo cantó.

Los problemas para Blanc siguieron en aumento. Tras suprimir el buffet halal, una comida de otra religión que generó una animadversión tremenda hacia el técnico por considerarlo discriminación hacia otra cultura, la limitación de cuotas en las inferiores francesas a jugadores con doble nacionalidad exacerbó las críticas hacia el ex del Bordeaux. Blanc fue cazado *in fraganti* en una reunión con la Federación que estuvo a punto de costarle el puesto:

"Actualmente, los grandes y potentes son los negros. Es así. Es un hecho. Dios sabe que, en los centros de formación, en las escuelas de fútbol, hay muchos (negros). Creo que hay que buscar otros criterios, modificados con nuestra propia cultura", para añadir después: "En Francia hay un prototipo de jugador: grande, fuerte y potente. ¿Quiénes son los grandes, fuertes y potentes? Los negros, es así".

Tras estar a un paso de ser despedido, Laurent Blanc tuvo que matizar sus palabras y pedir disculpas ante la avalancha de críticas que lle-

garon de Francia. Su trabajo al frente de la selección no estaba siendo para nada malo. El hecho de cambiar el estilo físico de Francia por uno más técnico, tras meter de mediocentro defensivo a un centrocampista técnico como Cabaye -que era volante- había mejorado y mucho el juego de la selección. Por ello, quizás, si Blanc no hubiera tenido tantos problemas extradeportivos, sus resultados podrían haber mejorado.

La Euro 2012 iba a ser un torneo importante para Francia. El cambio generacional ya estaba dado y jugadores como Nasri, Benzema o Ménez, integrantes de la generación mágica de 1987, ya eran líderes del equipo. Tras empatar ante Inglaterra en el debut, los problemas volvieron a sucederse: Nasri insultó a varios periodistas ingleses en la zona de prensa del Francia-Inglaterra. Además, la derrota ante Suecia aumentó la tensión en el vestuario, pues en los cuartos de final, el combinado galo jugaba ante España por un puesto en semifinales.

Laurent Blanc era un entrenador caracterizado por ser valiente y fiel a sí mismo en los partidos grandes. El juego de posición y de intentar ser protagonista se diluyó en cuestión de segundos cuando, ante la selección española, decidió jugar con dos laterales derechos para frenar a Jordi Alba en la banda izquierda. La paradoja llegaría en el primer gol de España, tras un centro de Jordi Alba que marcó Xabi Alonso. Su plan defensivo fue condenatorio para el equipo, que quedó eliminado sin opción alguna tras perder 2-0. Nasri, en el vestuario, cuestionó el planteamiento de Laurent Blanc, que volvería a demostrar que no pudo amedrentar al vestuario y una falta de personalidad a la hora de la verdad que no le permitió rendir como entrenador. Abandonaría el cargo tras el torneo y llegaría Didier Deschamps.

El vestuario antes que el rendimiento

Finalista de la Champions con el AS Mónaco, ascenso con la Juventus tras el descenso por amaños, campeón de la Ligue 1 con el OM, cuartofinalista de la Champions y campeón de la Coupe de la Ligue era un bagaje más que suficiente para acreditar que Didier Deschamps y su pragmatismo podían ser la llave para abrir la esperanza de nuevo de la selección francesa, más tras las crisis sufridas a manos de Domenech y Laurent Blanc.

Un código de conducta en el cual la sonrisa estaba por delante de cualquier cosa cambió el ánimo de la selección. Deschamps comenzó a limpiar el vestuario con jugadores que podían ser problemáticos como Jerémy Ménez o Samir Nasri, y comenzaron las famosas convocatorias en las que la cohabitación del grupo y de fortalecer la selección se imponía a los rendimientos individuales de cada futbolista. No había convocatoria en la que los aficionados se preguntaran por algún jugador que no había sido convocado ante una gran temporada, y no había tampoco rueda de prensa en la que Deschamps insistiera por activa y por pasiva que entrenar a una selección va más allá de los rendimientos de un jugador, sino que trata de un grupo unido por encima de todas las cosas.

Deschamps, el hombre que llevó a Francia a su segunda estrella (© Panini).

Pero no todo era coser y cantar para Didier Deschamps. El técnico francés tuvo su primera final en 2014 y empezó a estar criticado por su forma simplona de jugar. Francia no jugaría el Mundial de forma directa y tendría que ir a una repesca de la que saldría vivo de milagro. Muchos se atrevieron a aventajar que si Francia no disputaba ese Mundial, Deschamps dejaba de ser entrenador del equipo nacional.

En medio de la fase de clasificación, las miradas se centraron en un jugador que no era considerado 100% francés. No era otro que Karim Benzema, al cual le criticaban siempre por su falta de compromiso -por no cantar el himno, principalmente- y por sus continuas declaraciones en las que afirmaba que también se sentía argelino aunque por temas futbolísticos hubiera preferido a la Francia -en 2006 estuvo a un paso de jugar con Argelia-. Como bien explica Karim en su documental de Netflix, cuando no marcaba era argelino y se hablaba siempre de su falta de compromiso al Himno nacional, pero cuando marcaba algún gol, la prensa no hablaba de si había cantado el himno o no. Durante la fase de clasificación, estuvo 24 horas seguidas sin marcar un gol, por lo que Benzema fue uno de los principales "culpables" de la siempre extrovertida prensa francesa de no haber clasificado directamente al Mundial.

Francia perdería 2-0 su partido de ida de la repesca ante Ucrania. Un partido horrendo del conjunto francés, con Deschamps criticado por haber usado un doble pivote Pogba-Matuidi sin una referencia por detrás que les cubriera las espaldas. El partido de vuelta sería una final a vida o muerte y, quizás, sería el punto de inflexión de la era Deschamps. El Stade France se llenó a rebosar, recordando las mejores noches de la historia de la selección y todo el país se volcó con el equipo. Francia ganaría 3-0 a Ucrania, con goles de curiosamente Benzema y doblete de Sakho, dos futbolistas que no eran del agrado total de los periodistas por su doble nacionalidad. Fue el inicio de la unión en Francia, del volver a sentirse un país entero y, por supuesto, de recuperar la pasión por el fútbol.

En Brasil, a pesar de que Francia pedería en los cuartos de final ante Alemania, aunque mereciendo mucho más por fútbol, lo que quedaba claro es que Deschamps ya había amoldado un grupo unido, que daba la pierna por el compañero y que no se arrugaba ante las críticas. El torneo fue de más a menos, pero la sensación es que Francia, a diferencia de 2008, 2010 y 2012, había dado todo por conseguir el entorchado. Fue el inicio de la exitosa carrera de Deschamps al frente de la selección.

2016: Karim Benzema, una historia aparte para reforzar el vestuario

Una vez terminado el Mundial de 2014, Didier Deschamps se puso como objetivo mayoritario la consecución de la Eurocopa de 2016 que precisamente se disputaba en tierras galas. Para ello, contó con un periodo de dos años para poder confeccionar el grupo más reforzado posible con el propósito de conseguir el éxito en un país que evidenciaba que el odio y las críticas habían pasado a un segundo plano.

Aun así, los temas extradeportivos se sucedían en el seno francés. Tras los atentados de Charlie Hebdo, el 13 de noviembre de 2015, Francia y Alemania disputaban un amistoso. Varias explosiones se sucedieron a lo largo del partido en los alrededores del Stade France, por lo que el presidente Hollande tuvo que ser evacuado. A pesar de la tensión vivida, Francia y Alemania terminaron disputando el partido y, por suerte, no hubo víctimas. Los asaltantes fueron abatidos en la entrada del estadio y para la historia quedaría la imagen de aficionados franceses cantando la Marsellesa en los túneles del estadio sin saber qué futuro les depararía el salir del mismo. Fue otro motivo para volver a unir al país, tanto futbolísticamente hablando como en la sociedad.

Con el Frente Nacional sumergido en un ascenso histórico, y con la selección fortalecida, Didier Deschamps tendría que lidiar con un problema que se llevó prácticamente hasta la política francesa. Karim Benzema era detenido por haber intentado supuestamente ayudar a un amigo suyo en un intento de extorsión a Mathieu Valbuena, compañero y amigo de Benzema en la selección. La condena, según el código penal francés, ascendía hasta los cinco años de cárcel. La Eurocopa se acercaba y el debate nacional era tremendo. ¿Tenía que jugar Benzema la Euro después de lo que había sucedido con Valbuena?

Benzema, tal como explica en el documental de Netflix que le dedicó, simplemente intentó ayudar a Valbuena. Sin ser consciente de la situación, Benzema, al saber de la extorsión del vídeo a Valbuena, le dijo al ex del OM que un amigo suyo, reconocido por sus delitos en la sociedad, tenía la grabación y que hablara con él para que recogiera el vídeo. El problema radica en que Valbuena, y es normal, pensó que su amigo no iba a dar semejante documento sin una cantidad de dinero a cambio. Por lo tanto, el problema se llevó a todos los debates del país.

Noel Le Graet, presidente de la Federación, reconoció que Benzema no podía ir convocado hasta que fuera absuelto del posible delito de extorsión contra Valbuena. Encuestas manipuladas por medios franceses -afirmaban que el 70% de los franceses no quería a Benzema en Francia y hasta alguien de Nueva Zelanda podía participar en la encuesta-, declaraciones de políticos pidiendo a Deschamps que no le llevara con la selección y hasta declaraciones manipuladas de Benzema en una entrevista a *MARCA*-afirmaba que Deschamps, por no llevarlo a la Eurocopa, había cedido ante presiones racistas y sus declaraciones se malinterpretaron como que llamaba a Deschamps racista-, provocaron una escalada de tensión que se acentuarían antes de la lista final para la Euro.

Didier Deschamps, en una entrevista para *L'Équipe*, justo después de Benzema quedara absuelto, afirmaba que todos las selecciones del mundo querrían a un jugador como Benzema en su equipo. La transcripción del encuentro con el seleccionador era muy simple: Benzema iba a estar en la Eurocopa tras las palabras de Deschamps. El propio Karim Benzema afirmó en el documental que prácticamente estaba casi todo hablado y que su relación con el técnico era buena. Cambiaría radicalmente la misma tras anunciar Deschamps su lista de convocados para la Euro, en la que no figuraba Karim Benzma. Karim reconoció que la única llamada -y la última que ha habido hasta el momento entre ambos- que recibió fue una de 10 segundos en la que Deschamps le decía a Benzema que no iba a estar en la lista. El del Real Madrid simplemente respondió: "Vale, adiós", dejando a entrever que le había molestado mucho dicha decisión. Tal era la contundencia de Deschamps de no querer dinamitar el grupo por ningún resquicio, aunque eso significara perder a uno de tus futbolistas de más calidad, que el técnico

seguía afirmando su teoría del grupo cuando, en casi todas las ruedas de prensa, le preguntaban por Benzema.

El torneo de Francia en su país fue un torneo que serviría de aperitivo para el Mundial de Rusia. Francia no tuvo rivales potentes hasta las semifinales, pues en octavos y cuartos derrotó a Irlanda y a Islandia. En cuanto a conceptos tácticos se refiere, el 4-3-3 que tantas alegrías y tantas victorias le había dado a la selección francesa, se cambió por un 4-4-2 para ganar músculo con Moussa Sissoko en la banda derecha y un Griezmann haciendo casi de Benzema, con libertad de movimiento y un giro de cuerpo rapidísimo para habilitar las llegadas de sus compañeros. Fue un torneo magnífico de Griezmann, al cual también le exigían más en las citas importantes cuando se vestía la zamarra francesa. Fue una Euro que le confirmó como una de las estrellas del fútbol mundial, actuando de líder durante todo el torneo. Y, además, marcando un doblete ante Alemania, vengándose Francia de la eliminación del Mundial anterior y confirmando una solidez que había ganado con Deschamps. Ya solo se hablaba de fútbol en Francia.

La final para Francia era una obligación prácticamente de ganar. Haber superado a la campeona del mundo en semifinales y tener a un país entero detrás alentando eran motivos suficientes como para no soñar a lo grande. El rival era la Portugal de Cristiano Ronaldo, un equipo que no había ganado prácticamente un partido en todo el torneo, salvo a Gales, y que llegaba con muchísimas dudas en el juego. El partido fue muy igualado durante los 90 minutos, aunque una jugada en el descuento pudo cambiar la historia del país.

Andre Pierre-Gignac, un jugador que Deschamps había entrenado en el OM, que había vuelto a su nivel con Bielsa y que militaba en el Tigres mexicano, recortó en el área pequeña, dejando en el suelo a Pepe y disparando la pelota al palo corto. El balón, por cosas del destino, se estrelló en el poste y salió por fuera la pelota. Francia rozó el campeonato y el partido se fue a una prórroga, que tuvo un protagonista inesperado pero relacionado con Francia. Eder, que había estado cedido en el Lille y era objeto de mofas de muchos aficionados por su poca calidad futbolística, probó fortuna con un disparo lejano, que, sorprendió a Hugo Lloris y acabó colándose en la portería. Fue un jarro de agua fría para Francia, la cual era la favorita para llevarse el título pero que sirvió otra vez para ver a un país que recuperó la ilusión perdida por el fútbol. Deschamps salía muy fortalecido del torneo, con una generación joven maravillosa por delante -Francia en 2016 ganó el Europeo sub19 con un tal Kylian Mbappé a los mandos del combinado galo- y con un futuro cierto para todas las partes.

Y por fin, la recompensa

Dicen que a la tercera va la vencida. Francia llegó al Mundial de Rusia con el optimismo de ser uno de los equipos más talentosos del torneo línea por línea. Previo a la cita mundialista, los de Deschamps no llegaron con tantas alegrías. Las continuas convocatorias de Deschamps dejaban muchísimas críticas por delante y, como hemos repetido por activa y por pasiva en el capítulo, al técnico francés solo le importaba el grupo antes que los rendimientos. Apenas había dos o tres cambios en cada convocatoria, y, en caso de haberlos, el ex del OM prefería llevar a un jugador ya con experiencia en Francia que a un joven al que todavía le faltaba algo por aprender. Aun así, fue continuo ver a jugadores como Pavard, Lucas Hernández, Ousmane Dembelé o Kylian Mbappé entrar con asiduidad en el equipo más a los ya casi asentados Fékir, Samuel Umtiti -ya en el Barcelona asentado-, Ngolo Kanté o Tolisso.

El camino de Francia al Mundial no fue un camino de rosas. Tuvo que clasificarse en la última jornada como primera de grupo y todo ello por un juego sólido, efectivo y sin brillar en exceso. Las críticas se cebaron con el seleccionador, primero tras perder ante Suecia por 2-1 en un error grotesco de Lloris en el último minuto que puso en entredicho la clasificación, y segundo, tras un empate inesperado, de esos que duelen. Francia empató ante Luxemburgo 0-0 el 3 de septiembre de 2017. El partido fue nefasto y dinamitó mucho al equipo francés. Luxemburgo tuvo un poste para ganar el partido y, Layvin Kurzawa, al que muchos pedían su no convocatoria por su falta de rendimiento en el PSG, se convirtió en el futbolista que más balones perdió de un partido de la selección francesa con 40 -no volvería a jugar-. Explicación poco racional podía dar Deschamps en un equipo que contaba con Mbappé, Pogba, Griezmann, Martial, entre otros, el hecho de no haber podido superar a un país que no llega a la población que tiene simplemente la ciudad de París. Eso complicó la clasificación, pero Francia terminó respondiendo en citas clave como ante Países Bajos (4-0 y 1-0 en Holanda), Suecia o Bulgaria fuera de casa (1-0, apelando al buen hacer de la solidez francesa) y terminó clasificándose para el Mundial, esta vez sin acudir a la repesca como en 2014.

La lista de convocados de Didier Deschamps iba a traer cola, como era de esperar. La no convocatoria de Karim Benzema estaba más que asumida ya por el equipo francés, pero lo que no esperaron los aficionados fue la no convocatoria de Adrien Rabiot, después de haber sido un pilar en el centro de campos de los últimos años para Didier Deschamps. La explicación de Deschamps reforzaría sus motivos para no convocarlo, además del comportamiento posterior del jugador del PSG.

Adrien Rabiot había pedido a Emery en dicha temporada que no quería jugar de pivote defensivo. Su posición era la de volante o doble pivote con libertad, no la de defender. Emery tuvo que ceder y terminó en la 2017-18 jugando con Giovani Lo Celso de pivote defensivo para que Rabiot se sintiera más cómodo en el engranaje parisino. Deschamps explicó que tenían sobrepoblación en el puesto de volante y que tenían pensado en llevar a Rabiot en el puesto de pivote. Como su rendimiento dista mucho entre PSG y selección, añadiendo que no quería jugar en dicha posición, decidieron no convocarlo. A pesar de que la decisión causó revuelo, el comportamiento posterior de Rabiot fue mayor: se negó a ejecutar un plan con los reservas del Mundial como respuesta a no ir convocado con Francia. Ahí es donde se confirmó la teoría del refortalecimiento del vestuario de Francia tras años de indisciplinas. ¿Se imaginan a Blanc o Domenech llevar con tanta autoridad un tema de semejante calibre?

El grupo de Francia a priori no era un grupo complicado. Australia, Perú y Dinamarca eran selecciones de nivel inferior a la francesa, aunque Francia no podía confiarse después del susto de Luxemburgo en el mes de septiembre. Como todo debut en un Mundial, las sensaciones ante Australia no fueron las mejores. Deschamps probó con Giroud, Ousmane Dembelé y Tolisso como novedades en el equipo y la descompensación medio-ataque puso en algún aprieto a Francia. Dos goles de los que le encanta ganar a Deschamps, tras un penalti marcado por Griezmann, siendo el primero que implantaba el VAR en la historia de los mundiales y un gol en propia puerta tras un rechace de Pogba, catapultaron a Francia a la victoria sin brillar por 2-1 ante Australia.

A partir del segundo partido, Deschamps tomó una decisión que marcaría el devenir de Francia durante todo el Mundial. El técnico, que empezó jugando en una especie de 4-3-3, decidió cambiar a un 4-2-3-1 para fortalecer sobre todo las bandas y el músculo en el medio. Matuidi jugaría de extremo izquierdo ante Perú para defender a Advíncula y entraría Giroud por Dembelé. Por una parte, Matuidi aportaba esa garra que le faltaba al equipo para complementar a Kanté-Pogba y Giroud descongestionaba el juego del equipo, bajando todos los balones aéreos, dejando a Griezmann y Mbappé con metros por delante además de sacrificarse en defensa como uno más. Todos entendían su rol de maravilla en Francia, el equipo estaba unido y no había fisuras en el vestuario. Tras ganar 2-0 a Perú con una media hora fantástica de Pogba, muy criticado antes del Mundial por cierto, Francia se clasificaba a octavos de final. El 0-0 ante Dinamarca fue un puro trámite que sirvió para dar minutos a los menos habituales.

La primera final para Francia ya estaba en camino. La peor Argentina por juego y sensaciones de los últimos años consiguió el milagro de clasificarse para octavos de final tras derrotar a Nigeria con un gol an-

tológico de Rojo en la última jornada de la fase de grupos. Enfrentarse a un equipo que tiene a Leo Messi enfrente nunca es del agrado de nadie, pero Francia aun así se sentía favorita. No había miedo a la finalista de la anterior Copa del Mundo.

El partido entre Francia y Argentina ya es historia de los mundiales. Por una parte, por el resultado (4-3), por la intensidad, por el juego… Por todo. Francia golpeó primero de penalti por Griezmann tras una jugada inverosímil de Mbappé, quien no había aparecido tanto en fase de grupos, pero a partir de los octavos fue una auténtica apisonadora. Mbappé se merendó a Argentina durante todo el encuentro y fue el partido que ya lo coronó a la élite de las élites. Con una Argentina muerta, los de Sampaoli se encontraron con un golazo de Di María y con un gol de fortuna de Mercado, que marcó tras un disparo de Messi y él, al querer quitar la pierna, acabó marcando. Fueron los únicos nueve minutos en los que Francia fue por detrás del marcador en todo el torneo. Tras el 1-2, Pavard, en su primer Mundial y encima de titular, soltó un latigazo con el empeine que fue a la escuadra. Después, sería Mbappé en partida doble, reivindicando su partidazo, quien pondría el 4-2 en el marcador. Agüero finalizaba el partido en el descuento de cabeza, pero Francia ya mostró la superioridad que tenía en octavos.

Uno de los momentos más emocionantes, tras terminar el Mundial, fueron las charlas de Pogba ejerciendo de líder antes de los partidos y durante los mismos. Ante Argentina, el astro francés se volvió loco con una charla motivante que concentró a los jugadores por mil:

"No nos vamos a volver a casa. Quiero que todo el mundo muera como soldados, como guerreros. ¡Nos los comemos! ¡Vamos a matar a esos argentinos! ¡Messi o no Messi me suda los cojones! ¡Venimos para ganar esta puta Copa del Mundo!", declaró Pogba, el cual, en el descanso ante Uruguay, volvió a sacar su carácter: "¡Están muertos! ¡No hay más atajos! ¡Están muertos! Vamos a seguir, vamos a continuar por este camino. Estaremos allí el 15 de julio. ¡Todos juntos!". Se convirtió en un líder inesperado tras las feroces críticas recibidas por su rendimiento con la camiseta azul.

Francia y Uruguay disputarían un clásico enfrentamiento en cuartos de final. Deschamps tenía un alivio antes del encuentro, ya que a pesar de que Blaise Matuidi estaba sancionado, Edinson Cavani, mejor jugador uruguayo, se perdería también el partido, pero esta vez por lesión. La baja de Cavani fue un jarro de agua fría para una Uruguay que era la única selección que llegaba a los cuartos de final con pleno de victorias y que era una amenaza para Francia por la intensidad y coraje con la que afrontaba cada partido. El duelo Deschamps-Tabárez era muy esperado.

Con el único cambio de Tolisso por Matuidi obligatorio, Francia volvió a demostrar oficio y liderazgo en su partido ante Uruguay. Los sudamericanos apenas llegaron al área de Lloris, que también calló las críticas previas al Mundial por sus errores con un paradón al final de la primera mitad. Varane, a balón parado, otro de los puntales de Francia en el torneo, y Griezmann tras un error grotesco de Muslera en un gol que el del Atlético no celebró por su cariño con los uruguayos, pusieron la puntilla y encarrilaron el partido a semifinales. El partido volvió a dejar claro varios matices: Pavard y Lucas, teóricos centrales estaban rindiendo a un nivel altísimo en los laterales, Ngolo Kanté era el mejor recuperador del mundo y del torneo, dando una libertad a Pogba y haciéndolo sentir importantísimo en las transiciones francesas; Griezmann tenía casi un rol de mediocentro en Francia, habilitando llegadas, jugando de espaldas al primer toque para dejar a compañeros de cara y también siendo líder en el campo y, Mbappé, siendo un chaval de 19 años también volvió loco a Uruguay en cuartos de final. Si podéis ver el gol de Griezmann, hacedlo. Ahí, Giroud, siendo delantero centro, corrió como si no hubiera un mañana para robarle una pelota al Cebolla Rodríguez en campo contrario. Ahí es donde radicó una de las diferencias de esta Francia a las anteriores. ¿Se imagina a Ben Arfa, Nasri, Ménez o Anelka haciendo algo así? Yo desde luego que no.

Francia era una absoluta piña. Todos iban a muerte, todos se sacrificaban por el compañero y la prensa, tras mucho tiempo hablando de temas extradeportivos, solo hablaba de fútbol. En semifinales, los galos se enfrentaron a una Bélgica que venía muy crecida tras haber derrotado a Brasil en los cuartos de final. Además, un aliciente mayoritario era el de Henry: campeón del mundo en 1998 que ocupaba el puesto de segundo entrenador de la selección belga. Su heredero, Kylian Mbappé, jugaba ahora contra el maestro.

Mbappé tuvo momentos mágicos en el Mundial de Rusia
(© Panini).

El partido volvió a ser dominado por Francia en las dos áreas con una contundencia abismal. Ni el buen momento de Hazard ni el acierto de Lukaku en partidos anteriores pusieron en aprietos a la pareja formada por Varane-Umtiti, quizás una de las más dominantes de la última década en un torneo de tal calibre. El central del Barcelona, formado en la cantera del Olympique Lyon, volvió a sacar a balón parado a relucir con un remate poderoso. Era una jugada muy utilizada por Deschamps en Francia, que ya venía de su etapa en el Olympique de Marseille. Bloqueo y balón al primer palo para que llegue jugador en carrera. Así es como derrotó al Inter en los octavos de final de 2012, solo que con Andre Ayew de protagonista.

A pesar de que Bélgica salió fuerte al terreno de juego, sobre todo por las bandas con Chadli y Hazard para atacar a Lucas y Pavard, el trabajo de Matuidi, sobre todo cerrando líneas de pase internas y sacrificándose por el compañero, fue decisivo para replegar y fortalecer el equilibrio de Francia ante Bélgica. Hazard lo intentó a la desesperada, pero Francia, como sabíamos, es uno de los equipos más complicados de remontar con un resultado de 1-0 a favor. Similar, aunque con muchos matices, a lo que hizo el Atlético de Madrid de Simeone el año que ganó la Liga BBVA.

Francia volvía a una final del Mundial en un contexto muy distinto al de 2006. Los de Deschamps no habían sufrido prácticamente en ningún partido, consolidando su buen trabajo de los últimos años y sin prácticamente un eslabón débil al que atacar durante los partidos. Dominar todas las fases del juego, sin importarle tener la pelota o no tenerla, el adaptarse al ritmo que imponga el encuentro y, ser efectivo con muy poco, son matices que pocas selecciones pueden decir actualmente en el panorama futbolístico.

La final sería ante un rival inédito en las rondas finales de los mundiales. La Croacia de Rakitic, Modric, Perisic o Subasic había llegado a la final sin ganar un partido en fase final a 90 minutos. Tres prórrogas y enfrente tendría a uno de los equipos más físicos del planeta. Aun así, su Mundial había sido sublime, sabiendo sufrir, esforzándose más que cualquier otro equipo y derrotando en semifinales a Inglaterra, una de las selecciones que mejores actuaciones llevaba cuajadas en el torneo.

Lloris, Pavard, Varane, Umtiti, Lucas Hernández, Kanté, Pogba, Matuidi, Mbappé, Griezmann y Giroud fue el once escogido por Deschamps para buscar la historia.

Francia sufrió más que en todo el torneo en los primeros 20 minutos. Cualquiera habría dicho que Croacia venía de tres prórrogas, pues los balcánicos salieron a la final como un equipo de fútbol debe salir: con mucho que ganar y nada que perder. Aun así, el sufrimiento fue relativo, pues Varane y Umtiti sacaron todas las acometidas croatas. Francia, acostumbrada al fútbol efectivo, encontró rédito en el minuto

18 en forma de gol en propia puerta de Mandzukic tras una falta dudosa cometida por Griezmann. El balón parado volvía a surtir efecto en los de Deschamps. A pesar de ello, Croacia logró algo que parecía imposible: empatar el partido por medio de un golazo de Perisic. Kanté, que después se confirmó que jugó con gastroenteritis, sufrió muchísimo ante Modric y Rakitic. Croacia seguía soñando.

Un saque en largo de Lloris termimó en un córner que provocaría un penalti por mano de Perisic que revisó el VAR previamente. Griezmann, que participaría en todos los goles de la final en forma de gol y asistencia, transformaría el penalti. Llegaríamos 2-1 al descanso.

La reanudación confirmó el potencial ofensivo de Francia sin excesivos esfuerzos. Paul Pogba, coronado ya por su torneo, aumentó su figura gigante de líder de Francia con un zurdazo a la escuadra. Mbappé, también erigido como una estrella mundial en su primer gran torneo de selecciones, mandó un remate desde fuera del área y raso al lateral de la red. Aunque Hugo Lloris tuvo tiempo de hacer de las suyas en el 70', regalándole el gol a Mandzukic, Francia ya había dejado su sello en el campo y se proclamó campeona del mundo por segunda vez en su historia. Premio al trabajo de un equipo que fue grupo ante que individualista, en el que prima el sacrificio y en el que no se habló nada más que fútbol. Criticado durante todo su periplo como seleccionador, Deschamps se erigió como la figura de Francia. Consiguió devolver la estabilidad al vestuario, formar un equipo joven con ilusión y no permitió que le tosiera nadie, ni Benzema, ni Rabiot ni siquiera la polémica prensa francesa. A pesar de que su fútbol no fue el más vistoso del mundo, en un Mundial hay que ser resultadista, y Deschamps, por encima de todo, fue resultadista y efectivo.

Lloris, Mandanda, Aréola, Pavard, Sidibé, Umtiti, Varane, Kimpembe, Rami, Lucas Hernández, Benjamin Mendy, Kanté, Matuidi, N'Zonzi, Pogba, Tolisso, Dembelé, Fékir, Giroud, Griezmann, Lemar, Mbappé y Thauvin estará siempre en nuestros corazones. Gracias, muchachos, por devolver a Francia la ilusión por el fútbol.

AGRADECIMIENTOS

A José Miguel, por hacer posibles los viajes a Francia y su insistencia por mejorar.

A Fred, por alojarnos en Nantes y ser una de las personas más increíbles de todo el país galo.

A Virginie, por abrirnos las puertas de Guingamp con una humildad al alcance de pocos.

A Raphael y Helder, por establecer una amistad inigualable por el fútbol francés.

Y a todos los amantes de la Ligue 1.

SOBRE LOS AUTORES

ALBERTO COSIN
Autor del libro 'Delanteras míticas'.
Apasionado del fútbol clásico. Su gran anhelo es haber podido contemplar en directo a las grandes estrellas del balompié de la década de los 30, 40 y 50. La primera vez que asistió a un partido en el Santiago Bernabéu tuvo la fortuna de ver a Diego Armando Maradona.
Colaborador de la revista The Tactical Room que dirige Martí Perarnau, también escribe en distintas webs futbolísticas como La Galerna, Kaiser Magazine, Squadra Eterna o Football Citizens. Reside en Madrid.

ANDRES ONRUBIA
Andrés Onrubia es uno de los mayores amantes del fútbol francés. Quiere a su fútbol como a su familia y no concibe una vida sin el fútbol galo.
Colaborador de periódicos locales como El Desmarque y Superdeporte. También lo hace en radios como Radio Marca, con la cual cubrió la Supercopa de 2017 entre Mónaco y PSG en Tanger como enviado especial. Al mismo tiempo, ha tenido apariciones en Gol Televisión para hablar del fútbol de Francia.
El Mónaco de Morientes de 2004 fue el instigador de su amor por un fútbol que no es muy seguido ni en el propio país galo.

www.ingramcontent.com/pod-product-compliance
Lightning Source LLC
Chambersburg PA
CBHW061245120726
48001CB00001B/150